W0034461

Reinhard Kaiser-Mühlecker

Zeichnungen

Drei Erzählungen

S. FISCHER

Der Autor dankt dem Deutschen Literaturfonds
für die Förderung seiner Arbeit.

Erschienen bei S.FISCHER

© S. Fischer Verlag GmbH, Frankfurt am Main 2015

Satz: Dörlemann Satz, Lemförde
Druck und Bindung: CPI books GmbH, Leck
Printed in Germany
ISBN 978-3-10-002407-7

War ich der Traum des Toten:
diese Wolke Gedächtnis zu sein,
die heimatlos über das Land zieht?

Botho Strauß

SPUREN

DIE VILLA BEFAND SICH nicht mehr als zwanzig, höchstens dreißig Schritte von der Uferlinie entfernt. Außerhalb des Gartenzauns, der das Grundstück umlief, stand das Gras wild und – zumindest in der warmen Jahreshälfte – nie still, denn eine Menge Insekten tummelte sich sicht- und hörbar darin; innerhalb des Zauns jedoch war es akkurat gemäht; nicht ein Büschel wuchs höher als der Rest. Leise und dann und wann glucksend schlug das Wasser gegen das Ufer. Es war ein sehr einfaches, mit Lärchenholz verkleidetes Haus, dem eine verglaste zweigeschossige Veranda vorgebaut war, die wie ein Wintergarten aussah. Alles an diesem Haus war alt und eher als aus dem letzten aus dem vorletzten Jahrhundert. Die Fensterstöcke und -sprossen sowie der Türstock samt der Tür waren dunkelgrün gestrichen.

Als ich es zum ersten Mal richtig sah, ging ich zu Fuß darauf zu; denn ein selbstgemachter Schlagbaum hatte mich an der Durchfahrt gehindert, und ich hatte halten und den Wagen stehen lassen müssen. Ich hatte meinen ledernen Aktenkoffer von der Rückbank genommen, noch einen Blick in den Rückspiegel geworfen, mir die Haare zurückgestrichen, einen winzigen Tropfen Parfüm auf mein Handgelenk geträufelt, es mit dem anderen verrieben und war ausgestiegen. Ich ging auf das Haus zu, und als ich einmal über die Schulter blickte und mich fragte, ob ich abgesperrt hätte, kam mir das funkelnde rote Auto fast unwirklich vor in dieser Umgebung, in der alles hell war: der See zur Linken, der durch das lichte Waldstück hindurch zu sehen war; der helle Asphalt, der in den beinah grellen Schotter überging; das im Wind silbern flackernde Gras links und rechts der Schotterstraße; und der völlig einheitlich weiße Himmel. – Ich ging weiter.

Das Gartentor war angelehnt, ich stieß es auf und betrat, einen kleinen Bogen um den seitlich hereinwachsenden tiefroten Hartriegel machend, das Grundstück. Ein aus alten Bahnschwellen gelegter Pfad lief schmal und scheinbar schmaler werdend auf das Haus zu. Es war nicht, dass ich es noch nie gesehen hätte; denn jeden Winter liefen wir so oft als möglich in Schlittschuhen über den zugefrorenen See, und es gab kein weiteres Haus direkt am Wasser; aber dennoch hatte ich es offenbar noch nie richtig angeschaut. Aus dem Gebäude drang nicht das kleinste Geräusch, und ich wartete, horchte zunächst, bevor ich an dem neben der Haustür herunterlaufenden rostigen Drahtseil zog. Schrille, markdurchstoßende und unzusammenhängende Glockenschläge ertönten. Nichts rührte sich. Nach einer Zeit zog ich wieder an dem stocksteifen Seil, und dann noch einmal. Ich fand jetzt nichts Markerschütterndes mehr an den Schlägen. Immer noch tat sich nichts. Beim Blick durch die Scheiben des Vorbaus sah ich mehrere Schuhpaare in Reih und Glied stehen; die Enden der Schuhbänder waren in die Schäfte gesteckt. An der Wand hingen ein Anorak, eine lederne Trachtenjacke und ein gelber Regenmantel – der so steif war, dass es den Anschein erweckte, jemand ohne Kopf, Hals, Hände und Unterleib stecke darin.

Bevor ich wieder fuhr, wollte ich, mehr, um die Form zu erfüllen, als in der Hoffnung, doch noch jemanden anzutreffen, eine Runde um das Haus machen – und erschrak, als ich auf einen auf der Terrasse sitzenden Mann stieß. Er trug eine grüne Jacke, einen ebensolchen, im Nacken sitzenden Hut, und seine Beine waren in eine graue, mit rot-weiß-rotem Band gesäumte Decke eingeschlagen. Ich hatte ihn nicht sofort gesehen, sah ihn erst, als ich schon knapp vor ihm stand. Bis auf die kleinen Bewegungen, die zum Rauchen nötig waren, rührte er sich nicht. Es war ein seltsames und merkwürdiges Bild: Ein Mann von höchstens dreißig Jahren, der auf eine Art angezogen war und auf eine Weise dasaß, dass man denken konnte, er wäre dreimal so alt. Und schwerhörig schien er auch zu sein. Oder weshalb erwiderte er meinen Gruß nicht? Ich stand und schaute ihn an und merkte nicht, wie die Zeit verging. Plötzlich – aber ohne jäh zu klingen; vielmehr war sein Reden, wie mir vorkam, Teil der

Stille – sagte er, immer noch geradeaus blickend: »Ich brauche nichts von Ihnen.« Es klang wie Atmen, eine Fortsetzung des Atmens.

Ich wolle ihm nichts verkaufen, sagte ich nach einem Moment, in dem ich über seine ebenso wenig wie sein Alter zu der Montur passende milde Stimme erstaunt war.

»Was machen Sie dann hier?«, fragte er. Er kenne mich nicht. Er sagte das alles, ganz ohne mich anzusehen und ohne auch nur eine Spur lauter zu werden. Ich musste den Kopf etwas drehen und mich ein Stück weit vorlehnen, um jedes Wort zu verstehen.

Ich wolle ihm ein Angebot machen, ganz unverbindlich. Er müsse nichts tun, nur zuhören, sagte ich.

Nun kniff er die Augen zusammen; aber nicht, wie ich eine Sekunde lang gedacht hatte, meiner Worte wegen, sondern wegen etwas, das in seinen Blick geraten war. Dann sah auch ich es: Eine männliche Stockente war eben dabei, eine weibliche einzuholen. Beide glitten, sich vom Ufer entfernend, wie von unsichtbarer Hand gezogen, lautlos durch das Wasser. Das Grün des Männchenköpfchens schillerte bis zu uns herüber. Als das Männchen das Weibchen eingeholt hatte, geschah nichts; mit einem Abstand von vielleicht zwei, zweieinhalb Handspannen zogen sie in einem Tempo nebeneinanderher irgendwohin und verschwanden, wie sie zuvor daraus aufgetaucht waren, in den Spiegelbildern der den See einschließenden Berge. Und auch die Keile im Wasser, die sie hinter sich herzogen, vereinten sich nun zu einem einzigen, der sich als weißer Glanz von der Umgebung abhob. Von den Bergen fiel Nebel herunter, als ob Wolkenfetzen, die sich aus dem Himmel gelöst hatten, gesunken wären.

»Sie sind der Nachfolger von Peter«, stellte er fest, und mir blieb nichts, als zu nicken. Dann seufzte er. »Sie vergeuden Ihre Zeit. Ich brauche nichts von Ihnen.«

Ich beschloss, es langsam anzugehen, und sagte, er könne es sich ja überlegen, ob er wirklich keine Beratung brauche, und dann fragte ich, ob ich, vielleicht in einer Woche, wiederkommen dürfe.

»Wenn Ihnen langweilig ist«, sagte er und klopfte eine neue Zigarette aus der orangefarbenen Schachtel. In seiner Stimme war ein kaum hörbares Lachen. Der Zigarettenstummel lag nun neben dem Stuhl; schwerer, tiefgelber Rauch stieg von ihm auf. Er hatte ihn einfach fallen lassen, wie ich jetzt bemerkte. Er riss ein Streichholz an und zündete sich die neue Zigarette an. Ein paar Züge lang blieb ich noch stehen, dann fühlte ich einen Ruck – es war die Erkenntnis, schon zu lange im Grunde unberechtigt hier zu sein – und verabschiedete mich. Der Mann hob lediglich leicht die Hand und ließ sie wieder sinken. Es schien ihm völlig einerlei zu sein, ob ich blieb oder ging, hier war oder nicht hier war.

Leise schloss ich das kleine Gartentor und ging schnellen Schritts zu meinem Wagen zurück. Die Kiesel unter meinen Füßen knirschten. Ich öffnete den hinteren Schlag, legte den Koffer auf die Rückbank, warf die Tür zu und stieg vorne ein. Es war halb fünf, der Himmel begann, sich von rosarot zu violett zu färben, und mir blieb an diesem Tag nichts mehr zu tun übrig, als nach Hause zu fahren und Vorbereitungen für den nächsten Tag zu treffen. Ich startete, setzte bis an die Asphaltstraße zurück, wendete, legte den ersten Gang ein und fuhr an; dabei fiel mir ein, mich weder vorgestellt, noch meine Karte hinterlassen zu haben. Womöglich hatte er es nicht einmal bemerkt. Und doch hatte er gewusst, dass ich der Nachfolger von Peter war – einerseits; und andererseits hatte er behauptet, mich nicht zu kennen. Nachdenklich fuhr ich nach Hause.

Erst seit dem Ende des Sommers, seit einem guten Monat, hatte ich diese neue Arbeit. Nach all den schlechtbezahlten Gelegenheitsarbeiten seit dem Bandscheibenvorfall und also dem Ende meiner Tätigkeit als Zimmermann war es nach Jahren die erste Tätigkeit, von der ich mir etwas versprach – und mit mir meine Frau. Man hatte – nachdem sich Peter Gruber, mein alter Freund, im vergangenen März erhängt hatte –, anstatt hier in der Region einen Nachfolger zu suchen, jemanden aus Linz mit der Kundenbetreuung beauftragt. Die Folge war ganz natürlich, dass noch mehr Kunden ihr Geld herausnahmen, als es ohnedies schon der Fall gewesen war. Auch mein Bruder und unser Vater hatten ihr Geld unverzüglich herausgenommen, und ich, hätte ich welches gehabt, hätte es ebenso gemacht. Eines Tages erfuhr ich, dass man nun doch wieder einen Einheimischen suchte, der das Geschäft von Peter weiterführen würde. Andrea, meine Frau, erzählte es mir – und war es auch, die es, noch vor mir, entschied: »Da bewirbst du dich«, sagte sie. »Gleich morgen rufst du an!« Es ärgerte mich, dass sie nicht damit warten konnte, dass sie es sagte, während noch ihre Freundin Johanna da war; und dass nicht einmal ein Gespräch mit mir daraus wurde: Sie sagte es, und dann wandte sie sich wieder an Johanna, und die beiden redeten weiter von Weihnachtsbäckerei. Ihrer beider Meinung nach bekam man heutzutage kein ordentliches Weihnachtsgebäck mehr zu kaufen; alles, von den Keksen angefangen, sei heute zu groß, und dabei müsse gerade dergleichen doch klein und zierlich sein. Unversehens redeten sie dann von der neuen Autobahnauffahrt ein paar Dörfer weiter, die ihnen – wie auch mir und wie vielen – ein Dorn im Auge war. Ja, es ärgerte und störte mich, diese Art: Auch wenn es nicht als Befehl gemeint war, klang es so. Ich setzte mich ins Wohnzimmer und schaltete den Fernseher ein. Nun hörte ich die Stimmen aus der Küche nicht mehr. Ich sah ein, dass Andrea in der Sache recht hatte und ich selbst ebenso entschieden hätte, und ich schob meinen Ärger weg. Am nächsten Tag rief ich wirklich an und wurde prompt zu einem Vorstellungstermin eingeladen. Mir ging das alles beinah zu schnell. Gerade hatte ich noch Zeit, meine Unterlagen zusammenzustellen und mir das geforderte Motivationsschreiben abzuringen und auf Andreas elektronischer Schreibmaschine zu tippen, bevor der Termin da war und ich nach Linz fahren musste.

Dort hatte ich ein seltsames Gefühl, das ich zuerst nicht wiedererkannte: Es war das verhasste Gefühl, auf dem Prüfstand zu stehen – das Gefühl, weshalb ich den Zimmerei-Meisterkurs zwar besucht, zur abschließenden Prüfung aber nie angetreten war. Mit jeder Äußerung, so kam mir vor, als ich in dem kahlen, anonymen Büro stand, unterstrich ich mein Scheitern, das mir längst, schon mit dem ersten, mich bei meinem Eintreten musternden Blick der Dame in Schwarz, besiegelt schien. Ich hatte ja auch gar keine Ahnung vom Finanzwesen. Auf dem Heimweg war ich unendlich und unbestimmt froh, und noch zu Hause war ich froh. Andrea öffnete mir die Haustür und strahlte mich an und fragte:

»Und?«

»Ja«, sagte ich, »ich war dort.«

»Hast du den Job?«

»Nein«, sagte ich, und sie ließ meine Hände los, drehte sich um, ging in die Küche und wandte sich wieder dem Abwasch zu. Ich folgte ihr und wischte meine Hände an meiner Hose ab.

»Ich weiß es nicht«, sagte ich, mich unbestimmt erschöpft gegen die Anrichte neben der Abwasch lehnend, aber sie hörte mich durch das Plätschern und das Rauschen des Wassers hindurch wohl nicht. »Sie rufen an«, sagte ich und wusste, dass es, obwohl aufrichtig, wie eine schlechte Entschuldigung klang.

Ich nahm ein Bier aus dem Kühlschrank und setzte mich vor das Haus. Der Kopf des Nachbarn tauchte hinter

der Thujenhecke auf, eigentlich nur sein blauer Sonnen-
hut; er wanderte, im langsamen Schrittrhythmus wie ein
Boot schaukelnd, ein paar Meter von da nach dort. Später
ging nach einigen Startversuchen ein Rasenmäher schep-
pernd an, schnurrte und ging wieder aus. Als ich mit
einem energischen Kopfschütteln aufhörte nachzudenken, nahm ich das einsilbige Geklingel von Schraub-
schlüsseln wahr. Es war spät am Abend, und obwohl der
Sommer schon beinah vorbei war, herrschte immer noch
eine schweißtreibende Hitze; das Bier war eiskalt und
machte mich ganz leicht, mit jedem Schluck leichter.

Wenige Tage später läutete das Telefon, und ich nahm
gedankenverloren, zugleich ergeben ab. In letzter Zeit bekam ich fast nur noch Anrufe von Leuten, die, zum Teil
sehr ungeduldig, nachfragten, was mit dem von mir ver-
sprochenen Zeitungs-Probeabonnement sei, das ich ihnen
als Gegenleistung im Zuge einer aufwendigen Umfrage
im Namen eines bestimmten Unternehmens verspro-
chen hatte. Es war um Tiefkühlprodukte gegangen. Was
sollte ich sagen? Ich selbst hatte nicht einmal das vereinbarte Honorar bekommen. Als ich versuchte, jemanden
zu erreichen und zur Rede zu stellen, wurde ich ver-
tröstet, so lange, bis ich es aufgab. Ich sagte immer dasselbe – irgendetwas. Und ich hoffte, die Leute wären
vergesslich oder zumindest, ja, so ergeben, wie ich es war.

Wider alle Erwartung war, als ich abhob, die Frau in
Schwarz (ich sah sie deutlich vor mir, samt Namensschild
auf ihrem Tisch, aber konnte mir diesen Doppelnamen

nicht merken) am anderen Ende der Leitung. Sie stellte sich wohl vor – ich jedoch identifizierte sie anhand ihrer Stimme. Sie sagte mir, dass ich sie überzeugt hätte. Ich könne und solle sofort anfangen. Sprachlos hörte ich zu. War es mir recht? Noch am Telefon wurde mir jemand zugeteilt, der mich einschulen, mich in der ersten Zeit begleiten würde.

»Andrea«, rief ich ins Wohnzimmer, nachdem ich aufgelegt hatte.

Bis vor drei Jahren hatten wir ein alles in allem sehr angenehmes Leben geführt. Die Sorgen, die wir bis dahin gehabt hatten, waren selten Geldsorgen, und wenn, dann waren es nie große gewesen. Lange, ohne es uns vor Augen zu halten, sogar ohne es richtig zu bedenken, zehrten wir von dem angesparten Geld – auch von der Abfindung, die mir ausbezahlt worden war. Aber von dem einen Tag an, als ich zum ersten Mal, seit ich ein Konto besaß, fast unmerklich in das Minus geriet, war es, als führten wir ein neues Leben, nicht nur eine, sondern gleich mehrere Stufen unterhalb von jenem, welches wir bisher gewohnt gewesen waren. Bisweilen kam es mir richtiggehend verhext vor, denn äußerlich hatte sich nichts verändert; nur kam ich nun nicht mehr aus diesem Minusbereich heraus, rutschte immer wieder hinein, als wäre mit dem einmaligen Überziehen etwas endgültig und unwiderruflich gekippt. Kaum je war jetzt einmal genug Geld da, um länger als zwei, drei Wochen sorgenlos dahinleben zu können. Jede Ausgabe wollte gut überlegt sein.

Immer öfter verlor ich eine Arbeit und musste mir eine neue suchen. Als dann mit einem Mal alle Welt von der Krise sprach, wurden die ohnehin spärlichen Jobangebote noch einmal rarer. Eine Zeitlang inserierte gar niemand mehr: Die Zeitung wurde dünner. Auf der Bank hatte man längst einen neuen Blick für mich. Vielleicht hätte mich das alles gar nicht besonders gestört, oder nicht so rasch, wäre nicht Andrea gewesen, die es mir jeden Tag – und, wie mir vorkam, jeden Tag unerbittlicher – vorhielt. Sie hasste die Sorgen, die offenbar für sie eine ganz andere Dimension hatten als für mich, und sie hasste das Überlegen – sie hasste, rief sie einmal mit entwaffnender Ehrlichkeit, den Abstieg. Sie war völlig außer sich, und sie war über diese Ehrlichkeit vielleicht ebenso verblüfft wie ich; denn nach dem Ausruf verstummte sie plötzlich – mit noch offenem Mund. So lange stand ihr schöner großer Mund offen, bis sie sich fing, ihn wieder schloss, sich umdrehte und das Wohnzimmer verließ. Manchmal, wenn ich zudem gerade ohne Arbeit war, entgegnete ich ihr, sie solle sich doch einen Job suchen, sie solle doch gehen und Geld verdienen, wenn sie meine, dass das so einfach sei. Dann schnaubte sie nur und lachte auf, und ich zuckte ratlos mit den Schultern.

»Andrea«, rief ich noch einmal.

»Ja«, hörte ich sie unendlich gelangweilt sagen.

Erst am Vorabend hatten wir einen bitteren Streit gehabt – es war dasselbe wie immer. Es war auch um Kinder gegangen. Kinder – allein den einfachen Gedanken daran – tat sie mit demselben abschätzigen Lachen ab wie den Gedanken, selbst Geld zu verdienen, wie sie es früher, als Verkäuferin einmal da, einmal dort, getan hatte. Ihr müdes Gesicht tauchte in der Tür auf.

»Mach eine Flasche Wein auf«, sagte ich, »ich habe eine Arbeit.«

Ich blickte sie nicht an, aber noch aus dem Augenwinkel sah ich, wie ihr Gesicht hell wurde.

Dann saßen wir, eng aneinander, auf der Terrasse und tranken Weißwein, und es kam mir vor wie beim ersten Mal. Ich spürte die süße Wärme ihrer Haare und hörte ihren ruhigen Atem, der nach nichts mehr fragte. Sie war auf einmal davon überzeugt, dass nun alles anders werden würde, und sie sagte es so oft, bis ich derselben Ansicht war. Wir saßen und schwiegen, und es war wunderbar. Der Abend ging über in Nacht, und wir saßen immer noch, und wäre nicht irgendwann der Wein zur Neige gegangen, ich wäre noch ewig sitzen geblieben, und es wäre mir nicht aufgefallen.

Frühmorgens am nächsten Tag fuhr ich wie vereinbart wieder nach Linz und unterschrieb einen Vertrag. Das Gehalt betrug knapp über dreitausend Euro. Noch nie hatte ich so viel verdient. Ich erhielt eine Menge Unterlagen, mit denen ich mich unverzüglich vertraut machen sollte, zudem eine lange, mehrseitige Liste mit Namen, dem alphabetisch geordneten Kundenstock. Später stieß ein sehr jung aussehender Mann dazu, der mein Ausbilder sein sollte, David Weider, der aber nur Herr Weider genannt werden wollte, was ich sofort lächerlich fand. Mit ihm vereinbarte ich, dass er am nächsten Tag zu mir nach Hause käme: Von dort aus würden wir die ersten Kunden besuchen.

Es begann eine sehr arbeitsreiche und anstrengende Zeit. Weider war bloß ein einziges Mal mitgekommen, danach hatte er sich nicht wieder blicken lassen, obwohl es anders besprochen gewesen war. Ich fuhr von Haus zu Haus und spulte, wenn man mich denn ließ, mein Programm, das ich von Weider übernommen hatte, herunter. Es war ganz einfach, und nur wenige zeigten mir ihren Zorn offen. Es mochte, dachte ich nach einer Weile, mit Peter zu tun haben. Im Grunde waren es ja sie gewesen, als Masse, Kollektiv, die ihn in den Tod getrieben hatten, indem sie ihm direkt und indirekt vorwarfen, ihr Geld verspekuliert zu haben. Jemand hatte ihm sogar die Autoreifen zerstochen, und, vermutlich, ein anderer hatte mit großen Feldsteinen mehrere Scheiben seines Hauses eingeschlagen; ich war kürzlich daran vorbeigekommen: noch immer waren keine neuen eingesetzt.

Als ich meine Stelle antrat, war die Welt gerade dabei, sich von der sogenannten Wirtschaftskrise zu erholen, und der Lauf der Welt schien exakt dort wieder einzusetzen, wo er vor einem Jahr ausgesetzt hatte. Nichts hatte sich verändert, nur manches hatte sich, wie behauptet wurde, reguliert. Da und dort gab es einen Prozess gegen Finanzberater, aber nichts Ernsthaftes. Bei einer Gelegenheit lernte ich einen der Geschäftsführer meines neuen

Arbeitgebers kennen, und ich sprach ihn auf einen bestimmten Gerichtsprozess an, der eben durch die Medien lief. Ich befragte ihn zu seiner Meinung über den Ausgang des Prozesses. Da lachte er nur, legte mir die Hand auf die Schulter und sagte: »Mein lieber Kollege! Was soll schon herauskommen dabei? Die können uns ja nicht alle einsperren! Oder was glauben Sie?« Dann lachte er wieder, und die Umstehenden lachten mit, einer klatschte sogar, und ich lachte ebenso.

Die Tage: arbeitsreich und anstrengend. Und wenn ich am Abend wieder zu Hause war, arbeitete ich mich bis spät in die Nacht durch die Unterlagen, lernte und lernte.

Obwohl der erste Monat sehr rasch verging, kam es mir vor, als hätte er sehr viel länger als dreißig Tage gedauert, so viel war geschehen, so viel Neues hatte ich gesehen, gehört und gelernt. Mir fing das Ganze an, Vergnügen zu bereiten. Es war Arbeit.

Aber seit ich mich zu Herbert Hauser – der Mann in dem Haus am See – begeben hatte, war etwas anders geworden. Als hätte ich seither all den Schwung, den ich innerhalb eines Monats gewonnen hatte, verloren. Warum, wusste ich nicht; denn es war ja nichts geschehen. Es gab keinen Grund. Aber so war es: Von da an machte mir die Arbeit kaum noch Vergnügen. Immer wieder sah ich mich wie von außen, und es gefiel mir nicht, was ich sah: Ich hatte mein Gesicht verloren; kein Unterschied zwischen mir und Weider war mehr erkennbar.

Die Zeit verging nun zäh. Ein nicht enden wollender

Tag folgte auf den nächsten; und seit dem Beginn der kalten Jahreshälfte hatte ich entgegen aller Augenscheinlichkeit das Gefühl, die Tage würden noch einmal länger dauern.

Und doch war es eine wundervolle Zeit, immer noch, wieder; denn Andrea war wie ausgewechselt, als hätte sie sich in die fröhliche, unbeschwerte Frau, die ich vor acht Jahren kennengelernt und vor fünf Jahren geheiratet hatte, zurückverwandelt. Andrea wirkte so glücklich, dass ich vergaß, es nicht zu sein.

Der Winter verging, und ich dachte, es liege vielleicht auch an der trostlosen lichtarmen Jahreszeit, dass die Leute mit mir keine Geschäfte machen wollten, dachte, es sei der Winter womöglich einfach nicht die richtige Zeit für dergleichen. Aber als es im Frühjahr, als die Farben wiederkehrten, so weiterging, wie es begonnen hatte, fing ich an, mir im Stillen Sorgen zu machen. Einmal im Monat wurde in der Bundeslandzentrale in Linz eine Liste mit den erfolgreichsten Beratern ausgehängt; und war mein Name zu Anfang nicht auf der Liste gestanden, fand ich ihn nun seit kurzem, aber schon regelmäßig, weit abgeschlagen auf dem letzten Platz.

Andrea hatte begonnen, von einem Kind zu sprechen, was sie in unserer ersten Zeit ebenfalls getan, dann plötzlich verweigert hatte; und sie redete nun plötzlich von einem Urlaub im Sommer, redete von Griechenland, wo sie als Sechzehnjährige einmal gewesen war und wovon sie seither träumte. Einmal redete sie von dem einen, dann wieder vom anderen. Und mit einem Mal fielen diese Reden dann zusammen, und sie verkündete freudig, sie wolle im Sommer mit mir nach Griechenland und dort ein Kind zeugen. Denn im Sommer wäre es zehn Jahre her, dass sie dort gewesen war. Sie malte sich alles genau aus, und ich hörte ihr oft dabei zu. Obwohl ich es mir dann und wann vornahm, erzählte ich ihr nichts von den Listen, nichts von den Kommentaren der Frau in Schwarz, erzählte nichts. Ich tat, wenn nötig, abends so, als liefe alles sehr gut, während ich untertags von einem manchmal mitleidigen, manchmal ratlosen und manchmal ärgerlichen Kopfschütteln zum nächsten zog.

Eines Abends Ende Mai saß ich in der Dorfwirtschaft, die ungewöhnlicherweise leer war, abgesehen von zwei Pensionisten, die, wie ich bald heraushörte, von Herbert Hauser redeten. In der Hauptsache sprachen sie davon, dass er ungeheuer reich sein müsse. Er stamme von hier, erklärte der eine dem anderen, aber dieser widersprach, und jener, der eben noch geredet hatte, verstummte. Dann sagte der andere, Hauser habe geerbt, das Haus und einen Haufen Geld. Sie redeten. Ich trank Bier, baute ein kleines Haus aus Bierdeckeln und hörte nur halb zu.

Später fragte ich Andrea, ob sie Hauser kenne. Sie sagte, sie erinnere sich schwach. War er nicht mit einer ihrer Schwestern in die Schule gegangen? Er wohne jetzt in dem Haus am See, sagte ich. Und sie antwortete: »Eine solche Villa hätte ich auch gerne«, und ich schaltete verstimmt über diese Antwort den Fernseher ein.

Am nächsten Morgen, als ich eben mit über die Schulter geworfenem Sakko aus dem Haus ging, kam Weider angefahren.

Wir müssten reden, sagte er nach einer knappen Begrüßung, und ich zuckte mit den Schultern und nickte, und wir gingen gemeinsam ins Haus zurück. Andrea warf, Weider erblickend, die Zeitung von sich, sprang vom Tisch auf und verschwand im Badezimmer; sie war noch im Nachthemd. Ich seufzte und hängte das Sakko über eine Stuhllehne. Weider setzte sich, und ich machte erst danach eine undeutlich einladende Geste und setzte mich selbst – als hätte die Geste mir gegolten. Er legte seinen Koffer auf den Tisch, öffnete ihn, nahm Papiere heraus, schloss den Koffer und schob ihn an den Rand. Mehrmals räusperte er sich. Nicht einmal blickte er mir in die Augen. Als hätte ich die Listen nicht schon mehrmals in Linz gesehen, breitete Weider sie in aller Langsamkeit eine neben der anderen vor mir auf dem Küchentisch aus. Wir saßen uns gegenüber, und er legte die Listen so hin, dass ich sie lesen konnte. Als hätte ich sie noch nie gesehen; und als wüsste ich nicht oder hätte ich nicht verstanden, was sie bedeuteten, setzte er sie mir so hartnäckig auseinander, dass es mir geradezu boshaft vorkam. Die Kunden liefen scharenweise davon. Hier waren die Zahlen dazu. Andrea, jetzt in ausgewaschenen blauen Jeans und einer Bluse, aber immer noch barfuß, hatte am anderen Ende des Tischs Platz genommen, und ich brachte es nicht über mich, sie zu bitten, uns alleine zu lassen. Ich spürte, wie sie die ganze Zeit über nur mich betrachtete, nur mich. Es kam mir grotesk vor, hier, in meinem Haus, von einem gerade einmal Zwanzigjährigen gemaßregelt zu werden. Er redete und redete, erklärte mir alles Mögliche zu diesen – uns beiden; aber je unterschiedlich – unfassbaren Ziffern, und ich hörte längst nur noch von fern, was er von sich gab, und wartete. Wie beim Zahnarzt ließ ich meine Gedanken in irgendeine Ferne schweifen, um dem Jetzt zu entkommen. Ich wartete, bis er zu Ende geredet hatte. Dann standen wir fast gleichzeitig auf. Er ging zur Tür, und ich begleitete ihn. Ich sah ihm nach und sagte, weil mir sonst nichts einfiel: »Bis zum nächsten Mal.«

Da blieb er starr stehen, drehte sich um und blickte mich erstaunt an. Er kam ein paar Schritte, sehr gemessen, auf mich zu. Er zog langsam den Blick, den er mit dem Näherkommen wieder gesenkt hatte, von seinen Schuhspitzen hoch und sah mich an.

»Unsere Zusammenarbeit«, sagte er mit einem mir neuen Ton und fuhr sich mit seiner bläulichen Zunge über die Lippen, »ist beendet.«

Es klang, als redete er mit einem Idioten. Hatte er denn das zuvor schon gesagt, und ich hatte es überhört? Es war gleichgültig. Damit drehte er sich um. Als er in sein Auto stieg, blähte ich die Backen, zog die Brauen hoch, ließ die Luft aus meinem Mund und murmelte: »Ah ja. Ah ja. Beendet. Ah ja.« Ich nickte und redete wie ein Dummkopf – war für ein paar Sekunden der Idiot, als den er mich eben behandelt hatte, geworden. Dabei hätte ich ihn am liebsten an den Ohren gepackt und aus dem Auto gezerrt und ihm einem solchen Tritt verpasst, dass er nach Hause, nach Linz oder Wels oder Steyr oder sonstwohin geflogen wäre.

Eine Woche lang sprach Andrea nicht mit mir, und ich hielt es für das Beste, sie zu lassen, und als die Woche vorüber war, packte sie ihre Koffer.

»Was wird das, wenn es fertig ist?«, fragte ich sie.

Sie antwortete nicht und packte weiter; nicht einmal den Kopf hatte sie gehoben. Ihre Bewegungen kamen mir ebenso stur vor wie die einer Akkordarbeiterin. Es war früher Nachmittag. Ein paar Minuten lang sah ich ihr zu, dann ging ich nach unten, nahm die dünne Jacke von der Garderobe, warf sie mir über die Schulter und verließ das Haus. Nach kaum hundert Metern hielt ich inne und machte kehrt; ich hatte das Bedürfnis, meine Turnschuhe gegen die schwereren Bergschuhe zu tauschen. Während ich die Schuhbänder schnürte, hörte ich, wie im Obergeschoss in mehreren Versuchen ein langer, in der Mitte klemmender Reißverschluss zugezogen wurde. Wenig später verließ ich das Dorf auf der Straße Richtung See. Zunächst spazierte ich einfach dahin, froh über das Gehen und die Bergschuhe, in denen mir, wie jedes Mal, vorkam, ein anderer ginge für mich, und dachte an nichts; aber je länger ich spazierte, desto mehr Gedanken kamen mir.

Am See angelangt, drang ich durch den Waldstreifen

und hockte mich an den Strand. Ich war von den Bäumen und von einem hohen Beifußstrauch geschützt und konnte den leichten Wind nicht spüren, der aufgekommen war, wie ich an der Wasseroberfläche sah, die von Südwesten nach Nordosten getrieben wurde. Die Wellen schlugen gegen das Ufer, einmal rhythmisch, dann wieder unrhythmisch, und es klang, als spielte jemand auf einem Xylophon aus Wasser. Ich warf ein paar Steine; schwer plumpsten sie in den See. Am Ufer bildete das Wasser einen schmalen, bräunlichen Saum; ein wenig weiter draußen bekam es einen gelblichen Ton, noch weiter draußen wurde es tiefgrün, bevor es sich schließlich in Tiefblau bis ans andere Ufer erstreckte. Über dem Haus stieg ein dünner Faden Rauch aus einem Schornstein in den Himmel. Ob er wohl wieder auf der Terrasse sitzt, fragte ich mich. Ich konnte nichts erkennen. Die Felswand hinter dem Seeufer färbte sich langsam zartrot, und allmählich begann auch der See, dieses Rosa anzunehmen. Die Sonne war untergegangen, und ein zunehmender Mond von der Farbe eines Kohlweißlings hatte sich im östlichen, verblassenden Himmel emporgeschoben; er sah aus wie hingemalt. Immer wieder war ich den vergangenen Monaten an dieser Stelle gehockt.

Es war spät, als ich nach Hause kam. Auf dem Heimweg war ich noch in eine Wirtschaft eingekehrt und hatte ein paar Gläser Bier getrunken und dabei die Zeit übersehen. Oder hatte ich sie schon davor, am See hockend, übersehen? Jedes Glas war wieder außen nass gewesen.

Obwohl ich der Kellnerin beim Zapfen genau zusah, drang ich nicht dahinter, wie das zustande kam; vielleicht waren ihre Hände nass, und ich hatte es nicht bemerkt. Ich blieb vor meinem Haus stehen: Nur die Lichter der Straßenlaternen glänzten in den Fenstern, und in der Scheibe des Schlafzimmers zuckte ein Licht; eine Laterne hatte seit Monaten einen Wackelkontakt, und obwohl ich es bereits am Gemeindeamt gemeldet hatte, war noch niemand gekommen, um sie zu reparieren. Die Garage stand offen und leer.

Sofort hatte ich ihn gesehen, aber ich las den Zettel nicht, der auf dem Tisch lag, beschwert von dem Gebetswürfel, der sonst immer auf der Anrichte lag, weil wir ihn nicht mehr verwendeten. Ich las ihn nicht, sondern zerknüllte ihn und warf ihn in den kalten Ofen. In dem Moment wusste ich alles, was zu wissen war – wusste, dass sie weg war und nicht wiederkehren würde, und es war mir egal, ja, es war mir sogar recht. Ich war wütend. Der Anrufbeantworter blinkte. Ich hörte ihn ab. Mein Bruder hatte etwas draufgesprochen, das kaum zu verstehen war; er hatte von einer Bar im Nachbarort angerufen. Nachdem ich lange im Haus auf und ab gegangen war, nahm ich das Fahrrad aus der Garage und fuhr hin.

Mein Bruder, Zimmermann wie ich einmal, hatte an diesem Tag, vor wenigen Stunden, seine Meisterprüfung bestanden. Jetzt feierte er mit seiner Freundin und einigen Freunden. So musste es sein – wurde mir auf der

Fahrt klar. Ich hatte diesen Termin vergessen. Viele Bilder standen plötzlich vor mir während dieser Fahrt und wurden zu einem Film – mir war, als radelte ich durch einen Film. Die Bilder standen und flogen vorbei wie Strom-, wie Telegraphenmasten. Lange war ich nicht mehr in dieser Bar gewesen, in der ich früher beinah täglich nach der Arbeit gesessen war, Bier getrunken und Karten gespielt hatte. Seit ich nicht mehr richtig arbeiten konnte, hatte ich mich ganz allmählich immer weniger zugehörig gefühlt, und auf einmal sogar fehl am Platz, und schließlich war ich nicht mehr hierhergekommen. Denn wozu dort mit den anderen sitzen, wenn ich eine Anspielung auf etwas am Tag oder Vortag oder vor einem Monat Geschehenes nicht mehr verstand? Es ging mir nicht ums Mitreden; aber mitgelacht hätte ich gerne noch; und als das nicht mehr ging, blieb ich fern, und die Welt wurde von einem Tag auf den anderen kleiner.

Ich stand im Dunkel vor dem Lokal und blickte durch das Fenster nach innen; ich konnte mich nicht entschließen einzutreten. Aber dann ging über der Tür eine Lampe an, und ich hörte auf, zur Nacht gehörig und unsichtbar zu sein, und ehe ich einen Schritt zurück, aus dem Licht, machen konnte, sah mein Bruder mich durchs Fenster, kam heraus, fasste mich an der Schulter, und wir gingen zusammen hinein. Auf einmal, in seiner Gegenwart, konnte ich von mir absehen, mich vergessen. Eben noch hatte er sich an der Theke stehend mit einem mir Unbekannten unterhalten, nun führte er mich an den

Tisch, an dem er davor gesessen war und wo seine Jacke hing, und ich begrüßte die Runde, jeden mit Handschlag, und setzte mich dazu. Mein Bruder – mit einem schnellen Blick zählte er die Gläser, deren Inhalt zur Neige ging – rief der Kellnerin, die eben mit wehendem Rock vorbeiwischte, laut zu, sie solle noch vier Bier bringen. Und als sie sich im Gehen umdrehte und fragte: »Wie?«, antwortete er: »Schnell!«, und wir lachten.

Unter seinen Freunden waren auch zwei meiner ehemaligen Arbeitskollegen; sie hatten die Firma gewechselt, arbeiteten jetzt anderswo, für jemand anderen. Ich hatte seit langem nicht mehr mit ihnen gesprochen, sie kaum je einmal gesehen, und so war die Wiedersehensfreude groß. Derart versank ich von der ersten Minute an in diesem Fest, dass ich nicht einmal daran dachte, dass gerade diese beiden, die zwar nicht miteinander verwandt waren, aber dennoch denselben Familiennamen trugen, die nächsten auf meiner abzuarbeitenden, nun hinfällig gewordenen Liste gewesen wären. Zu Hause auf dem Schreibtisch lagen seit über einer Woche nebeneinander zwei Stapel Informationsmaterial, auf jedem klebte ein gelber quadratischer Zettel, und auf dem einen stand der Name desjenigen, der mir nun gegenübersaß, auf dem anderen der desjenigen, der neben mir saß. Ich blickte ihnen in die Augen, redete mit ihnen, stundenlang, und ich dachte nicht daran. Das in der Gegend gebraute Bier war eiskalt und herb und schmeckte, wie immer, vom Fass noch einmal besser als aus der Flasche. Ich hatte das Gefühl, der Abend, die Nacht dauerten ewig, und diese Ewigkeit war wunderbar.

Am nächsten Morgen wusste ich nicht, wie ich nach Hause gekommen war. Ich schlug die Augen auf und wunderte mich, in meinem Bett zu sein; in Gedanken war ich noch ganz in der Bar. Andrea war nicht da; ihr Kopfpolster lag wie am Vorabend auf dem Boden. Mir war heiß, und mein Kopf dröhnte. Nachdem ich aufgestanden war und in der Küche eine Tablette aus der Verpackung gedrückt und geschluckt hatte, blickte ich aus dem Fenster: Die Garage war leer. Ich stand lange dort und schaute hinaus. Es gab nichts zu sehen. Später rief ich meinen Bruder an. Es dauerte, bis eine Verbindung hergestellt war, und dann hörte ich es im Wohnzimmer klingeln; ich ging durch die Küche, zog die Tür auf und sah meinen Bruder auf einer zitronengelben Campingmatte am Boden liegen. Er starrte stirnrunzelnd an die Decke. Neben ihm lagen sein Mobiltelefon und ein zerknitterter Zettel.

»Morgen«, sagte ich, und er antwortete: »Was ist morgen?«

Jetzt grinste er mit müdem und zerstörtem Gesicht. Ich warf ihm die Tablettenschachtel zu. Er legte sie neben sich. Ich hauchte mir in die Hand. Wieder fiel mein Blick auf den Zettel neben ihm, und ich begriff.

»Hast du den Brief gelesen?«

»Ja«, antwortete er. »Mir war kalt, und ich wollte Feuer machen.«

»Wir haben schon fast Juni.«

»Mir war trotzdem kalt.«

»Und«, fragte ich, »was steht drin?«

Erstaunt sah er mich an.

»Hast du ihn denn nicht gelesen?«

»Nein.«

Er klang immer noch betrunken, seine Stimme war brüchig und rau. Mühsam richtete er sich auf und fasste sich an die Knie und rieb sie.

»Ja«, sagte er, »was steht drin. Dass du ein verdammter Lügner bist. Und ein Taugenichts. Das steht da mehrmals. Mit anderen Worten.«

Mir war übel. Weshalb lag er in meinem Wohnzimmer? Ich ging in die Speisekammer und holte eine Flasche Mineralwasser. Meine Haut brannte, und ich hatte ungeheuren Durst. Ich konnte mich nicht erinnern, aber ich roch, dass wir Schnaps getrunken hatten, Tequila oder Rum. Aber wahrscheinlich Birnenschnaps. Wenn ich zu viel trank, wollte ich immer irgendwann den Birnenschnaps. Es war elend. Als ich in das Wohnzimmer zurückkehrte, lag er wieder, jetzt zur Seite gedreht, ein Bein angezogen; es sah aus, als wäre er hingefallen. Es schien ihm egal zu sein, dass ich ihn unverhohlen beobachtete. Oder er merkte es nicht.

»Hast du keinen Brand?«, fragte ich.

»Doch«, sagte er und streckte den Arm in meine Richtung aus, »und was für einen. Als hätte ich die Hölle verschluckt.«

Ich gab ihm die Flasche und setzte mich auf die Couch. Dann lag mein Kopf schwer und fremd wie ein Fels in meinen Händen. Die Kohlensäure zischte und säuselte. Was hatte das alles mit mir zu tun, und was ging es mich an?

»Wie sind wir eigentlich nach Hause gekommen?«, fragte ich.

»Ich weiß es nicht«, antwortete er, drückte eine Tablette aus der Packung und schluckte sie. »Ich weiß nicht einmal, warum ich hier bin und nicht bei mir zu Hause. Und meine Geldtasche und die Schlüssel sind auch weg.«

Ich schaltete den Fernseher ein und las die Schlagzeilen im Teletext; dann las ich, ebenfalls meiner Gewohnheit entsprechend, den Wetterbericht und schaltete wieder ab.

»Gibt es was Neues?«, fragte er.

Ich zuckte mit den Schultern. Nichts von dem Gelesenen hatte ich behalten.

»Nicht viel«, sagte ich.

Erst jetzt bemerkte ich, dass ein Fenster offen stand; der Vorhang hatte sich stark nach außen gebläht. Wie von unsichtbarer Hand gezogen und geformt. Draußen hörte ich es in der Heckenrose rascheln, und kurz darauf setzte der Gesang eines Amselpaars ein – es klang wie ein Gespräch. Mir fiel das Gefühl ein, das ich hatte, als wir die Bar betraten. Wann war es mir mit Andrea zum letzten Mal geschehen, dass ich sie und mich nicht als zwei scharf voneinander abgegrenzte Einzelne, sondern als eins empfunden hatte? Der Wind ließ den Vorhang los. Ich fragte meinen Bruder, wie es ihm mit Marion gehe. Gut gehe es, sagte er und verzog das Gesicht, um daraufhin die rechte Schulter mehrmals zu kreisen; leise krachte das Gelenk. Sie würden im nächsten Jahr heiraten, im Mai.

»Ja?«, sagte ich.

»Ja«, sagte er, »sie will es, und mir ist es recht. Warum auch nicht? Wir verstehen uns.«

Es werde Zeit, dass er von der Baustelle weg und ins Büro komme, sagte er nach einer langen Pause. Ich schloss die Augen und spürte jeden meiner Wirbel.

Als ich Schotterknirschen hörte, zog es in meinen Eingeweiden, und ich ging in die Küche, um dort aus dem Fenster zu blicken. Aber es war nicht Andrea, sondern Marion. Das Ziehen ließ nach. Kein Gedanke kam mir. Marions Hand war ausgestreckt zur Klingel, als ich schon die Tür aufzog. Nach einer kurzen Begrüßung ging sie, die Luft vor sich mit der Hand wegfächernd, an mir vorbei, schnurstracks ins Wohnzimmer. Ich ging ihr nach. Knapp vor meinem Bruder blieb sie stehen, stemmte die Hände in die Hüften und sagte:

»Na, du Säufer? Ausgeschlafen?«

Noch einmal blickte ich, mich umdrehend, aus dem Fenster; nur ihr Auto stand da und glänzte weiß in dem lichten Morgen, kein weiteres. War Andrea zu ihren Eltern gefahren? Zu einer ihrer Schwestern? Es sei ganz schön anstrengend gewesen, uns beide hierherzuschaffen, hörte ich Marion sagen. Ich konnte nicht bestimmen,

ob sie zornig war oder nicht. Aber wie auch immer es gemeint war: Alles klang selbstverständlich, wie gerade entstanden. Bei Andrea klang es immer wie auswendig gelernt und nie spontan. Man hörte ihr Denken mit, wenn
sie redete. Ein Spatz flatterte ein paar unzählbare Flügel-
schläge lang über dem Autodach. Mehrmals hörte ich
meinen Bruder hartnäckig und doch etwas kleinlaut be-
teuern, das wisse er doch alles.

Marion kam nach einer Weile wieder in die Küche,
und jetzt lächelte sie mich an. Das Gespräch war zu Ende.
Dann bereitete sie Kaffee zu und bewegte sich dabei in
der Küche, als wäre es ihre eigene. Kein Zögern, und kein
Handgriff saß nicht. Ich dachte an früher, als ich noch
als Zimmermann gearbeitet hatte. War sie jemals hier gewesen? Nicht öfter als einmal, meinte ich. Endlich erhob
sich mein Bruder mit einem lauten Ächzen, und wir setzten uns alle an den Tisch. Ich hatte in der Speisekammer
Kekse gefunden, die ich auf einen Teller schüttete und in
die Tischmitte stellte. Wenn Andrea und ich Streit hatten, weigerte sie sich zu kochen und ernährte sich tage-
lang ausschließlich von diesen trockenen Vollkornkek-
sen – von denen sich nun nur Marion bediente. Mein
Bruder fragte, vor sich hintierend, ob ich keine Kartof-
felchips oder Salzstangen hätte. Der Kaffee dampfte und
war sehr stark; schon nach den ersten Schlucken begann
mein Herz, schneller und, wie mir vorkam, dann und
wann unrhythmisch zu schlagen. Und doch trank ich,
wie auch die anderen, nach der ersten Tasse eine zweite.

Früher, als wir Brüder noch mehr miteinander zu tun gehabt hatten, war das manchmal meine Vorstellung gewesen: mit ihm in einem Haus zu leben, jeder mit seiner Frau, und einmal am Tag gemeinsam um den Tisch zu sitzen, zu essen und zu trinken. Es hatte sich anders entwickelt, und wir telefonierten öfter, als wir uns sahen, und seine Freundin traf ich erst zum vierten oder fünften Mal. Sie war nicht Teil der Familie geworden, zumindest bisher nicht. Überhaupt, dachte ich, die beiden betrachtend, war wenig so geworden, wie ich es mir ausgemalt hatte. Wo Andrea sei, wollte Marion wissen. Ich antwortete, ich wisse es nicht, und mein Bruder hob den Blick und sah mich an. Ich fragte mich, ob – und wenn ja, was – ich ihm erzählt hatte. Wenn ich trank, wurde ich immer geschwätzig. Obwohl ich keine Erinnerung mehr an den Großteil des Abends hatte, schämte ich mich mit einem Mal unerträglich. Ich wünschte, augenblicklich allein zu sein. Aber die beiden blieben noch eine halbe Stunde sitzen, hinter leeren Tassen, die sie mit leisem Klirren hin und her schoben, und meine Scham wurde mit den Minuten wieder kleiner, oder ich vergaß sie. Ich hörte wieder das Ticken der Küchenuhr. Es entstand kein Gespräch, immer nur Ansätze zu etwas Ähnlichem.

Schon im Auto, jetzt Beifahrerin, ließ Marion das Fenster hinunter und rief mir Grüße an Andrea zu. Ich hob das Kinn, schluckte, und dann waren sie, eingehüllt in abnehmendes und bald gar nicht mehr vernehmbares Motorengeräusch, weg. Der Schotter staubte ganz leicht, von dort, wo der Wagen gestanden war, bis hin zum Asphalt der Zufahrt, und die mehlig weiß angereicherte Luft legte sich lange nicht wieder. Es überraschte mich, wie warm es war, obwohl auch die Tage zuvor warm gewesen waren. Bald wäre es Juni. Vom Dorf her läuteten die Kirchenglocken, ein Schlag schwer in den anderen fallend, und ich zählte die Schläge mit. Es sei schön gewesen, sich wieder einmal mit mir zu betrinken, eine Freude, hatte mein Bruder noch gesagt, und ich hatte ein Würgen in meinem Hals gespürt – es hinuntergeschluckt. Ja, hatte ich gedacht, das ist das Einzige, was wir noch miteinander können. Wie lange waren wir nicht mehr bergsteigen oder angeln oder zusammen auf dem Fußballplatz gewesen, um der sogenannten Kampfmannschaft zuzuschauen, so wie früher oft und so oft? In den letzten Jahren waren es immer nur die ewiggleichen wie anonymen Firmen-, Geburtstags- und Weihnachtsfeiern, also Besäufnisse, gewesen, zu denen wir uns gesehen und miteinander gesprochen hatten. Ich hatte es mir immer anders vorgestellt und stellte es mir noch jetzt anders vor. Aber es war nicht anders.

Die folgenden Tage waren seltsam leer. Und auch ich: nicht unglücklich, nicht traurig, nur leer. Es war nicht so, dass mir Andrea besonders gefehlt hätte, nein, eher fehlten mir das Nichtalleinsein und gewisse Gewohnheiten, die nun keinen Sinn mehr ergaben. Ich fühlte mich fast genauso wie damals, als ich von einem Tag auf den ande-

ren nicht mehr in die Bar gegangen war, gehen hatte können. Nie hätte ich gedacht, dass die Welt noch einmal
kleiner werden könnte; jetzt sah ich es, vollkommen ungläubig, in jeder einzelnen Stunde. Die Welt, das war
im Wesentlichen nur noch ich. Warten hätte mich, wenn
schon nicht ausgefüllt, so doch auf eine Weise beschäftigt; es wäre etwas gewesen, das über mich hinausgegan-
gen wäre; aber ich wartete nicht einmal.

Jeden Tag ging ich an den See, ohne zu wissen, was ich
dort wollte. Immer hockte ich an derselben Stelle und sah
dem Rauch zu, wie er sich unendlich langsam aus dem ro-
ten Schornstein in den Himmel goss und darin auflöste.
Hin und wieder stand der Schlagbaum offen, und wenn
er offen stand, kam kein Rauch aus dem Schornstein;
aber einmal dann doch. Es war Anfang Juni, aber abends,
wenn ich bei Bier und Zigarette auf der Terrasse saß, zirpten die Grillen laut und bis spät in die Nacht, als wäre es
Mitte August. Ja, ich rauchte wieder. Die Tage vergingen
namenlos einer wie der andere, und was ich feststellte,
war lediglich, dass die Sonne immer später unter- und
immer früher wieder aufging, dass die Farben von Wiese,
Feld und Wald sich wandelten – und dass ich alleine
blieb. Andrea kam nicht mehr; nicht ein einziges Mal rief
sie an. Ich vergaß es nicht – aber gewöhnte mich daran,
dass sie nicht da war. War es nicht merkwürdig, wie
gleichgültig es mir war? Auf irgendeine Weise war ich sogar erleichtert darüber. Hatte sie mir jahrelang nicht immer wieder gezeigt, wie wenig es genügte, was immer ich

auch tat, wie wenig ich genügte? Jetzt musste ich niemandem mehr etwas zeigen.

Eines Nachts rechnete ich meine Ersparnisse zusammen und gelangte zu dem Schluss, bei meinen derzeitigen geringen Ausgaben – sie waren so gering wie zu meiner Junggesellenzeit; nie hatte ich gewusst, wofür ich mein Geld ausgeben sollte, bis ich dann den Grund kaufte und das Haus baute – sorgenlos zumindest ein Jahr damit auskommen zu können. Ein Jahr lang, beschloss ich, wollte ich mich nun um keine Arbeit kümmern. Weder hatte ich das Bedürfnis, eine Reise zu machen, noch etwas zu tun, was ich sonst aufgrund der Arbeit nie hatte tun können; ich wollte einfach ein Jahr lang hier leben und nichts müssen; das war alles, was ich wollte.

Die erste Zeit nach diesem Beschluss war herrlich. Morgens schlief ich bis neun Uhr, wachte auf, ging ins Bad, das in den durch das Dachschrägenfenster einfallenden Sonnenstrahlen gleißte – und legte mich danach wieder hin und schlief noch eine Stunde. Bis ich einschlief, schwamm ich, von Wärme sanft umspült, in Minuten aus Licht. Jeder Tag begann sonnig und ganz langsam – wie ein Gegenteil der Tage in meinem bisherigen Leben, die meist noch in der Dunkelheit, spätestens beim ersten Tageslicht und immer allzu überstürzt begonnen hatten – und ging in einem ähnlichen Tempo weiter, an das ich mich in kürzester Zeit gewöhnte. Abends saß ich oft lange auf der Terrasse und blickte in die schwarze Luft, die wie Wasser durch die Sträucher und Bäume im

Garten und ja auch durch mich rauschte, einmal lauter, dann wieder kaum vernehmbar. Den Fernseher schaltete ich nicht mehr ein, nur die kleine blaue Diode in seinem anthrazitfarbenen Rahmen leuchtete weiterhin Tag und Nacht. Hin und wieder zog ich die Bergschuhe an und begab mich auf eine Wanderung; aber da ich das Auto nicht mehr hatte, ging ich nicht in jene Berge, die ich besonders mochte; mit dem Fahrrad hätte es mir zu lange gedauert, dorthin zu gelangen, und so ging ich in das nahe Gebirge. Das Gras auf den Wiesen und Wegen allerorts war krachtrocken. Obwohl ich mich schnell an dieses neue Leben gewöhnte, blieb es neu und stand strahlend vor mir, sogar in meinen Träumen. Es waren glückliche Sommerwochen, in denen ich an kaum etwas anderes dachte als an das, was im Moment war.

Aber mit dem Herbst, dem Kürzerwerden der Tage, dem abrupten Abnehmen der Temperaturen und dem zeitgleichen Auftauchen des zähen und dichten blauen Nebels setzte auch das größere, weitreichende Denken wieder ein.

War ich zunächst eigentlich einverstanden damit gewesen, dass Andrea weg war, kam nun, mit dem Denken, allmählich etwas Scharfes in mich, das ich als Hass deutete. In endlosen stillen und sich von Mal zu Mal haargleich wiederholenden Selbstgesprächen warf ich ihr vor, mich verraten zu haben. Dass ich ihren Brief nicht gelesen, sondern schließlich verbrannt hatte, war mir zwar bewusst, aber ich zog nicht in Erwägung, dass die genaue Kenntnis des Inhalts etwas geändert hätte. Und ich kannte den Inhalt ja. Wie hatte mein Bruder gesagt? Ein Versager sei ich. Ja. Ich hasste sie. Hatte ich nicht alles für sie getan? Hatte sie noch ein einziges Mal arbeiten gehen müssen, nachdem sie zu mir gezogen war? Ich hatte sogar in die Heirat eingewilligt, die ich von Anfang an abgelehnt hatte. Der Hass fühlte sich an wie Freude: Er erleichterte mich. Dann: Er war eine andere Seite der Freude. Ich verließ das Haus kaum mehr. Wenn der Nebel sich verzog, sah man, wie tief der Himmel hing. Ich saß oder lag auf der Couch, stand auf, ging ins Schlafzimmer, saß oder lag dort, bis ich wieder aufstand und woanders hinging und alles von vorne begann – oder einfach weiterging, als eine endlose, sinnlose, absolut nichtsbedeutende Kreisbewegung. Ich aß nur noch Brot und Kartoffeln und trank Schafgarbentee. Es war die Diät eines Kranken. Wochenlang trank ich kein Bier mehr; beim bloßen Gedanken daran schüttelte es mich. Etwas stimmte grundlegend nicht, ich wusste es, aber konnte es nicht ändern. So gingen die Tage hin, einer wie der andere. Einmal schaltete ich mein Mobiltelefon wieder ein; ich hatte keine neue Nachricht, keinen verpassten Anruf, nichts. Erneut schaltete ich es ab.

Dann kam der Regen.

Aber obwohl ich geglaubt hatte, es werde bis zum Einbruch des Winters durchregnen, der Regen direkt in Schnee übergehen, hörte es nach wenigen Tagen auf, und es wurde noch einmal warm. Kein Vorhang aus Regen oder Nebel trübte nun die Sicht, und ich konnte nach einem Jahr wieder das grünlich leuchtende Gelb der Lärchen auf dem Hang gegenüber sehen.

Beinahe unmerklich, in kleinen und je für sich genommen unbedeutenden Schritten, war das Haus am See in den Mittelpunkt meiner Aufmerksamkeit gerückt. Anfangs nur ab und zu, aber dann immer regelmäßiger war ich am See gewesen, zuletzt stets mit einem Feldstecher, den Andreas Vater mir einmal geschenkt hatte, ausgestattet. Die Stelle, an der ich saß, war von dem Weg aus, der schmal um den See lief, nicht einzusehen; ich hörte die Schritte der Spaziergänger in meinem Rücken, und ihre isolierten Stimmen, wenn sie redeten. Mit freiem Auge war wenig mehr als die Umrisse des Hauses zu erkennen, mit dem Feldstecher hingegen war alles deutlich sichtbar; wenn ich durch das Glas sah, war es, als stünde ich direkt vor dem Haus, mitten im Garten. Ich sah Hauser auf seiner mit Waschbetonplatten gelegten, mit einer Art Plastikwellblech überdachten Terrasse sitzen, die Beine eingeschlagen in die mausgraue Decke, rauchend – und wenn er einmal, was vorkam, zuckte oder sich sonst jäh bewegte, zuckte ich ebenso, so nah war ich ihm. Mitunter kam es mir vor, als sähe ich die immergleichen Sequenzen eines Films. Und doch gab es winzige Unterschiede, Veränderungen von Mal zu Mal, und in Gedanken notierte ich sie, wenn ich auch mit den Notizen nichts anfing.

An den Regentagen war ich zu Hause geblieben, aber

als es so unerwartet und unverhofft noch einmal warm geworden war, nahm ich meine Gänge an den See wieder auf. Die Selbstgespräche fanden ein langsames Ende. Wenn ich jetzt an Andrea dachte, empfand ich eigentlich nichts mehr. Nur etwas Leises, Mildes war geblieben. Hin und wieder hatte ich das Bild von im Wind flackerndem Gras vor Augen – Gras auf einem verlassenen und leergeräumten Schlachtfeld.

Eines späten Nachmittags saß ich wieder dort und lugte durch den Feldstecher zu dem Haus hinüber. Plötzlich nahm ich ein Blitzen wahr, das mich blendete. Als ich wieder sehen konnte, bemerkte ich, dass ein Fenster im Obergeschoss offen stand. Minuten später betrat Hauser die Terrasse, legte die Decke auf seinen Stuhl und verschwand wieder. Einen Moment lang war mir gewesen, als hätte er zu mir herübergeblickt. In meinem Rücken entstanden aus der Stille heraus Stimmen, eine männliche und eine weibliche. Schon beim ersten Ton erkannte ich Andreas Stimme, und ich stand unwillkürlich, wie einem lautlosen Befehl gehorchend, auf. Ich schlich tief gebückt durch das auf dem feuchten Boden nicht zu laut raschelnde harte Laub an den Weg und verbarg mich hinter dem Stamm einer Buche. Ich richtete mich auf. Die graue Rinde war kalt. Ich beugte mich ein winziges Stück zur Seite. Mein Herz raste immer schneller. Ich sah sie gehen. Was sollte ich tun? Ich erkannte die andere Stimme nicht – ich kannte sie nicht. Eine tiefe, weiche Stimme. Als sie vorbei waren, wagte ich mich hinter dem Stamm hervor und schaute ihnen nach. Der Mann, einen halben Kopf größer als sie, näherte sich mit seiner Hand, die Finger ausgestreckt, ihrer, und als er kurz davor war, sie zu berühren, zögerte er und zog sie wieder zurück und schob sie in die Hosentasche; aber bereits nach wenigen Schritten zog er sie wieder heraus. Ich hätte sie ihm gern abgehackt. Meine Kiefer schmerzten. Sie gingen um eine Wegbiegung, und ich konnte sie nicht mehr sehen. Warum lief ich ihnen nicht hinterher? Stattdessen lief ich atemlos in die Gegenrichtung aus dem Wald. Mein Auto stand, schmutzstarrend, mit zwei Rädern im Gras am Waldrand. In der Mittelkonsole lag eine orangefarbene Schachtel Zigaretten. Hatte auch sie wieder zu rauchen begonnen? Dann ging ich, ohne jedoch erneut ins Laufen zu verfallen, so schnell als möglich nach Hause – aber nicht auf der Straße, sondern auf einem unsichtbar neben ihr herlaufenden Pfad durch den Wald.

In der Nacht verließ ich noch einmal das Haus. Ich stand zwischen Haus und Garage und starrte vor mich hin. Da sah ich, wie der Winter begann. Der harte, eiskalte, dünne Regen, der von einem Moment auf den anderen zu fallen anfing, sah im Schein der Straßenlaternen wie gezeichnet aus. Ich wusste, als ich den ersten Tropfen auf der Wange spürte, dass es im Grunde bereits Schnee war. Ich wusste, dass es nur wenige Meter weiter oben schneite und dass die Lärchen am Hang gegenüber am kommenden Morgen weiß sein würden. All die Tonnen und Abertonnen Schnee, der sich vor uns, im Augenblick noch undeutlich und konturlos, ausbreitenden Monate lagen bereits jetzt in der klaren und regentropfendurchstochenen Luft. Dann ging ich zu Bett. Doch in dieser Nacht war an Schlaf nicht zu denken, und ich stand mehrmals auf und lief die Straße hinauf und hinunter, um mich, wenn schon nicht zu beruhigen, so zumindest zu ermüden. Aber nichts an mir ermüdete. Mein Herz schlug zwar wieder in einem regelmäßigen Rhythmus, jedoch kamen mir die einzelnen Herzschläge um einiges wuchtiger vor als sonst. Ich versuchte, mit unruhigen Fingern, Andrea anzurufen; ich ließ es lange läuten, aber sie hob nicht ab. Minutenlang saß ich danach wie gelähmt auf der Couch – gelähmt von der Frage, was ich denn gesagt hätte, wenn sie abgehoben hätte: Ich hätte es nicht gewusst. Bis zum Morgengrauen suchten mich die schlimmsten Vorstellungen heim. Ich sah nichts als Andrea und diesen Fremden, und als ich irgendwann, den Kopf auf der Tischplatte, in den Schlaf sank, war das nicht das Ende der Heimsuchungen.

Das Telefon weckte mich.

»Sofort«, murmelte ich, »ja, ich komme ja schon, verflucht...«

Meine Stimme klang tief, und eine Hälfte meines Gesichts tat weh. Mit dem Augenöffnen stellte ich fest, unter dem Tisch zu liegen. Ich musste mich irgendwann auf den Boden gelegt haben. Ich war vollkommen zerschlagen. Das Klingeln hörte auf. Ich rollte mich auf den Rücken und blieb noch eine Weile liegen und zählte stumpfsinnig einige ovale Astlöcher, bevor ich unter dem Tisch hervor zum Ofen kroch und das Türchen öffnete. Laut und doch wie von weither heulte der Wind im Kamin, die weiße Asche auf dem Rost zitterte leicht, und ich spürte den Zug im Gesicht. Ich ging eigentlich nicht mehr dran, wenn jemand anrief, dessen Nummer ich nicht zuordnen konnte. Jetzt musste ein anderer abheben und reden, wie ein Verdammter auf immer dieselben Fragen immer dasselbe antworten und sich selbst dabei zuhören. Ich war der Nachfolger von Peter gewesen. Wer war mein Nachfolger geworden? Ich wusste es nicht. Wieder klingelte es, und ich schloss das Türchen und stand auf. Meine Hosenbeine waren staubig. Die auf dem Display blinkende Nummer kannte ich nicht. Das Kaffeepulver war mir vor wenigen Tagen ausgegangen, und ich machte mich zum x-ten Mal auf die Suche, ob es nicht doch noch irgendwo etwas gab – wieder vergeblich. Sollte ich zum Greißler? Ich musste wohl; denn auch Brot war nicht mehr viel da.

Beim Verlassen des Hauses sah ich, was ich in der Nacht bereits vor meinem inneren Auge gesehen hatte. So langsam schwebten große Schneeflocken aus den tiefhängenden, die Bergspitzen verhüllenden Wolken, dass ich dachte: Noch etwas langsamer, und sie bleiben stehen und fliegen wieder nach oben. Der Schnee blieb noch nicht liegen. Die Baumstämme, die Grashalme, der Schotter der Straße: Alles war nass. Mein Rücken schmerzte. Ich spazierte ins Dorf, kaufte ein und ging, in jeder Hand ein bunt bedrucktes und bei jedem Schritt raschelndes Plastiksäckchen, wieder zurück. Es war kein weiter Weg; hin und zurück brauchte ich nicht länger als vierzig Minuten. Einen Moment lang hatte ich überlegt, an dem Einkaufszentrum, das ich nicht leiden konnte, vorbeizuschauen und in dem dortigen Café einen Verlängerten zu trinken, aber kaum war ich in der Nähe und sah die vielen Dutzend Autos auf dem Parkplatz, wurde mir von innen heraus heiß, und ich ließ die Idee fallen. Die Vorstellung, an einem Ort, wo so viele Menschen waren, nach Andrea gefragt zu werden – oder sie gar erneut, womöglich wieder in Begleitung, zu sehen –, war mir unerträglich.

Die Vorstellung jedoch, einmal aufgekommen, wich nicht – wich so wenig wie die Schneedecke, die von oben nach unten wuchs, bis sie noch den letzten und allerletzten Graben im Tal bedeckte. Und sie wurde auch nicht erträglich, nicht einmal erträglicher. Anfangs hatte ich ausschließlich das Bedürfnis, mich zurückzuziehen und nichts zu wissen; ich wusste schon genug. Ich ließ das Schloss an Haustür, Terrassentür und Garagentor austauschen. So wenig als möglich verließ ich meine vier Wände. Die Zeit war wie angehalten, weil nichts geschah; und wenn etwas geschah, war es nichts, was nicht am Vortag ebenso geschehen wäre. Wochenlang fiel Schnee, alles lag unter dieser ewigweißen Decke, die nur da und dort durchschnitten und durchbrochen wurde.

So lebte ich.

Irgendwann jedoch kippte das Nichtwissenwollen in Wissenwollen: Ich wollte wissen, wo meine Frau war und was sie tat.

Ich bekam regelrechte, in Wellen aufbrausende und wieder abebbende Anfälle und schrie, von einem Zimmer ins nächste stapfend, herum. Ich hatte ein Recht darauf, zu wissen, wo sie war. Sie gehörte mir, niemandem sonst. Sämtliche Kästen, sämtliche Schubladen räumte ich aus und warf den Inhalt achtlos auf den Boden. Später trat und stampfte ich darauf herum. Ich war fast ohnmächtig vor Zorn und der Erkenntnis, dass ich nichts tun konnte. So zornig ich war – ich konnte nicht zu ihren Eltern gehen und einen Aufstand machen. Es war mir nicht möglich. Nicht einmal zu ihren Schwestern konnte ich gehen. War das Feigheit? Oder ging der Zorn doch nicht so weit?

Als ich mich beruhigte, hatte der Schneefall aufgehört und Weihnachten war vorbei. Es waren stumme Tage. Ich ging einkaufen, um meine zur Neige gegangenen Vorräte aufzufüllen. An der elektronischen Anzeige über dem Eingang der Bankfiliale sah ich in rot blinkenden eckigen Ziffern: 31.12. Ich sah es nicht sofort, zunächst sah ich nur die sinnlosen Ziffern; und es dauerte, bis ich sie übersetzte und begriff und sie einen Sinn bekamen. Der einunddreißigste Dezember! Lange betrachtete ich die Ziffern, sah sie kommen und gehen. In der Nacht wurden Kracher geschossen, und Raketen in allen Farben zerplatzten toll sprühend in einem wolkenlosen, hellschwarzen

Himmel. Ab und zu mischte sich eine einzelne Stimme, ein Glückwunschruf, die Strophe eines Liedes zwischen das Knallen, Pfeifen, Sirren und die ewigen Ahs und Ohs.

In dieser Nacht legte ich mich früh zu Bett und schlief tief und fest und traumlos und lange wie seit Wochen nicht.

Der erste Jänner war ein strahlender Tag, die Luft aus blauem geschliffenem Glas, und in mich war ein großer Friede eingekehrt. Ich verbrachte den Vormittag teils auf der Terrasse, teils im Haus an einem Fenster stehend. Ich ging in den Garten und klaubte verkohlte, gewichtslos auf dem noch pulvrigen Schnee liegende Reste von Feuerwerkskörpern zusammen und warf sie in die Mülltonne neben der Garage. Hatte unser Vater es nicht immer ebenso gemacht – stumm und ohne Vorwurf, obwohl er diese Dinge als Geldvergeudung und Umweltverschmutzung grenzenlos verachtete? Mein Bruder und ich hatten Jahr für Jahr zu Silvester das Taschengeld von Monaten in die Mitternachtsluft gejagt. Ich hingegen wusste jetzt nicht, von wem die Kracher und Raketen stammten.

Zu Mittag briet ich eine Forelle und erschrak nicht, als ich sah, wie das mir zugewandte Auge trübweiß wurde und platzte. Kaum hatte ich begonnen, sie zu essen, unterbrach ich mich, stand auf und ging in die Speisekammer und holte eine Flasche Grünen Veltliner. Die Weingläser, die wir zur Hochzeit (ich erinnerte mich an die Hochzeit, daran, wie schön dieser Tag gewesen war; er war unvergesslich) geschenkt bekommen hatten, hatten wir im Lauf der Jahre unbenutzt weiterverschenkt. Denn ich trank Wein lieber aus gewöhnlichen Gläschen als aus diesen zerbrechlichen Kelchen, und Andrea hatte diese eine Angewohnheit von mir übernommen. Ich entkorkte die Flasche, roch am Korken und goss mir ein; der Wein hatte die warme goldene Farbe von Ahornblättern im späten Oktober. Dass man vergessen konnte, wie gut Wein schmeckte! Am Nachmittag räumte ich in neuer Ruhe das Haus auf. All die Dinge, die in den Zimmern auf dem Boden herumlagen, die ich durch Darauf-Herumtrampeln beschädigt oder gar zerstört hatte, verstaute ich in Kisten, welche ich auf den Dachboden stellte. Nicht nur das Jahr hat neu angefangen, dachte ich, mich von einem Zimmer ins nächste vorarbeitend. Das Licht, das vor den Fenstern herrschte, war das klare, die Dinge scharf umreißende Licht eines Neuanfangs.

Am Abend nahm ich das Radio wieder in Betrieb und hörte das Neujahrskonzert – ich wusste nicht: live oder als Wiederholung. Ich war in einer feierlichen Stimmung, als holte ich das Weihnachtsfest nun nach. Als die Leute beim Radetzkymarsch im Takt zu klatschen begannen, verließ mich diese Stimmung, und ich schaltete ab. Später, im Bett, erinnerte ich mich wieder an die Hochzeit, und dann daran, wie ich Andrea kennengelernt hatte. Sie war damals Verkäuferin im Trachtengeschäft, und ich wollte mir eine Jacke kaufen, weil ich von einem Fest im Nachbardorf ohne die einzige Trachtenjacke, die ich bis dahin besessen hatte, nach Hause gekommen war. Damals hatte ich bereits mit dem Hausbau begonnen, und ich besuchte nur noch selten ein Fest, weil ich dafür meistens viel zu müde war. Und wenn ich dann einmal wieder ging, war ich nach wenigen Gläsern Bier heillos betrunken; ich vertrug nichts mehr. Ich wusste eigentlich gar nicht, was mit der Wildlederjacke geschehen war – wusste gewiss bloß, dass ich sie getragen hatte, als ich mich zu dem Fest aufgemacht hatte, und dass sie am nächsten Tag nicht mehr zu finden war. Etwas hielt mich davon ab, die Veranstalter zu fragen, ob etwas liegen geblieben sei; und doch wollte ich stur diese Jacke wieder – und wenn nicht diese, dann eine ganz ähnliche. So begab ich mich nach einigen Tagen ohne Jacke in das Trachtengeschäft, in dem ich zuvor noch nie gewesen war. Andrea arbeitete dort als Aushilfe, weil eine andere Verkäuferin sich in Karenz befand. Ich erinnerte mich an das Stehen in dem kleinen Raum, an das Anprobieren verschiedener Jacken – und wie sie mir half, in den Ärmel zu finden, wie sie mir den Kragen richtete. Es war ähnlich wie mit dem Trinken: Auch hier war ich sofort heillos betrunken gewesen, weil ich keine Übung hatte. Ich hatte immer nur gearbeitet und mich nicht um Frauen gekümmert. Vielleicht war ich ihnen sogar ausgewichen durch das Arbeiten. Unsere Mutter hatte unseren Vater und uns Brüder verlassen, von einem Tag auf den anderen, und wenn wir ihn fragten, wo sie sei, wann sie wiederkomme, sagte er immer nur, er wisse es nicht, so lange, bis wir nicht mehr fragten. Ihr Hochzeitsbild – sie beide müde, aber glück-

lich lächelnd unter einem weißgrün blühenden Birn-
baum, und unendlich jung – blieb im Vorraum hängen.
Warum sie ihn verlassen hatte, war für uns immer ein
Rätsel. Was mich anzog, das war das Beständige, und ich
suchte es, bewusst und unbewusst, überall. Ich hing an
Gewohnheiten … Das, wenn auch vielleicht sonst nicht
allzu viel, war mir schon früh an mir aufgefallen. Andrea
hatte mich gefragt, ob ich am Wochenende auf den Ball
gehen würde, und ich hatte wahrheitsgemäß ja gesagt,
und sie hatte gelächelt. Ich nahm die Jacke, bezahlte in
bar. Im Nachhinein hatte mir dieses so bestimmt und
wissend vorkommende Lächeln etwas Angst gemacht,
und ich war dem Ball ferngeblieben, hatte überhaupt beschlossen, mich nun eine Weile lang auf keinen Bällen
und Festen mehr zu zeigen. Und doch, dachte ich und
war kurz davor, in den Schlaf zu kippen, hat sie dann
meine Telefonnummer herausgefunden und mich angerufen, und ich bin mit ihr Pizza essen gegangen. Und es
war schön wie jeder Anfang. Ich schloss die Augen und
erinnerte mich und wusste wieder alles, und dann sagte
ich mir: Du hast gezittert vor Glück. Und noch einmal lief
dieses Zittern jetzt, als physisches Echo, durch mich.

Der ganze Jänner war friedlich, und ich wusste, dass es
nun dabei bleiben würde: Andrea fehlte mir endlich.

An einem der letzten Tage des Monats ging ich wieder
an den See. Seit ich sie dort gesehen hatte, war ich nicht
mehr hingegangen. Bevor ich das Haus verließ, legte ich
noch so viele Scheite als möglich in den Ofen und verrie-

gelte das untere Türchen sowie die Luftklappe. Schon auf dem Weg vernahm ich plötzlich verhaltene Trompetenstöße, als übe jemand – aber weder ein bestimmtes Lied noch eine Tonleiter, sondern überhaupt erst, einen klaren, sauberen Ton herauszubringen. Je näher ich meiner angestammten Stelle kam, desto lauter, aber ohne laut zu werden, wurden die einzelnen Stöße, die sich voneinander wenig unterschieden und sich immer noch nicht zu einer Melodie gefügt hatten, als ich ankam und mich auf ein mitgebrachtes, in Aluminium eingeschweißtes Sitzpolster, das ich auf dem Harsch ausbreitete, niederließ. Die wenigen Blätter am Boden, die man noch sehen konnte, nah am Wasser, lagen platt und alt da, waren auf ihrem langsamen Gang zurück in die Erde. Mit einem neuen Trompetenstoß kam mir der Gedanke, ich selbst sei im Grunde nichts anderes als so ein Blatt, immer älter und – in Denken und Sein – konturloser werdend, mit jedem vergehenden Tag ein Stück näher am Ziel, der Erde, oder, wie ich es eines Tages auf einem Wandkalender las, der Rückkehr in die Ewigkeit. Ich hockte, die Beine aufgestellt und die Knie umschlungen, und hörte diesen fremden Tönen zu. Eiseskälte strömte von unten her aufsteigend wie eine Flüssigkeit durch den Hosenstoff auf meine Waden. Wenn ich einen Fuß drehte, knirschte der Schnee. Es gab keinen Zweifel, dass die Töne von dem Haus gegenüber kamen. Erst als ich das Glas nahm, sah ich hinter den Scheiben des Vorbaus sich etwas schemenhaft bewegen. Ich konnte jedoch nicht erkennen, was es war; vielleicht nur eine Spiegelung. Hauser musste dort sitzen und spielen. Oder hörte er etwa eine CD, eine Kassette, die Aufnahme eines Übenden? Ich konnte kein offen stehendes Fenster entdecken und ließ das Glas wieder sinken. Die Töne verstummten. Mittlerweile hatte ich mich so an die Entfernung gewöhnt, dass ich auch mit freiem Auge manches sehen konnte, so wie ich jetzt sah, wie Hauser auf die Terrasse kam, die Decke vom Stuhl zog, sich setzte und die Beine in die Decke einschlug. Wieder nahm ich das Glas und betrachtete ihn genauer. Er hatte sich einen Bart stehen lassen; am Kinn war er schon grau, obwohl seine Haare von einer einheitlich dunklen Farbe waren, wie ich bemerken konnte, wenn er den Hut abnahm. Er trug sein übliches Gewand – zumindest ich hatte ihn noch nie etwas anderes tragen sehen. Nur der Hut war jetzt mit einer Feder versehen. Vielleicht eine Graugansfeder? Oder eine Adlerfeder? Ich hätte es erkannt, aber konnte es nicht genau sehen. Die Farben zogen sich langsam aus den Dingen zurück; der Tag verdämmerte bereits. Auch die Tage, dachte ich, sinken zurück in die Ewigkeit. Seit Hausers Erscheinen war nichts mehr zu hören als dann und wann ein Entenquaken und durch Astwerk herunterfallender Schnee. Niemand kam im Winter an den See, wenn er, wie im Moment, nicht zugefroren war und man auf ihm nicht eislaufen konnte. Warum nicht, war mir weder bekannt noch klar; denn der Weg lief auch im Winter um den See. Vielleicht könnte man in einer Woche, bliebe es weiter so kalt, eislaufen.

Innerhalb weniger Minuten wurde es so finster, dass ich nichts mehr sehen konnte. Aber ich hätte es doch zumindest bemerken müssen, wenn Hauser von der Terrasse weggegangen wäre. Dieser Gedanke kam mir, als das Trompetenspiel unvermittelt wieder einsetzte. Nein, er saß noch da, und die Zigarette glomm in der schwarzen Luft, während kurze, gellende Trompetenstöße in die Nacht fuhren und es mir an den Armen und im Nacken die Haare einzeln aufstellte.

Zu Hause war das Feuer im Herd erloschen. Es war bereits Abend, und ich hätte es an einem anderen Tag sein lassen, aber ich empfand die Kälte, die ich zuvor am See nicht gespürt hatte, nun, obwohl ich den Weg laufend zurückgelegt hatte, ganz schrecklich, und ich musste unbedingt Feuer machen. Mit klappernden Zähnen schürte ich die samtweiche Asche durch den Rost, und dabei kamen ein paar unterschiedlich große, glühende, wie Steine aussehende Reste zum Vorschein, die ich vollständig freilegte und vorsichtig mit Reisig bedeckte. Sofort und mit großem, mich an die Feuerwerke der Silvesternacht erinnerndem Knistern fingen die Zweige Feuer, und ich konnte bald schmale Scheite darauflegen und, die Hände in leichten Hin-und-her-Bewegungen über die Herdplatte haltend, darauf warten, dass die Wärme aufsteige. Das Zähneklappern hörte auf, und es schüttelte mich nur noch ab und zu, in eine Sekunde dauernden Anfällen, ohne dass es mich eigentlich noch fröstelte.

Den weiteren Abend geschah nichts mehr; ich trank

einige Tassen Tee mit Rum, aß etwas Kaltes, legte mich in warmer Kleidung und dicken Socken auf die Couch und schlief vor dem Fernseher während einer Quizshow ein. Ich träumte von Andrea, und als ich aufwachte, war mir wieder eiskalt, und im Fernsehen lief ein Erotikfilm, und ich war verwirrt, schaltete nach einigem Zusehen ab und schleppte mich einen Stock höher ins Schlafzimmer, wo ich mich ins Bett fallen ließ, mir die Decke bis weit hinauf zog und sofort wieder einschlief. Traumlose Stunden.

Es war spät am Morgen, als ich erwachte. Ich wartete lange, bevor ich aufstand. Aber als ich dann aufgestanden war, legte ich mich nicht wieder hin; ich blieb auf. Ich hatte genug von dem gemütlichen Leben der letzten Monate. Mit einem Mal fand ich, es sei nun genug damit und dass nun etwas anderes zu beginnen hätte. Was jedoch, wusste ich nicht. Vielleicht einfach Arbeit. Etwas war an dem Trompetenspiel am Vorabend gewesen, das mich aufgerüttelt hatte, als hätte es mir gegolten und mir etwas zeigen wollen.

Wenige Tage später rief ich meinen Bruder an, und wir verabredeten uns für den Abend. Mit ihm war ich zum letzten Mal nicht allein, und noch mehr, nicht einsam gewesen, und ich wollte das wiederhaben. Er kam am Abend vorbei, und wir fuhren ein paar Orte weiter, in ein Lokal, das »Zum Hirschen« hieß. Denn es war Montag, und bei uns hatte montags alles geschlossen. Davorstehend erinnerte ich mich daran, wieviele Lokale mit demselben Namen mir im Lauf der Jahre untergekommen waren. Noch war es fast leer; aber das würde sich bald ändern, denn es ging gegen fünf. Dann würde man hier auch manch andere aus unserem Ort zu sehen bekommen. Wir setzten uns, und mein Bruder bestellte Kaffee, und nach kurzem Überlegen bestellte ich dasselbe. Dann warteten wir. Die Keramik klimperte, die Kaffeemaschine dröhnte, der Milchschäumer zischte, und dann war Stille, und wir warteten, bis die Kellnerin wiederkam und uns die Tassen hinstellte. Wir nippten daran. Der Kaffee war heiß, und er blieb es, denn die Tassen waren dickwandig, und durch die Haube aus Milchschaum stieg kein Dampf empor.

»Und im Mai wird geheiratet«, sagte ich nach einer Weile.

Mein Bruder nickte.

»Mein Lieber«, sagte ich, mich nach vorne beugend, »das ist schon was!«

Seit unserem letzten Gespräch hatte ich nicht an die Heirat gedacht. Jetzt fiel es mir wieder ein, der Satz brach stürmisch aus mir hervor, und ich war stolz auf meinen Bruder. Er war zweiunddreißig.

»Bist du verkühlt?«, fragte er.

Über der Bar immer noch die Schiefertafel mit Kreideschrift: »Morgen Freibier!«

»Nein«, sagte ich.

»Hörst dich so an«, sagte er. »Nicht, dass du krank wirst.«

Ich räusperte mich. Es ist nur, dachte ich, weil ich

seit langem mit keinem mehr geredet habe. Ich war dazu übergegangen, im Supermarkt, nicht mehr beim Greißler, einzukaufen, und dort räumte ich die Dinge einfach nur in den Einkaufswagen, legte sie an der Kassa aufs Band, lächelte freundlich und bezahlte und ging wieder. Niemand wollte etwas von mir wissen, und hatten sie mich zu Beginn noch gegrüßt, sagten sie nun, wenn ich auftauchte, nichts mehr.

»Nein«, sagte ich, »das ist gar nichts.«

»Wie geht es deinem Rücken?«, fragte ich.

Seit Anfang des Jahres arbeite er im Büro und schreibe vor allem Kostenvoranschläge, und hin und wieder besichtige er eine Baustelle, sagte er, und ich beglückwünschte ihn zu diesem Aufstieg, der ihm seine Gesundheit rettete. Alles, was er da so nüchtern sagte, klang mir wie eine Erfolgsmeldung. Dann beruhigte ich mich, und mir fiel nichts mehr ein, was ich fragen könnte. Er sagte ebenso wenig. Wir schlürften den Kaffee, und als die Tassen leer waren, bestellten wir, ohne zu überlegen und ohne uns abzusprechen, noch einen. Nach und nach kamen Arbeiter herein, grüßten und verteilten sich an der Bar und setzten sich auf die Hocker, und als keiner mehr frei war, zögernd und blickewerfend und die Hände an den blauen Hosen abwischend, an die Tische.

»Brauchst du etwas?«, fragte er unvermittelt einmal. Es klang, als müsste er sich zu der Frage überwinden. Ich verneinte erstaunt. Danach erschien er mir erleichtert.

Wir blieben nicht sehr lange. Nach dem zweiten Kaffee

bezahlten wir, und jetzt kamen Arbeiter an unseren Tisch. Sie waren bisher gestanden und hatten auf den Tisch gewartet. Wir grüßten, gingen, stiegen ins Auto, und er brachte mich nach Hause.

Danach war ich glücklich, wieder alleine zu sein, aber auch darüber, den Abend nicht alleine verbracht zu haben. Ich war glücklich gewesen dort im »Hirschen«, mit meinem Bruder an einem Tisch. War es nicht, fragte ich mich, genau so gedacht? War nicht das das Glück, nach dem händeringend alle suchten? Mit jemandem, den man leiden konnte, seine Existenz, sein Dasein zu teilen, und sei es auch nur alle paar Monate eine, zwei Stunden lang? Zu sehen, dass jemand sieht, gerne sieht, zustimmend sieht, dass man, noch, da ist? War das nicht alles? Solange einem auch nur ein Einziger blieb, war das wiederholbar. So gingen meine Gedanken, als ich in der Badewanne lag und dem Tropfen des Wassers aus dem alles länglich verzerrenden Hahn zusah, dann und wann untertauchte und das Knartschen und Quietschen meiner Haut auf dem Email der Wanne hörte. Wenn ich, immer wieder, Wasser nachlaufen ließ und einen Fuß unter den Strahl hielt, spürte ich heißes und kaltes Wasser separat.

Der Rest der Woche verging unter dem Einfluss dieses Treffens. So sehr war ich Gesellschaft schon entwöhnt, dass es mich aufgeregt und unruhig gemacht hatte und ich nun Tage brauchte, um wieder in meinen Rhythmus zu kommen. Ich vergaß, dass ich überlegt hatte, an Arbeit zu denken, und es fiel mir auch nicht wieder ein. Es sah aus, als fände der Winter, obwohl erst Mitte Februar war, allmählich zu einem Ende: Das Licht wurde anders.

Etwas ganz Bestimmtes ging mir nicht mehr aus dem Kopf, seit ich meinen Bruder getroffen hatte, und ich beschloss, dem nachzugehen. Denn ich hatte etwas gesehen, aber wie nur mit einem Auge, oder wie nur mit einem halben, und wusste jetzt nicht, ob es Einbildung war oder nicht. So spazierte ich einen Teil der Strecke, die ich mit ihm auf dem Weg zurück von dem Lokal gefahren war, eines Tages ab; nämlich jenen Teil, der durch unser Dorf bis an die Ortsgrenze führte. Jetzt, im Mittagslicht, sah ich deutlich die Störche, die ich im Vorbeifahren jeweils nur einen Lidschlag lang aufleuchten gesehen hatte: an Zufahrten aufgestellte, farbig bemalte Störche aus Holz, die ein Bündel im Schnabel trugen. Das war es nicht, was mir nicht aus dem Kopf gehen wollte. Der Brauch war alt, einen Storch aufzustellen vor dem Haus junger Eltern, und ein solcher Storch an sich fiel mir nicht mehr besonders auf. Es waren die Namen, die mich beschäftigten: Die Namen, die in Großbuchstaben auf den Bündeln standen, zumal die männlichen, stammten fast ausnahmslos aus dem Alten Testament. Ich hatte es mir nicht bloß eingebildet. Vor einem dieser Störche blieb ich stehen. Die Zufahrt führte zu dem Hof eines alten Kumpels, mit dem ich früher Fußball gespielt hatte. »Samuel« war auf das Bündel geschrieben, und ich ging wenige Schritte vor dem Storch in die Hocke und betrachtete ihn gegen die Sonne. Er kam mir verschmitzt vor. Mit einem Fuß stand ich auf dem gleißenden Asphalt, mit dem anderen im Schnee. Vor drei Tagen hatte ich Geburtstag gehabt, und niemand hatte angerufen. Erst jetzt wurde es mir richtig bewusst. Nicht einmal der Vater. Bestimmt hatte man auch bei unserer Geburt jeweils einen solchen Storch aufgestellt. Das vielfältige Grau des Schotters, den man hier und da neben dem Asphalt sehen konnte, leuchtete. Die einzelnen Steine waren so plastisch, dass sie mir einen Augenblick unecht vorkamen. Ich hob den Blick wieder zu dem vom Storchenschnabel pendelnden Bündel und erinnerte mich daran, wie ich eines Tages zu einem Bauern ganz in der Nähe von hier gefahren war – ich kannte ihn nicht; er war ein Name auf meiner Liste. Die Bauern, die ich kannte, kannte ich von meiner mehr als fünfzehn Jahre dauernden Zimmermannszeit, wenn ich bei einem gearbeitet hatte. Und ich kannte sie fast immer nur dem Hausnamen nach; den Familiennamen, wie sich jemand schrieb, wusste ich nur selten. Ansonsten gab es höchstens mit den Jungen da und dort Kontakt, etwa im Fußballverein, aber alles in allem blieb man unter sich. Aber nicht nur die Bauern blieben unter sich, auch die Handwerker, auch die Angestellten … Daran hatte sich zu früher, zu den Zeiten der Eltern und Großeltern, nicht viel verändert. Ich hatte an der Haustür geklopft, aber niemand hatte geöffnet. Ich horchte und hörte aus dem Schuppen Holz leise auf Holz schlagen. Jemand schlichtete Scheite. Es war Winter wie jetzt. Ich warf einen Blick zurück zu meinem Wagen und ging zu der Hütte hinüber. Das Tor stand offen. Eine tief gebückt stehende Alte schlichtete Scheite von einem Stapel auf den anderen. Beide Stapel sahen völlig identisch aus. Ich grüßte, und nichts geschah. Sie hielt weder inne, noch schaute sie auf. Noch einmal grüßte ich, und als sie wieder nicht grüßte, trat ich näher an sie heran. Da stoppte sie ihre Bewegungen und schaute mich erstaunt an. Sie hatte nichts gehört, nichts gesehen – aber dann meine Anwesenheit gespürt. Sie schob ihr blau-grünes Kopftuch ein kleines Stück weit zurück, und die Ohren wurden ein wenig frei. Ich fragte, ob der Bauer da sei. Ich las seinen Namen von der Liste ab. Das wisse sie nicht, sagte sie und nahm ihre Tätigkeit wieder auf, ich solle in der Garage schauen, ob das Auto dastehe. Es sei kein Auto zu sehen, antworte ich. Also sei er nicht da, antwortete sie. Plötzlich hielt sie inne und ließ sich aufseufzend auf einem eichenen Hackstock, in dem eine Axt stak, nieder. Sie zog ihre ungleichfarbigen wollenen Fäustlinge aus, legte sie in den Schoß, hob die Hände und hielt sie vor die Augen und betrachtete die tiefen Schrunden darin. Ich sagte, ich sei Finanzberater und hätte ein Angebot zu machen. Das interessiere sie nicht, sagte sie melodielos, sie habe kein Geld. Aber den Bauer würde es vielleicht interessieren, beharrte ich. Sie schüttelte den Kopf. Der habe auch keines, sagte sie. Fast keiner habe mehr Geld, sagte sie. Dann zählte sie ein paar Namen auf, die ich mir zu merken versuchte. Die hätten noch Geld, sagte sie, aber wenn das so weitergehe, hätten auch die bald keines mehr. Sie blickte wieder in ihre großen, dunklen Hände. Sie frage sich, was los sei auf der Welt. Alle würden so viel arbeiten, aber niemand habe mehr etwas davon. Und die Arbeitslosen würden auch immer mehr. Man höre es dauernd im Radio. Es sei wie früher. Ich schob langsam die Hände in die Hosentaschen. Einige lange Sekunden vergingen. »Ich weiß es nicht«, sagte die Alte dann auf einmal, hob den Kopf und sah mich fragend an, »haben wir wieder Juden?«

Daran musste ich denken, als ich zu dem Storch aufsah und diesen Namen las. Ich hatte noch dieses fragende, so ratlose wie hilfesuchende Gesicht der Alten vor mir. Immer wieder hatte ich während meiner kurzen Beraterzeit solche Sätze gehört, und oft waren es nicht Frage-, sondern Aussagesätze gewesen. Der Name auf dem weißen Leinenbündel kam mir im Licht dieser Gedanken und Erinnerungen geradezu grotesk vor. Langsam näherte sich ein Wagen, und als er in die Zufahrt einbog, sah ich, dass mir der Fahrer deutete. Es war Erwin. Ich sah ihm nach. Obwohl ich wusste, dass es sein Hof war, hatte ich irgendwie nicht daran gedacht, dass das Kind seines sein musste. Aber natürlich war es seines. Niemand sonst lebte dort. Er war es, der seinen Sohn Samuel getauft hatte. Aber saß ich vielleicht einem Irrtum auf, hatte sich nicht auch hier alles geändert? Waren es vielleicht bloß wirklich die Alten, die dachten wie jene eine, die Holz von einem Stapel auf den anderen schichtete? Aber ich konnte es mir nicht zurechtbiegen; denn auch Junge, Männer und

Frauen in meinem Alter, hatte ich so reden gehört auf meiner monatelangen Tour von Haus zu Haus.

Die Schuhe im Vorhaus aufschnürend, bemerkte ich wieder, wie unvergleichlich wohl ich mich in den Bergschuhen fühlte. Barfuß zu sein hingegen war mir ein Gräuel, mir kam dann vor, nicht richtig in der Welt zu stehen. In den Bergschuhen fühlte ich mich, wo ich auch ging und stand, wie angewachsen und richtig.

Wieder verstrich einige Zeit, und auch der Februar näherte sich seinem Ende. Es war doch noch einmal kalt geworden, und ich sah Leute, die an den Schuhbändern zusammengeknoteten Schlittschuhe über die Schulter gehängt, zum See wandern. Es war ein weiter Weg aus dem Dorf zum See, der großteils zwischen Fichtenwäldern lief, und es war schön, ihn zu gehen. Manche fuhren auch mit dem Auto; es gab nun mehr Verkehr als in den Wochen zuvor auf dieser Straße. Lange war es her, dass ich den See zugefroren gesehen hatte. Ich erinnerte mich an die dicken, weißen, Hunderte Meter durch den See laufende Risse in dem grünen Eis, die ich abgegangen war, an das laute Knacken hin und wieder, das wie Schüsse klang, die dann noch einmal, dumpfer als zuvor, aus den Bergen herauskamen, an im Eis eingeschlossene Luftblasen unter der von Kufen in weitgeschwungenen Linien zerkratzten unebenen Oberfläche: auch die Luftbläschen von diesem schwärzlichen, seltenen Grün. Selbst an den Wochentagen gingen die Leute an den See. Solange dieser Strom nicht abriss, wollte ich mich von dort fernhalten. Denn einerseits wollte ich ihn ganz für mich haben, ohne Ablenkung, andererseits saß mir immer noch der Schrecken des einen Mals, als ich Andrea gesehen hatte, in den Knochen. War es nicht möglich, dass sie auch dort war und Schlittschuh lief? Sie war in all den Jahren immer gern hingegangen, hatte mich erst auf das Eislaufen gebracht, das ich dann rasch zu lieben gelernt hatte. Jetzt, wo sie weg war, hatte ich kein Bedürfnis mehr dazu, war auch diese Liebe weg; es hätte mir nur gezeigt, dass sie nicht mehr da war; ich hätte die Leere neben mir herfahren gespürt, und davor wollte ich mich hüten.

So wartete ich, bis es wieder wärmer wurde und ich niemanden mehr mit Eislaufschuhen vor meinen Fenstern sehen konnte. Es taute um den zwanzigsten März herum, und die Straßen glänzten wie tintenschwarze, still dahinziehende Bäche, und von den Fichtennadeln fielen Tropfen wie Regen, als ich mich endlich wieder auf den Weg an den See machte. Bildete ich es mir nur ein, oder war das Rauschen des Flusses, neben dem ich herlief, tatsächlich schon lauter geworden? Hatte das Tosen bereits begonnen? Normalerweise begann es erst später, im April. Kein Fahrzeug kam mir entgegen. Schon von weitem sah ich durch die licht stehenden Bäume hindurch ein zweifaches Glitzern des Sees: Unbeweglich lagen riesige, spiegelnde Eisplatten im Wasser. Ich trat an das Ufer und sah, dass sie da und dort bereits leicht überspült wurden. Ich fragte mich, wann das Eis gebrochen war. Es musste ungeheuer gekracht haben. Ich wusste, wie es krachte, kannte dieses die Seele erschütternde Urgeräusch. Es konnte nicht nachts geschehen sein – oder doch? Jedenfalls hatte ich diesmal nichts gehört. Zwischen den Platten lag bereits so viel Wasser sichtbar, als wäre das Eis schon vor Wochen gebrochen. Vielleicht, dachte ich weiter, war das Eislaufen am Westufer noch eine Zeitlang gegangen, und die westliche Platte hatte sich erst vor kurzem gelöst und war abgesunken. Die unter dem Schnee hervorkommenden Blätter waren tiefschwarz und zerfielen bei der geringsten Berührung. Ich nahm das Glas und blickte zu dem Haus hinüber. Die Sonne schien, und das Glitzern war so stark, dass es wie ein undurchdringlicher Schleier über dem See lag und ich mit freiem Auge kaum etwas gesehen hatte. Hauser saß wie so oft auf der Terrasse, die Beine in die graue Decke eingeschlagen, den Hut auf dem Kopf. Jetzt sah ich, dass neben ihm etwas stand, das ich zuvor für einen Teil des Glitzerns des Sees gehalten hatte: eine Trompete. Er rauchte nicht. Ich brachte mich in eine angenehmere Stehposition, indem ich einige Schritte zur Seite machte und mich gegen einen Fichtenstamm lehnte. Ich führte das Glas wieder vor meine Augen. Hauser drehte sich der Terrassentür zu, als riefe er etwas in das Haus; aber ich hörte nichts. Dann saß er wieder wie zuvor. Lange geschah nichts weiter. Irgendwann griff er zu der Trompete, ließ sie von einer Hand in die andere wandern und schaute sie an wie etwas Fremdes. Dann, nach einigem

Zögern, führte er sie an die Lippen und stieß mehrmals hinein, ohne einen Ton dabei zu erzeugen. Seine Backen blähten sich weit und sanken dann wieder in sich zusammen. So ging es mehrmals. Jedes Mal hielt ich die Luft an, wenn ich glaubte, jetzt begänne es. Aus der Ferne, von irgendeinem Dritten gesehen, musste es so scheinen, als atmeten wir, Hauser und ich, im selben Rhythmus. Endlich fuhr ein Ton in die Luft, der sich lange hielt, und er begann zu spielen. Sofort erkannte ich: Es war die Melodie vom Rosaroten Panther.

Als Kind hatte ich einige Wochen Gitarrenunterricht genommen, bis es den Eltern einfiel, dass es doch zu teuer wäre, jede Woche für diesen Unterricht aufzukommen, und ich, kaum angefangen, wieder aufhören musste. Nie hatte ich also Gelegenheit gehabt, ein Instrument richtig zu erlernen, und dann war es zu spät. Aber ich wusste dennoch, dass ich ein musikalisches Gehör hatte, musikalisch war. Was mir blieb, war das Pfeifen, und dabei traf ich jeden Ton. Immer wieder wurde ich von meinen Kollegen bei der Arbeit angestachelt, dieses oder jenes Lied nachzupfeifen, das gerade angesagt war, und es reichte, wenn ich es einmal gehört hatte; dann konnte ich es auch nachpfeifen; und wenn mich einer aufforderte, dann pfiff ich. Ich hatte Freude daran gehabt.

Hauser traf jeden Ton ganz präzise und sauber, und mir wurde klar, dass es ein anderer gewesen sein musste, den ich vor Wochen üben gehört hatte. Einmal war mir der Gedanke gekommen, die Aufnahme eines Übenden gehört zu haben – und dass der Übende er, Hauser, gewesen wäre; ich hatte gedacht, er hätte sich selbst beim Üben aufgenommen, um so seine Fehler zu hören. Aber jetzt spielte er, improvisierte und kam, viele Minuten später, wieder auf das Grundmotiv zurück. Längst hatte ich das Glas sinken lassen und war, die Augen geschlossen, in die Hocke gegangen.

Zwischen Südufer und Gebirgswand erstreckte sich eine ungeheuer weite Wiese, auf der eine Holzhütte stand, die mehr nach Schuppen als nach Wohnhütte aussah. Von meinem Platz aus konnte ich sie nicht sehen; der Wald verschloss mir die Sicht. Als Kinder hatten wir ein paar Jahre lang hin und wieder dort übernachtet. Es war eine Jagdhütte, zu der unser Vater, obschon kein Jäger, einen Schlüssel hatte. Die Eltern hatten uns hingebracht, uns mit Essen, Trinken, Decken und Taschenlampen versorgt und waren mit dem Versprechen, uns am nächsten Tag wieder abzuholen, gegangen. Sogar Coca-Cola ließen sie uns da – was wir sonst das ganze Jahr nicht bekamen; und wir freuten uns deshalb jedes Mal schon auf ihren Abschied. Mir wurde eingeschärft, auf meinen Bruder aufzupassen und nicht an den See zu gehen, ja unbedingt in der Hütte zu bleiben. Schon damals, nach den ersten Gläsern Coca-Cola, kamen uns diese ewigen Stunden als Übung vor, ohne dass wir jedoch wussten, wofür wir üben sollten. Wie alt mochte ich beim letzten Mal gewesen sein? Jedenfalls noch sehr jung, vielleicht noch nicht einmal ein Schüler. Nachdem unsere Mutter uns verlassen hatte, brachte uns der Vater nie wieder hin, und die Hütte war weit in den Hintergrund meines Bewusstseins gerückt; im Denken war sie nie wieder vorgekommen.

Jetzt, die Rinde des Fichtenstammes am Hinterkopf spürend, wusste ich wieder alles; es war, als wäre ich wieder ein Kind und säße in der Hütte, mit dem verzweifelten Gefühl, in der Ewigkeit gefangen zu sein und in keine Richtung einen Fluchtpunkt zu haben. Ich sah den Sekundenzeiger der über der Eingangstür hängenden Wanduhr, der in seinem Takt zuckte, sich aber nicht vorwärtsbewegte. Warum war es mir nicht schon beim ersten, wenn auch falschen Trompetenton im Jänner wieder vor Augen gestanden? Diese Melodie, die da jetzt durch die Luft schmetterte und sie verdichtete, sie war auch damals immer dagewesen, wie eine ständige Begleitung. Sie war immer spätnachts erklungen, daran erinnerte ich mich genau, und von der Hütte aus konnte man damals einen Streifen Schilf am Wasser sehen, und mir war es jedes Mal vorgekommen, als ströme die Melodie mitten aus diesem Schilf. Endlose, flüssig ineinander übergehende Herzschläge aus Messing. An das Haus konnte ich mich nicht erinnern. Sah man es von der Hütte aus denn nicht? Durch die Musik kam alles zurück, jeder Ton brachte ein neues, altes Bild herauf.

Sehr viel später öffnete ich die Augen, stand unter Mühen auf und machte mich auf den Weg nach Hause, ohne noch einen Blick über den See zum Haus hin zu werfen.

Das Spiel war längst verstummt, aber ich hörte es von da an ständig. Der Weg war endlos, und ich ging nicht dort, wo ich ging.

Es kam kein Frost mehr. Langsam und stetig wurde der Schnee weniger. Das Tauen war überall, und ununterbrochen konnte man es vernehmen. Selbst in den Nächten: Immer noch tickten die Dachrinnen. Ende April hatte sich der Schnee selbst aus dem letzten Winkel zurückgezogen. Nicht regelmäßig, wie ich es eine Weile lang gemacht hatte, aber doch immer wieder ging ich an den See, nun manchmal auch ohne Glas; ich vergaß es manchmal einfach. Irgendwann war kein Eis mehr zu sehen. Das Grün, noch fahl, kam zum Vorschein. Die Graugänse kehrten zurück. Die Sträucher und Bäume schlugen aus. Alles fing von vorne an. Wenn ich dort war, hörte ich bisweilen jemanden auf der Trompete üben, und ich konnte deutliche Fortschritte feststellen, die mich seltsam freuten, als spielte ich selbst. Was es jedoch war, das ich hörte, wusste ich immer noch nicht. Mit der Zeit kam ich zu der Überzeugung, dass es ein Kind war, dessen Spiel mir zu Ohren gelangte, auch wenn ich nie eines in den Fokus meines Fernglases bekam. Aber oft saß auch Hauser auf der Terrasse und spielte, die Trompete sogar noch in der Nacht funkelnd, in schwindelerregenden Improvisationen das Lied vom Rosaroten Panther.

Auf der zum Fenster gehenden Seite der Anrichte stand neben der weiß-grünen Obstschale mit den im Supermarkt gekauften, immer noch harten Winterbirnen ein Kalender. Ich hatte ihn an der Tankstelle bekommen. An jedem Jahresende bekam man dort einen solchen Standkalender, wenn man eine Tankkarte besaß oder Stammkunde war. Die Kalender sahen immer gleich aus. Ich mochte sie, denn sie waren praktisch, und die abwechslungsreichen und zur jeweiligen Zeit passenden Bilder auf jeder Seite gefielen mir. Vor allem waren es Landschaftsbilder, hin und wieder jedoch war auch ein Gebäude, ein berühmtes Schloss oder eine Burg, zu sehen. Ich verwendete den Kalender zum Notieren meiner Termine – hatte ihn dazu verwendet. Denn seit ich nicht mehr arbeitete, hatte ich ihn nicht mehr benutzt. Ich hatte mir nicht einmal einen neuen Kalender geholt, und jetzt stand der alte noch da, und immer noch war die Seite der letzten Mai- und der ersten Juniwoche des Vorjahres aufgeschlagen. In dem Feld des 30. Mai stand etwas geschrieben, das ich nicht zu lesen vermochte – ein abgebrochenes Wort. Ich erinnerte mich. Ich war über den Kalender gebeugt gestanden und eben dabei, etwas einzutragen, als ich oben das Schloss des Reisekoffers klacken hörte, den Stift weglegte und hinaufging. Im Radio erklang jetzt ein Gong, und eine Sprecherin sagte Uhrzeit und Datum an, und die Nachrichten begannen, während ich schlagartig begriff, dass Andrea schon ein ganzes Jahr weg war.

Mehrmals hatte das Telefon geläutet, aber ich ging nicht mehr dran, seit langem nicht mehr. Ich schaute nicht einmal mehr auf das Display, ob die Nummer mir etwas sagte. Zu Mittag kam Marion vorbei. Sie war aufgebracht und fragte mich, ob mein Bruder hier sei. Ich sagte, er sei nicht hier. Ob ich wisse, wo er sei, fragte sie, und ich antwortete, ich wisse es nicht. Er war offenbar seit zwei Tagen nicht nach Hause gekommen und hatte sich nicht gemeldet. Das Telefon war ausgeschaltet. Ich vergaß, sie hereinzubitten. Sie war fahrig und nervös. Ich vergaß, irgendetwas zu sagen. Aufgebracht fuhr sie schließlich wieder davon, und ich sah dem Wagen nach. Sie war mir alt vorgekommen, aber vielleicht war es nur das Fahrige, das ihr Gesicht veränderte. Am Abend musste ich mich dazu überreden, sie anzurufen. Ich sah keinen Sinn darin, weil es nichts ändern würde, aber ich sagte mir, es gehöre sich. Ich wusste, dass es bei ihm gelegentlich, selten, vorkam, dass er eine Nacht wegblieb. Bisweilen auch zwei Nächte. Schon als Jugendlicher war er so gewesen. Nicht oft, ein-, zweimal im Jahr geschah dergleichen, als brauchte er das. Dann kam er wieder und sagte nichts davon, wo er gewesen war, und nie hatte ich ihn danach gefragt. Auch der Vater hatte nie gefragt. Wusste Marion das denn nicht? Es war nichts. Es brauchte lange, bis die Verbindung hergestellt war, und dann dauerte es noch einmal, ehe endlich abgehoben wurde – und mein Bruder sich meldete:

»Ja.«

»Ah«, sagte ich müde-überrascht. »Hast du wieder heimgefunden.«

»Bin versumpft«, sagte er.

»Sonst alles in Ordnung?«

»Ja. Bei dir?«

»Auch. Alles o. k.«

»Ah ja. Gut.«

»Na dann.«

Wir verabschiedeten uns und legten auf.

Wie war das, fragte ich mich später auf der Couch vor dem Fernseher, wo ich immer wieder umschaltete und nichts Bestimmtes sah, weil nichts lief, wie war das, als du noch nicht alleine warst? Immer war sie da, und du warst auch immer da. Jeden Tag. Nie war das Warten umsonst, und immer gab es Warten. Jetzt war kein Warten mehr. In den Tagen waren keine Bögen mehr. Ja, dachte ich, du hast dich daran gewöhnt, aber diese Bögen gibt es nicht mehr. Jetzt ist alles eins. Und jetzt weißt du nicht einmal mehr, wie es war damals. Eine ungeheure Traurigkeit kam in mich. Sie überstieg meinen Verstand, überstieg mich als Ganzes, aber sie tat nicht weh. Das dauerte nicht länger als vielleicht einige Minuten. Mir kam es jedoch wie Stunden vor. Danach wich diese Traurigkeit, und ich wurde vollkommen klar. Erst an diesem Tag begriff ich es richtig, dass Andrea weg war. Keine einzige Empfindung hatte ich noch, nur ein einziges großes Leeregefühl, dumpf überlagert von den hysterischen Plastikstimmen aus dem Fernseher. Alles klang gleich. Ich konnte mit Marion nichts anfangen, aber es war gut, dass mein Bruder sie hatte, und vielleicht war es für sie ebenso gut, ihn zu haben. Keine Fragen und kein Infragestellen. Es war gut, wenn zwei sich fanden. Ich schaltete den Fernseher aus. Einen Moment lang hatte ich gemeint, ich sei zurückgefallen in die Zeit vor Andrea, aber das stimmte nicht. Denn vor ihr hatte ich doch irgendwie unbestimmt gewartet. Und selbst wenn ich es nicht gewusst hatte, ich musste gewartet haben. Aber jetzt? Eine solche Zeit hatte es nie gegeben. Es war eine neue Zeitrechnung, das wusste ich jetzt, und an diesem Tag erfüllte sich das erste und begann das zweite Jahr dieser neuen Zeitrechnung. Ich erhob mich und setzte Wasser auf. Auf der Anrichte stand die Papiertüte mit der Pfefferminze; ich nahm die hölzerne Wäschekluppe ab und stopfte das Tee-Ei mit einer kleinen Handvoll Blätter. Das Wasser im Topf zitterte lange, ehe es zu brodeln begann. Auf einmal hoffte ich sehr stark, dass sie im September tatsächlich heiraten würden. Warum sie den Termin verschoben hatten, war mir nicht bekannt – nur, dass es so war: Sie hatten vor kurzem eine an mich und Andrea adressierte Karte geschickt. Namen und Adresse waren nicht mit der Hand geschrieben, sondern auf einen weißen Aufkleber gedruckt, der aussah wie eine vergrößerte Ausgabe jener, mit denen wir früher Tiefkühlbeutel beklebt hatten. Einmal im Jahr kaufte der Vater ein halbes Schwein von einem Bauern, mit dem zusammen er in der Schule gewesen war, ließ es bei uns im Vorhaus von unserem Nachbarn zerteilen, und dann froren wir das Fleisch ein. Unser Vater konnte eigentlich nicht kochen; und wir ernährten uns hauptsächlich von Fertiggerichten; aber er tat, tut bis heute, als wäre seine Frau noch da. Was wohl Jahr für Jahr mit dem Fleisch geschehen war, das nicht gegessen wurde? Ich ließ den Tee einige Minuten lang ziehen und sah zu, wie das Wasser sich immer dunkler färbte. Immer noch dachte ich an die Aufkleber, das Fleisch in den Tiefkühlbeuteln, den Vater und sein Wegsehen von den Tatsachen. Das alles war Wirklichkeit gewesen, Realität und Leben – jetzt war es eine Anekdote. Ich zog das Tee-Ei heraus und legte es in das Abwaschbecken und ging, das Licht in Küche und Vorraum ausschaltend, nach oben. Ich saß auf der Bettkante und sah zu Boden. Das einzige Licht jetzt war jenes der flackernden Straßenlaterne, das unrhythmisch hereinblinkte. Immer noch war niemand gekommen, um sie zu reparieren. Ich hatte nicht wieder angerufen, es fiel mir kaum noch auf. Nur jetzt fiel es mir auf. Ich fand es wie das Licht aus einer anderen, weit entfernten Welt. Die Dielen anstarrend versank ich in Gedanken. Ich war, dachte ich wieder und wieder, ein gehorsames Kind gewesen, ebenso mein Bruder. Wie konnte es dann sein, dass ich, vor dem Haus am See stehend, durch einen Spalt in einem Vorhang ganz deutlich meine Mutter sah, wie sie, oben ohne und, obwohl sie nie geraucht hatte, mit einer brennenden Zigarette im Mund, dastand und sich ganz langsam von dem Spalt wegbewegte, und nur noch ein Spiegel in einer Schranktür blieb, in dem ich mich selbst sah, mein vor Schreck und Nichtverstehen verzerrtes Gesicht, und mich mit etwas Verzögerung duckte und davonlief?

So blieb ich sitzen. Erst am Morgen, als der dämmernde Tag das Licht der Straßenlampe in sich auflöste, ließ ich mich nach hinten fallen und schlief unbedeckt ein. Es wurde nicht mehr kalt. Die ganze Nacht über hatte ich an nichts anderes als an das aufgetauchte Bild denken können. Es stand vor mir und verließ mich auch im Traum nicht. Ich schlief, aber ich sah dasselbe wie in den Stunden zuvor. Kurz vor zwölf erwachte ich, stand auf, trottete die Stiege hinunter, kochte Kaffee, und als ich ihn getrunken hatte, war das Bild weg. Der Tag war seltsam. Ich machte nichts. Obwohl der Kühlschrank leer war und die Roste darin von Zeit zu Zeit wie ein Vorwurf dröhnten, ging ich nicht einkaufen. Ich stillte den Hunger mit Kaffee und Zigaretten, und als die Zigaretten aus waren, mit Kaffee allein. Gegen Abend wollte ich ein paar Schritte machen, aber als ich auf die Straße kam, sah ich den Nachbarn, der mit seinem Sohn die Reifen am Auto wechselte. Ich blieb stehen und sah ihnen zu. Der Bub trug eine blaue, viel zu große Truckerkappe; das Netz der Kappe glänzte in den letzten, die Baumwipfel noch einmal durchdringenden Sonnenstrahlen. Der Nachbar sah mich und rief mir etwas zu, und er winkte mir, aber ich winkte nur zurück und antwortete nicht. Der Vater zeigte dem Sohn alles genau, und der Sohn, etwa zehnjährig, wirkte sehr konzentriert. Auch der Vater sehr konzentriert. Als sie fertig waren, zog der Nachbar alle Muttern noch einmal nach. Dann rollten sie die Winterreifen langsam vor sich her in die Garage und kamen nicht wieder. Wo alles weg war und nur noch die Dinge blieben, war mir, als hätte ich eben in die Vergangenheit geblickt. Ich ging ins Haus zurück, zog die Vorhänge vor und ging ins Wohnzimmer. Auf der Couch schlief ich ein. Ich träumte davon, wie wir als Kinder im Hinterhof mit dem Vater Autoreifen gewechselt hatten. Es gab Fotos davon. Sie waren von der Küche aus gemacht. Von wem? Man sah auf den Bildern die Scheiben weiß spiegeln. Der Traum war wie eine Diashow aus den Bildern der Erinnerung, Erinnerung an Fotos, gemischt damit, was ich eben gesehen hatte. Kaum war ich aufgewacht, richtete ich mich auf und starrte an die Wand; ich spürte, wie etwas in mir stehen blieb: nein. Nicht die Eltern hatten uns zu der Jägerhütte gebracht. Es war immer nur die Mutter allein gewesen. Sie hatte uns hingebracht – wenn der Vater verreist war.

Weil es sich nicht länger aufschieben ließ, machte ich mich auf den Weg in den Ort, um einzukaufen. Der Greißler stand bei offener Tür vor seinem Laden und rauchte, und als ich vorbeiging, grüßte keiner von uns beiden. Es war Mittag. Im Supermarkt war außer ein paar Arbeitern, die sich Wurst- und Leberkäsesemmeln herrichten ließen, niemand. Ich kaufte so viel ein, wie in meinen großen Rucksack passte, bezahlte und ging wieder nach Hause. Der Greißler stand immer noch vor seinem Laden, vielleicht auch schon wieder, und rauchte, und diesmal nickte er mir zu, und ich ihm ebenfalls. Ich spürte seine mich verfolgenden Blicke und empfand eine ungeahnte Abneigung gegen ihn, auf einmal. Dann verflog sie, und ich konnte sie nicht mehr nachvollziehen. Im Postkasten fand ich zwischen Werbeprospekten einen Brief von der Bank; ich öffnete ihn und nahm einen Packen Kontoauszüge heraus. Es waren die Kontobewegungen des letzten halben Jahres. Flüchtig blätterte ich sie durch. Mir fiel auf, dass es sich mit wenigen Ausnahmen bei den Beträgen um welche handelte, die abgezogen wurden. Etwas länger betrachtete ich die letzte Zahl, meinen aktuellen Kontostand. Im November oder Dezember waren mir erst Auszüge zugeschickt worden. Damals hatte ich sie in dem Ordner, den ich dafür angelegt hatte, abgeheftet. Noch einmal sah ich sie durch. Was gingen sie mich an? Zahlen. Ich warf den Packen in den Ofen.

Nie im Jahr dehnten sich die Tage wie im Juni. Mir gefiel das. Während meiner Zeit als Zimmermann war mir der Juni stets der liebste Monat gewesen. Obwohl wir oft lange gearbeitet hatten, bis sieben oder acht, manchmal sogar bis um neun Uhr am Abend; aber wenn ich dann zu Hause war, war es immer noch hell gewesen, und ich konnte mit Andrea auf der Terrasse sitzen und etwas essen und danach die Nacht und die Müdigkeit kommen spüren. Jeder Tag war so gewesen, und an den Wochenenden, bei Schönwetter, waren wir ins Freibad gefahren. Der See war uns beiden, wie den meisten, zu kalt zum Schwimmen.

Am Abend nahm ich das Fahrrad aus der Garage, stieg auf und fuhr. Es war beglückend, durch die dichte, warme

Abendluft zu fahren, und ich fragte mich mehrmals, weshalb ich so lange nicht auf die Idee gekommen war. Vielleicht weil ich am Nachmittag ans Schwimmen gedacht hatte, kam es mir da so vor, als schwimme ich, würde durch Wasser gezogen. Von nun an wollte ich nur noch fahren, auch zum Einkaufen. Seit Andrea weg war, stand das Garagentor offen; nur einmal war es für ein paar Stunden geschlossen gewesen, damals, als das Schloss ausgewechselt wurde. Oft war ich davorgestanden und hatte hineingeschaut, aber es war mir nie in den Sinn gekommen, das Fahrrad zu nehmen. Ich fuhr Richtung See. Kurz bevor ich die Straße verließ und in den Wald drang, saß ich ab und schob das Rad an meinen Platz. Schon von weitem hatte ich die Trompete gehört und kräftiger und immer kräftiger in die Pedale getreten. Ich ließ das Rad in den Beifußstrauch fallen und stellte mich an die Uferlinie. Mein Herz schlug wuchtig und schnell. In meinem Mund der Geschmack nach Eisen. Ich nahm das Glas, atmete aber so heftig, dass ich nicht stillhalten und nichts sehen konnte. Nach einer Weile beruhigte ich mich, führte den Feldstecher wieder an die Augen und blickte hinüber. Hauser saß auf der Terrasse und spielte. Ich nahm ihn nur am Rande wahr. Einzeln suchte ich die Fenster ab. Nie war die Mutter wieder aufgetaucht. Sie war einfach verschwunden. Ein Mensch konnte einfach so verschwinden. Ich – auch mein Bruder – hatte immer viel ferngesehen, aber nie war im Fernsehen je einmal wer einfach so, erklärungslos, verschwunden und nicht wieder aufgetaucht. Aber jemand konnte verschwinden. Das wusste ich seit mehr als fünfundzwanzig Jahren. An manchen Fenstern war ein Vorhang zugezogen. Nirgendwo brannte Licht. Aber dann fiel mir ein, dass ich ja immer nur diese Seite des Hauses sah und die andere noch nie gesehen hatte. Ich beschloss, noch etwas zu warten und dann an die andere Seite des Sees zu gehen. Das Fahrrad ließ ich liegen. Vielleicht würde ich etwas entdecken? Nach diesem Beschluss fiel die Anspannung von mir ab. Ich ließ mich auf dem trockenen Waldboden nieder und hörte der Musik zu. In meinem Rücken, vom Straßenrand her, zirpten die Grillen. Hin und wieder zerteilte ein Flügelschlag die Luft, und hin und wieder flog, durch die große Geschwindigkeit und eigenwillige Flugbahn fast unsichtbar, eine Fledermaus durch die Luft. Meine Fußspitzen wippten. Manchmal war ich an ein bestimmtes Lied erinnert, dann wieder an ein anderes, aber nie erkannte ich eines. Nein, es waren keine Lieder, denen er folgte. Eher war es so, dass etwas ihm folgte, und er lief spielend voran. Und bevor er eingeholt wurde, ließ er sich wieder in das Grundmotiv fallen. Solange er spielte, dachte ich an nichts, aber nachdem er aufgehört hatte und ins Haus gegangen war, fragte ich mich, was ich von ihm wusste. Wovon etwa lebte er? Von einer Erbschaft, sagte man. Er musste auch etwas gelernt haben, so wie ich ebenfalls etwas gelernt hatte. Oder hatte er studiert? Was ich wusste, war, dass er nicht immer schon hier lebte. Das wusste ich nicht erst, seitdem ich die beiden Männer im

Wirtshaus reden gehört hatte. Im Vorbau ging das Licht an, und ich konnte durch das Fernglas erkennen, dass er sich, mit dem Rücken zu mir, setzte. Nun war ich sicher, nicht gesehen zu werden. Sollte er dort verharren, könnte ich es mir sogar erlauben, näher an das Haus heranzugehen. Und solange ich hier blieb, konnte ich auch rauchen. Hauser erhob sich und zog Vorhänge vor die Fenster. Danach sah ich ihn nicht einmal mehr als Schattenriss. Ich hätte mir die Umstände nicht idealer wünschen können. Niemand sähe mich.

Am Straßenrand waren keine Autos geparkt gewesen. Wo waren all die Leute hin, fragte ich mich. Was machten sie, wenn sie nicht arbeiteten? Sie fehlten mir nicht, im Gegenteil. Es war wohl so, weil ein Wochentag war. Am Wochenende kämen sie wieder her und drehten ihre Runde und fütterten die Enten und Gänse mit altem Brot. Ich drückte die Zigarette aus, schob den Stummel in die Hosentasche, stand auf und ging, immer am Ufer entlang, nach Süden. Vor einer Weile hatte ich mir angewöhnt, immer in dunkler Kleidung herzukommen, und da ich nur eine einzige dunkle Hose besaß, die keine Anzughose war, trug ich stets dieselbe. Die rechte Hosentasche war voller Zigarettenstummel. Die ganze Hose stank fürchterlich, aber ich vergaß jedes Mal wieder, sie auszuleeren. Und hier gab es keine Abfalleimer. Immerhin ließen mich so wenigstens die Mücken in Ruhe. Bald endete der Wald, und ich gelangte auf einen Wiesenstreifen, der zwischen dem Ufer und der Schotterstraße entlangführte. Jenseits der Schotterstraße begann die große Wiese, auf der auch die Jägerhütte stand. Die gewaltigen Felswände im Hintergrund verschlossen den Raum. Ich versuchte, mich so unauffällig, gleichzeitig so selbstverständlich wie möglich zu bewegen. Sollte ich jemandem begegnen, wollte ich als Spaziergänger gelten können. Ich wollte über die Schotterstraße gelangen und mich dem Haus in weitem Bogen über die Wiese nähern. Es war bereits so dunkel, dass ich mir sicher war, dass niemand mich sehen könnte. Ich selbst konnte ja meine Hände und Arme, wenn ich sie von mir wegstreckte, kaum sehen. Ich ging, und ich fühlte mich als Teil der Umgebung.

Ich hatte die Jägerhütte hinter mir gelassen und mir dabei vorgenommen, ein andermal extra ihretwegen herzukommen, und bewegte mich in gerader Linie auf das Haus zu, das mir nun, von dieser Seite, ebenfalls als die Villa, als die Andrea sie einmal bezeichnet hatte, erschien. Das war doch auch wirklich ihr Name: Villa Hauser. Keine hundert Schritte war ich mehr von dem Gartentor entfernt, als mit einem Stoß die Tür des Hauses unvermittelt aufflog und Hauser in den Garten trat. Ein Viereck Licht fiel grell in den Rasen und zog sich mit dem geräuschlosen Zufallen der Tür wieder zurück. Ich zuckte zusammen und sah einige Sekunden lang, geblendet, nichts. Hauser machte ein paar Schritte in die Wiese, dann knöpfte er die Hose auf und pinkelte in das Gras. Er blickte dabei genau in meine Richtung. Ich stand wie erstarrt. Ich hörte das Wasser fallen und auf der harten Erde aufschlagen. Ich hörte, wie es schäumte. Danach knöpfte er die Hose wieder zu und wischte sich die Hände an ihr ab. Er blieb stehen, und ich fürchtete, er habe mich gesehen. Aber er tat nichts, stand einfach. Die Grillen zirpten. Die gelben, seitlich aus dem Blickfeld fliegenden Pünktchen, die mir, als Reste der Blendung, sekundenlang vor den Augen getanzt hatten, waren weg. Hauser legte den Kopf in den Nacken und stieß einen eigenartigen, verhaltenen Laut aus; er klang wie ein entspanntes Aufseufzen, nahe an einem Schluchzen. Er drehte sich um und ging ins Haus zurück, für einen Augenblick in ein Aufleuchten eingefasst – wie ein Insekt in Bernstein. Verzögert lief das Licht hinter ihm her. Ich wagte nun nicht mehr, näher an das Haus heranzugehen. Ich entfernte mich zwar, aber ich ging nicht zurück, sondern weiter Richtung Osten, um das Haus von der anderen Seite sehen zu können. Ich musste mich beeilen, weil der Mond in Kürze aufginge. Bald war ich weit genug gegangen, um die mir ansonsten abgewandte Seite des Hauses sehen zu können. Während die Fenster auf der Westseite keine Läden aufwiesen, hatten sie hier alle welche, und alle waren geschlossen und von außen verriegelt. Während ich noch auf diese Läden blickte, ging der Mond auf, und sie wurden heller, und ich begann zu laufen.

Geduckt eilte ich zu meinem Platz zurück, riss das Fahrrad aus dem knisternden und raschelnden Beifußstrauch und fuhr im dünnen und kalten Mondlicht nach

Hause. Was hatte ich sehen wollen? Die Fenster? Ich hatte sie gesehen. Es waren nicht die Fenster, die mich interessierten. Ich fuhr schnell und flach atmend.

»Was willst du?«, fragte ich mich in der Garage.

Das Selbstgespräch war mir im vergangenen Jahr völlig natürlich geworden. Nur fand es meistens in Gedanken statt und nicht laut. Noch einmal stellte ich mir dieselbe Frage. Mir kam vor, als wiche ich allem aus, jeder Antwort und auch den Fragen – zuletzt mir selbst. Doch jetzt wich ich nicht mehr aus, blieb stehen, ließ mich treffen und wusste es: Ich wollte mit Hauser reden. Aber nicht er war es, der mich interessierte. Ich wollte lediglich wissen, wer vor ihm dort gewohnt hatte. Ich hatte es gewusst, nicht erst, als wir uns in der beginnenden Nacht wie zwei aufgerichtete Schatten gegenübergestanden waren, sondern schon vorher. Aber es hatte gedauert, bis ich das Wissen zulassen konnte. Es war vor Mitternacht, und ich überlegte, noch jetzt hinzufahren und ihn zu fragen; denn ich wusste, dass er oft bis tief in die Nacht auf war. Ich entschied mich dagegen; es hatte keine Eile.

Seit Monaten trank ich keinen Alkohol. Nicht, weil er mir nicht mehr schmeckte oder ich nicht mehr wollte. Ich hatte immer gern getrunken, daran hatte sich nichts geändert, am liebsten Bier. Aber ich trank allein aus dem Grund kaum noch, weil es beschwerlich war, Bierflaschen nach Hause zu schleppen und die leeren Flaschen dann wieder zurückbringen zu müssen. Wenn ich nur Wasser und Tee trank, ersparte ich mir diese Arbeit. Und in einer Wirtschaft war ich zuletzt mit meinem Bruder gewesen. Und nicht einmal da, fiel mir ein, hatte ich ein Bier getrunken; denn mein Bruder hatte Kaffee bestellt, und ich hatte es ihm nachgemacht. Vielleicht hatte ich auch deshalb sofort bemerkt, dass Hauser einigermaßen angetrunken war. Vielleicht, überlegte ich weiter, hatte ich in meiner monatelangen absoluten Nüchternheit ein Sensorium für alles davon Abweichende entwickelt. Denn es war, wenn ich es mir erneut vor Augen hielt, Hausers Bewegungen eigentlich nicht anzumerken, und doch war ich vollkommen sicher gewesen. Oder hatte ich es gerochen? Hatte ich in der nach erstem Heu und Wiesenblumen und Nadelholz duftenden Sommernachtluft Alkoholdunst wahrgenommen? Nein. Aber doch war es der Atem gewesen, der mich darauf gebracht hatte, nichts anderes; und zwar die Art, wie sein Atem ging, schwer, nicht wie nach, sondern wie während einer großen Anstrengung.

Mit dem Morgenlicht des nächsten Tages legte sich eine alles verdrängende Vernunft über mich, und sie zeigte mir die Absurdität, ja Verrücktheit meines Handelns. Ich saß im Schlafzimmer und schämte mich. Was, wenn mich doch jemand gesehen hatte, wie ich monatelang im Wald gesessen war, wie ein Spanner? Meine Gedanken kreisten. Als ich zu Mittag eine Autotür schlagen und Schritte über Kies gehen hörte, begab ich mich nach unten. Ich öffnete die Tür und sah das Postauto davonfahren. Vor der Haustür lag die Zeitung. Wenn es warm war und nicht regnete, legte der Briefträger sie meistens nur vor die Tür und nicht in den Postkasten, der durch eine eigenwillige Verriegelung etwas umständlich zu öffnen war. Ich las sie auf und trug sie in die Küche, kochte Kaffee und machte mich daran, die Stellenanzeigen durchzugehen. Nach einer Reihe uninteressanter Anzeigen stieß ich endlich auf eine, die mich interessierte: Es war die Anzeige eines Paketdienstes. Ich holte das Telefon an den Tisch und rief an. Das gesamte Vorstellungsgespräch fand am Telefon statt, und nach zwanzig Minuten (ich starrte dabei auf die Küchenuhr an der Wand) hatte ich wieder einen Job. Wie besprochen nahm ich gegen Abend die Regionalbahn nach Wels, um den Wagen, mit dem ich ab sofort fahren würde, abzuholen. Die Zugfahrt verlief durch goldene, teilweise schon abgeerntete Felder; da und dort waren die Felder schwarz von ausgebrachtem Mist, und mancherorts war sogar schon wieder gepflügt worden. Es gab nicht mehr vieles auf den Feldern, was grün war. Nur noch der Mais; denn auch der Hafer war schon silbergrau. Dazwischen immer wieder Wälder. Am Lokalbahnhof stieg ich aus und suchte mich zu dem Firmengelände durch. Dort angekommen zeigte mir jemand, ein gelangweilter Mann kurz vor der Pensionierung, den Wagen und übergab mir die Schlüssel. Eine Frage von mir, die nichts mit dem Wagen zu tun hatte, konnte er nicht beantworten; er war nur für den Fuhrpark zuständig. Ich musste etwas unterschreiben, dann entfernte er sich schlurfend. Sofort fuhr ich los. Auf dem Beifahrersitz lagen glatt und sauber zusammengelegt eine dunkelblaue Uniform und darauf eine Kappe. Der Wagen war ein neuer Peugeot-Kastenwagen, der Kraft hatte und trotz seiner Höhe gut auf der Straße lag. Ab der Hälfte der Strecke fuhr ich so schnell, dass die Reifen in den Kurven hin und wieder quietschten. Als ich ankam, ließ ich den Wagen vor dem Haus mit laufendem Motor stehen, griff aus dem Regal im Wohnzimmer wahllos eine CD heraus, verließ das Haus, setzte mich in den Wagen und kehrte gleich wieder um und fuhr insgesamt noch einmal hundertfünfzig Kilometer. Es war wie ein Rausch – der erste seit über einem Jahr.

Und er hielt an.

In den kommenden Wochen des Juli und August lebte ich nur in dieser Arbeit, dem Paketeausliefern. Mein Tag begann um halb vier am Morgen und endete selten vor acht Uhr abends. Ich kam weit herum, sah Gegenden, von denen ich bis dahin nichts gewusst hatte, und kehrte immer wieder zurück. Wenn ich nicht fuhr, schlief ich und träumte vom Fahren.

Mit dem September kam auch das schöne Wetter zurück – der gesamte August war verregnet und allzu kühl gewesen. Auf einer meiner Fahrten hielt ich plötzlich an und rief meinen Bruder an. Er hob nicht ab. Dann rief ich Marion an. Auch sie ging nicht ans Telefon. Schon vor Tagen hatte ich versucht, ihn zu erreichen; erfolglos. Ich legte den Gang ein, warf einen Blick in den Rückspiegel, dann auf die Uhr und fuhr weiter.

Spät am Abend fand ich vor der Haustür, unter der Zeitung liegend, einen Brief; er war von den beiden. Ich öffnete ihn und überflog ihn. Wieder verschoben sie die Hochzeit. Hatten sie deshalb nicht abgehoben? Es war lange her, dass ich mit meinem Bruder ein enges Verhältnis gehabt hatte. Aber selbst als es loser wurde, hatte ich immer alles, zumindest das Wichtigste, von seinem Leben gewusst. Jetzt wusste ich nichts mehr. Man schickte mir Briefe. Die Adresse mit Computer geschrieben. Nicht nur ich wusste nichts mehr von ihm, auch er nichts von mir. Wieder war der Brief an Andrea und mich adressiert, als wäre sie noch hier und alles so, wie es einmal gewesen war. Ich kam mir vor wie in einem Spiel, welches mir missfiel.

In dieser Nacht fand ich keinen Schlaf. Es beunruhigte mich, dass sie nicht heirateten. Nun hatten sie die Hochzeit bereits zum zweiten Mal verschoben, und ich wusste nicht, weshalb. Um kurz nach drei Uhr stand ich auf, zog meinen Overall an, startete den Wagen und machte mich auf den Weg nach Linz. Sobald ich fuhr, gab es normalerweise nichts als meine Route. Doch diesmal war ich abgelenkt. Kurz vor Linz übersah ich beim Abbiegen einen LKW, der mich rammte. Ich sah nichts, hörte nur einen ungeheuren Knall, und mir war, als explodiere mein Kopf, und dann war nichts mehr. Der Knall dröhnte noch in mir, als ich im Krankenhaus wieder zu mir kam. Mir war wie durch ein Wunder nichts geschehen; nur eine Rippe war gebrochen. Mein Kopf, mit dem ich, wie mir von einer Ärztin, die, was mich erstaunte und auf unbestimmte Weise ratlos machte, nicht älter war als ich, gesagt wurde, die Seitenscheibe eingeschlagen hatte, war nicht verletzt. Zwei Tage verbrachte ich im Krankenhaus. Die Ärztin, obwohl ich auf sie wartete, kam nicht wieder. Dann wollte ich aus dem Spital hinaus, ich unterschrieb etwas und durfte gehen. Ein Rettungswagen brachte mich nach Hause. Schon von weitem sah ich, dass etwas vor der Haustür lag. Ich gab den Sanitätern Trinkgeld, stieg aus, und sie brausten davon. Ich würde drei Wochen nicht arbeiten dürfen. Es war ein Strauß Blumen. Von wem waren sie? Niemanden hatte ich angerufen vom Krankenhaus aus. Es lag keine Karte dabei. Ich nahm sie von der Fußmatte und roch daran; sie waren schön, aber sie rochen nach fast nichts – und jedenfalls nicht nach Blumen. Später, als sie auf der Anrichte in einer Vase waren, fand ich sie noch einmal schöner. Und dann dufteten sie auf einmal auch.

Es war Oktober, als ich von unserem Gemeindearzt gesundgeschrieben wurde und wieder fahren durfte. Der Arzt war immer schon ein Freund unseres Vaters gewesen; im Grunde sein einziger. Er fragte, ob ich noch Schmerzen hätte. Ich verneinte, obwohl es nicht stimmte; die Rippe schmerzte mehr denn je; ich spürte, wie sie an der Bruchstelle wieder zusammenwuchs. Wortlos schrieb er mich gesund. Die Wochen zu Hause waren quälend gewesen. Ich hatte nichts anzufangen gewusst. In den ersten Tagen hatte ich mich mit Zeitunglesen beschäftigt und mir so die Zeit vertrieben, aber bald jede Lust daran verloren. Fernsehen interessierte mich jetzt, zum ersten Mal seit ich denken konnte, überhaupt nicht mehr. Ich stand oder saß herum und war mir dabei selbst im Weg. Ich vertrieb die Zeit, aber sie verging nicht. Nichts, was ich tat, hatte Sinn. – Ich war vor Erleichterung richtiggehend glücklich, als ich wieder in den Wagen steigen und meine Fahrten aufnehmen konnte. Es war ein neuer Wagen, dasselbe Modell wie der alte. Meine Route war täglich vorgegeben; jemand hatte sie geplant und eingespeichert in einen kleinen Computer, der mir alles vorsagte. Wieder zu fahren: Es war nicht anders als nach Hause zu kommen.

Etwas jagte wie ein Stich von oben bis unten durch mich, als ich am Ende eines langen Tages, während ich annahm, den letzten Auftrag eben erledigt zu haben, die Adresse der Villa Hauser auf der Anzeige auftauchen sah. Ich wollte nicht hinfahren, wusste aber, dass ich es nicht vermeiden konnte. Was sollte ich tun? Bei der nächsten Gelegenheit verließ ich die Straße und fuhr einen schmalen Weg entlang. Ich zog den Stecker aus dem Navigationsgerät. Meistens nahm ich die elektronische weibliche Stimme gar nicht wahr, nur in diesem Moment ging sie mir auf die Nerven. Der Weg war eine Sackgasse. Ich hielt vor einem verlassen wirkenden Bauernhof, stieg aus und ging in schnellen Schritten auf einem Feldweg auf und ab. Die Erde unter den Schuhen war weich. Obwohl es noch warm war: Der Sommer war vorbei, und bald käme schon wieder der Winter. Wie die Zeit in Wochen und Monaten vorbeiflog! Unaufhaltsam. Ich lief auf und ab. Es half nichts. Ich konnte mich nicht drücken. Ich beschloss, es hinter mich zu bringen, das Paket abzuliefern und sofort wieder zu fahren. Vielleicht könnte ich es, was immer es war, einfach an einer trockenen Stelle, an der Türschwelle etwa, ablegen und verschwinden – ohne mir die Lieferung bestätigen zu lassen. Das konnte man so machen, ausnahmsweise, wenn man den Empfänger kannte. Es wäre nicht ungewöhnlich. Ich könnte sagen, er sei nicht dagewesen und dass ich ihn kennte. Jetzt öffnete sich das Holztor des Bauernhofs, und ein etwa fünfzigjähriger Mann mit grüner Schirmkappe tauchte auf. Er stand und sah mich an. Nichts lag in seinem Gesicht, keine Frage, keine Aufforderung. Er stand bloß und wartete auf das, was geschähe. Einen Augenblick lang wartete auch ich, bis ich in den Wagen stieg, wendete und davonfuhr. Im Seitenspiegel sah ich den Mann stehen; er hatte die Kappe abgenommen und wischte sich mit der Hand über den kahlen Kopf. Auch ich, fiel mir ein, besaß eine Kappe; sie hatte die Farben des Overalls und trug das Firmenlogo über dem Schild, und ich hatte sie noch nie aufgesetzt. Man hatte mir meine Sachen aus dem Unfallauto in das neue geräumt, und beim ersten Einsteigen hatte ich die Kappe vom Beifahrersitz genommen und sie erneut unter meinen Sitz geschoben. Ich konnte Kappen an mir nicht leiden. Ich fand, ich sah damit immer etwas dümmlich, idiotisch aus. Langsam fahrend, versuchte ich nun, die

Kappe zu finden. Bald hatte ich sie ertastet und zog sie hervor. Ich staubte sie ab und setzte sie auf. Sie machte mich jünger, fand ich, mich im Rückspiegel betrachtend. Auf einmal fühlte ich mich sicher. Ich begann zu pfeifen. Ich fuhr nun sehr schnell und, da kein Gegenverkehr war, in der Mitte der Fahrbahn. Ich befand mich auf dem Weg zu Hauser. Mit quietschenden Reifen bog ich schließlich auf die Schotterstraße ein und geriet beinah ins Schleudern. Aber ich war in einer Laune, in der mir nichts einen Schrecken einjagen konnte; im Gegenteil, ich lachte auf, als ich den Wagen über den wegrutschenden Schotter schlittern spürte und daraufhin hörte, wie das Paket im Laderaum dumpf gegen die Bordwand schlug. Wie gepeitscht kam ich mir vor, als der Wagen sich wieder fing. Die Schranke stand offen, und ich fuhr mit gedrosselter Geschwindigkeit auf das Haus zu. Wenige Meter vor dem Gartenzaun bremste ich, hielt an und stellte die Zündung ab. Der Motor erstarb mit Verzögerung – anders als bei dem alten Wagen. Meine eben noch handfeste Sicherheit, gesteigert durch den offen stehenden Schlagbaum, verflog augenblicklich, als ich Hauser, einen gelb-weißen Farbtopf in der Hand, sich aus der Hocke aufrichten und hinter dem Gartenzaun auftauchen sah. Es gab jedoch kein Zurück mehr. Ich zog mir den Schild der Kappe tiefer ins Gesicht, nahm den Handscanner und stieg aus. Ich sagte mir, es so wie immer zu machen, wie nebenher und ohne den Kunden wichtig zu nehmen. Es zählt nur das Paket, klang die Stimme des Geschäftsführers in mir. Nur das Paket. Es musste schnell und zuverlässig abgeliefert werden. Ich schritt um den Wagen herum und zog die Seitentür auf. Das Paket war allerdings nach hinten geschleudert worden, und ich schob die Tür wieder zu, trat an das Heck und öffnete einen Flügel der hinteren Tür. Das Paket war an einer Ecke eingedrückt. Ich versuchte, es wieder instand zu setzen, scheiterte aber. Womöglich war es schon so eingeräumt worden. Ich warf die Tür kräftig, wie mir selbst Schwung gebend, zu und näherte mich Hauser. Wie er da stand, so unbeweglich, kam er mir vor wie der Bauer von eben.

»Grüß Gott«, sagte ich.

Er antwortete: »Guten Tag.«

Ich vermied, in sein Gesicht zu sehen, und sagte nur: »Ihr Paket.«

Er nahm es mir aus den ausgestreckten Händen, sah auf den Absender und sagte: »Ah ja.«

Ich reichte ihm, immer noch auf seine bloßen, von der Schutzfarbe mit rostfarbenen Flecken gesprenkelten Füße blickend, den Handscanner mitsamt dem Stift und sagte:

»Hier bitte eine Unterschrift.«

»Auf den Bildschirm?«

»Ja. Einfach ... einfach auf den Bildschirm.«

Der Stift glitt klackend über das Display. Dann gab er mir die Dinge zurück. Ich bedankte mich und sagte: »Auf Wiedersehen.«

Ich wandte mich ab und ging tief einatmend auf den

Wagen zu. Ich hatte die Hand schon zum Türgriff hin ausgestreckt, da hörte ich ihn plötzlich sagen: »Warte.«

Es klang, als stünde er direkt neben mir.

Ich hielt inne und wandte mich um.

»Eine neue Beschäftigung?«

»Wie?«

»Ein neuer Job?«

»Ah ... ja.«

»Ist es zu langweilig geworden.«

»Ja. Ja, das auch.«

Langsam hob ich das Gesicht und blickte ihn an. Er klang streng, sah aber nicht streng aus, vielmehr ein wenig so, als hätte er einen Scherz gemacht.

»Das kann ich verstehen«, sagte er sehr mild und nickte. »Immer nur ... nicht wahr?«

»Ja«, antwortete ich und nickte erleichtert. Ich dachte an meine Zeit als Finanzberater, an das ewige Überredenmüssen bei tiefverwurzeltem Nichtüberredenwollen, und ich schob den Kappenschild nach oben.

Er kam auf mich zu, zog eine Schachtel aus der Brusttasche seines kurzärmeligen Hemdes, klopfte eine Zigarette heraus und steckte sie sich in den Mund. Darauf hielt er mir die Schachtel hin, zog die Brauen hoch und blickte fragend und aufmunternd zugleich. Ich nickte und nahm eine Zigarette. Er gab zuerst mir, dann sich Feuer. Es roch nach Petroleum und Tankstelle, und ich dachte an früher. Wir standen und rauchten, und ich dachte an früher. Der Rauch schmeckte süßlich. Beide blickten wir auf den See hinaus, in dessen jetzt schwarzem Wasser sich Berge und Himmel und Wolken spiegelten. Nichts war in dem großen See zu sehen, kein Boot, kein Tier, kein einziges Ding. Die Milde seiner Stimme ging in mich über. Der Geruch der Werkstatt des Vaters lag in der Luft. Und wie oft wir dort gewesen waren.

»Immer nur da drüben zu sitzen und herüberzuschauen«, sagte er plötzlich mit noch einmal ruhigerer Stimme, und mir zog sich die Kehle zusammen.

Hauser trug ein Hawaiihemd. Der Bart war weg. In seinen Haaren steckte eine Sonnenbrille. Als ich nun atemlos auf den See hinausblickte, kam von irgendwoher ein letzter Sonnenstrahl und brach sich funkelnd im See, und ich dachte auf einmal: das Fernglas. Und dann begann mein Herz zu rasen.

»Setzen wir uns«, sagte er, wieder mit völlig sanfter Stimme, und ging durch das Gartentor, und ich, die Bedeutung seiner Worte hinter meinem die Sinne beherrschenden Herzhämmern mehr ahnend als verstehend, folgte ihm, wie an ihn angebunden. Auf der Terrasse stand der Stuhl, darauf lag die ewige graue Decke. Ich blieb davor stehen. Hauser ging durch die offen stehende Glastür und kam wieder mit einem zweiten Stuhl. Er stellte ihn neben den anderen und machte eine einladende Geste. Die beiden Stühle waren identisch. Daraufhin ging er wieder ins Haus. Ich stand herum und wusste nicht, was machen. Schließlich setzte ich mich. Hauser kehrte mit zwei beschlagenden Flaschen Bier zurück.

»Du trinkst doch eines?«

Ich vergaß zu nicken, sah ihn an und nahm die Flasche, die ich schon in der Hand hielt, ehe ich nach ihr gegriffen hatte. Ich war angespannt, darauf vorbereitet, dass etwas passieren würde, doch es passierte nichts. Er setzte sich. Und wir sahen auf den immer dunkler werdenden See hinaus, in dem sich nun nichts mehr spiegelte. Der Horizont senkte sich – als gäbe es die Gebirgswand nicht. Der Horizont schob sich vor die Berge und senkte sich. An den Flaschen perlte Wasser ab und fiel zu Boden oder versickerte in der Decke. Hatte er mich auch zuvor schon geduzt? Meine Füße auf der Terrasse – und mir war einen Augenblick lang, als säße ich auf meiner eigenen. Nur einen Augenblick lang. Dann wusste ich sofort wieder: Noch nie hatte ich von dieser Stelle aus irgendetwas gesehen. Das Bier war eiskalt, und das Schlucken schmerzte angenehm. Ich merkte, wie die Zeit, die eben noch stillgestanden war, wieder zu fließen anfing.

Seltsam, dass ich in den letzten Monaten zu lesen begonnen hatte. Angefangen hatte es mit dem Aufräumen des Hauses; dabei waren mir eine Menge Bücher von Andrea in die Hände gefallen. Sie hatte immer wieder Bücher gekauft oder geschenkt bekommen. Dass es so viele waren, hatte mich überrascht. Romane. Sie füllten mehrere große Kartonschachteln, die ich zuletzt auf den Dachboden getragen hatte. Mehr aus Neugier denn aus Interesse war ich schließlich noch einmal zurückgekehrt und hatte mir wahllos einen Packen genommen und ihn neben die Couch gestellt. Ich hatte etwas ganz Ähnliches wie jetzt gedacht: Von dieser Stelle aus habe ich die Welt noch nie gesehen. Das interessierte mich. Denn es gab auch Bücher, die von dieser Gegend hier erzählten. Gab es nicht zwei, so wie ich es immer gedacht hatte, die die Welt gleich sahen? Was, fragte ich mich, hatte in dem Brief von Andrea genau gestanden? Ob mein Bruder es noch wüsste? Das Lesen, und was ich bisweilen dabei gedacht hatte, wenn ich mich dann wie von außen sah: Als wäre das viel wirklichere Leben in den Büchern. Das Lesen war in Wellen gegangen; scheinbar konnte ich nicht kontinuierlich lesen. Einmal las ich ganze Wochenenden durch, dann wieder interessierte es mich überhaupt nicht, und ich verstand, sobald ich ein Buch aufschlug, nicht, was ich daran hatte finden können, was überhaupt irgendjemand daran finden konnte. Und ich dachte nicht mehr, dass dort irgendetwas wirklicher war, sondern ich dachte, darin sei bloß Leben, das tot blieb. Ich trank. Ich wäre gern gegangen. Aber ich konnte nichts anderes tun als zu warten. Nichts lag jetzt in meiner Hand. Wie mit diesem Gedanken, wich die Spannung. Ich fühlte mich auf einmal wohl. Ich streckte die Beine aus und lehnte mich vorsichtig zurück. Ich spürte, wie ich lächelte. Wie schön es war, hier zu sitzen und zu trinken. Wann hatte ich zum letzten Mal ein Bier gespürt? Ich konnte mich nicht erinnern. Es war nicht zu beschreiben. Ich nahm mir vor, ab jetzt wieder täglich zu trinken. Warum hatte ich dieses Gefühl so lange entbehrt? Es gab keinen

Grund, denn ich fühlte mich glücklich. Hauser trank, schluckte und machte laut: »Ah!« Einmal entfuhr ihm ein Wind – und auch dann: »Ah!« Hatte er mich vergessen? Ich schluckte leiser. Ich bemerkte, wie die Geräusche Nachtgeräusche wurden. Schatten flogen unverfolgbar durch die Luft. Als mein Bier leer war, vergingen einige Minuten, ehe ich unruhig wurde. Ich war durstig, als hätte ich nichts getrunken. Es dauerte jedoch nicht lange, da hatte Hauser ebenfalls ausgetrunken, und ich stellte fest, dass er mich nicht vergessen hatte. Er stand auf und holte Nachschub. Danach saßen wir wieder, und ich trank beruhigt. Der Mond war aufgegangen, aber dort, wo er stand, lagen Wolken im Himmel und verdeckten ihn. Er schimmerte lediglich leicht durch die Wolken. Je länger ich auf den See hinausblickte, desto mehr war mir, als entstiege die Nacht ihm, dem See, als würde die Luft durch ein von weit aus der Tiefe kommendes schwärzer und schwärzer werdendes dunkles Licht eingefärbt. Irgendwann, der Mond hatte sich bereits aus den Wolken gelöst, griff Hauser hinter sich. Ein Kippschalter klickte. Das fremde, kalte Geräusch irritierte mich einen Herzschlag lang. Das Licht ging an, und sofort kamen die Insekten und schwirrten um die Lampe. Und ich konnte von da an die Mücken unablässig unrhythmisch gegen das dünne Glas der nackt über uns hängenden Glühbirne knallen hören.

Nach der dritten Flasche spürte ich das, was mich beruhigt hatte, verfliegen und etwas anderes brodelnd aufsteigen, den Rausch. Meine Stirn bedeckte sich mit Schweiß. Lichtlos lag alles außerhalb des Terrassenvierecks da. Nur in der Mitte des Sees glitzerte in unmerklicher Veränderung, sich beständig neu webend, ein silberner Schleier. Immer noch dachte ich »unsere Terrasse« – das fiel mir jetzt auf. Dabei war es längst nur noch meine. Ich hatte niemanden mehr, mit dem ich teilen konnte. Eine ganz konkrete Bestürzung befiel mich – und ließ wieder nach. Hatte Hauser denn jemanden, fragte ich mich. War da nicht ein Kind? Ich wischte mir mit dem Handrücken meine feuchte Stirn ab. Und dann dieses Trompeteüben – war das ein Kind, das übte? So hatte ich es mir zusammengedacht. Meine Hand glitt über die Stirn.

Ich sah mich aufstehen und hörte mich sagen, ich müsse jetzt los. Ich sah mich vom Ende der Terrasse aus. Und ich sah auch, wie Hauser nickte und lächelte, und hörte, wie er sagte, ich solle bald wieder einmal vorbeikommen. Ich sah mich nicken und davongehen. Und dann war ich auf einmal, wo ich gar nicht war. Ich hatte mich bewegt, aber die Bewegungen waren schneller als mein Denken gewesen – oder einfach nur anders. Ich schritt durch den Garten, stieg in den Wagen und fuhr, weit nach vorne gebeugt, sehr langsam nach Hause.

Es war halb elf, als ich ankam, und unverzüglich legte ich mich schlafen. Ich fiel in einen schlafähnlichen, traumlosen Zustand und tauchte wieder aus ihm auf; das ging im Minutentakt und war nervenzerreibend. Bald schon stand ich wieder auf und schlurfte zwischen Wohnzimmer und Küche hin und her. Ich spürte ein schreckliches Ziehen in den Knochen. Als sich die Zeiger der Uhr allmählich gegen halb vier bewegten, stellte ich die Kaffeetasse in das Abwaschbecken, zog mich um und fuhr los. Vieles war mir in der Nacht durch den Kopf gegangen, als hätte das Bier meine Gedanken geschärft; aber so sehr waren sie wie aus Glas, dass ich zwar wusste, dass sie da waren, sie jedoch nicht sehen konnte. Und ich wusste auch, dass sie zusammen noch kein Ganzes bildeten; etwas fehlte noch. Die Fahrten an diesem Tag hörten nicht auf. Noch die kürzeste Strecke war endlos. Ich dachte an die Ewigkeit, und auf einmal kam sie mir wie ein Albtraum vor.

Obwohl ich mir den ganzen Tag über vorgenommen hatte, nach der letzten Fahrt sofort nach Hause zurückzukehren und mich auszuschlafen, hielt ich mich nicht daran. Aber es war auch nicht die Erinnerung an meinen nächtlichen Vorsatz, nun wieder täglich Bier zu trinken, den ich ja bereits während meines schlaflosen Auf-und-ab-Gehens wieder verworfen hatte, der mich auf ein Wirtshaus am Ortsrand zusteuern ließ. Es war etwas anderes. Ich stellte den sich neben den PKWs auf dem Wirtshausparkplatz sehr groß ausnehmenden Transporter ab und betrat die Wirtschaft. Ein paar Tische waren besetzt, und die Männer, die dort saßen, ließen allesamt die Köpfe hängen. Zwischen zweien lagen ein Packen Spielkarten, ein ausschließlich mit Strichen beschriebener Zettel und ein Kugelschreiber. Es war Freitag. Seit fünf Uhr waren Stunden vergangen, und die meisten hatte das Lokal wohl längst wieder verlassen. Leere Gläser auf leeren Tischen und abgerückte Stühle zeugten davon. Ich sagte einen Gruß vor mich hin, den da und dort einer erwiderte. Nur die beiden an der Bar führten etwas wie ein Gespräch. Ich nahm neben ihnen Platz und bestellte ein Bier. Der Wirt sah mich lange an, ehe er seufzte und das Bier zapfte. Er sagte meinen Vornamen. Hatte es tadelnd geklungen, oder bildete ich es mir nur ein? Das Bier schmeckte mir nicht sofort wieder; erst nach einem halben Glas kam ich von neuem auf den Geschmack, und dann trank ich es rasch leer und bestellte noch eines.

Im Hintergrund erhob jemand seine Stimme und sagte: »Aber weißt du, es war einfach Pech. Ich hatte ihn schon fast unten, dann drückte er mich wieder hoch. Ich hätte nur noch einmal meine Kraft zusammennehmen müssen. Ein einziges Mal, und es wäre vorbei gewesen.« Nach einer langen Pause redete dieselbe Stimme weiter. »Aber plötzlich war es wieder unentschieden. Keiner war mehr stärker als der andere. Unsere Arme bewegten sich nicht, zitterten nur wie so Lammschwänze. Und dann irgendwann: pling. Wie wenn ein Stromseil reißt. Alle zuckten zusammen – alle. Mein Arm – als fehlten ihm plötzlich die Knochen. Und obwohl ich gar nichts mehr spürte, hörte ich Trottel immer noch nicht auf und hielt solange dagegen, bis er mich unten hatte. Es war einfach

Pech; genauso gut hätte es bei ihm passieren können. –
Seither habe ich das – dass ich den Arm nicht mehr richtig beugen kann. Siehst du? Es geht nicht mehr. Scheiße.«

Keiner sagte etwas darauf.

Nach einem Schluck von dem frischen Bier fragte ich
den Wirt, ob er wisse, wer früher in der Villa Hauser gewohnt habe.

»Der Hauser halt«, sagte der Wirt, ohne von der Zeitung aufzusehen.

Er fuhr mit dem Zeigefinger über seine Zunge und blätterte um.

»Der ... der alte Hauser?«

»Ja.«

Er blätterte.

Ich fragte, wo der Alte nun sei. Der Wirt stellte den
Daumen auf und deutete nach oben. Dann sah er mich an,
und ich bemerkte, wie etwas in seinem Blick sich drehte.
Er senkte den Daumen und deutete nach unten.

»Oder dort. Keine Ahnung«, sagte er.

Er zuckte mit den Schultern und las weiter, und ich
trank weiter. Später bestellte ich noch ein Kleines, und
der Wirt sagte, als er mir das Glas hinstellte: »Diese alten
Geschichten ...«

»Welche alten Geschichten?«, fragte ich.

»Ach, diese ganzen alten Geschichten.« Er machte eine
wegwerfende Handbewegung. »Zum Teufel damit.«

Von den beiden neben mir sagte einer müde: »Da warst
du doch noch ein kleines Kind ...«

Vorsichtig fragte ich: »Wann, ›da‹? Was meinst du mit ›da‹?«

Die Gläser klirrten im Hintergrund, und der Wirt ging mit einem Tablett durch die Gaststube und kam zurück. Er räumte die Gläser in die Spülmaschine.

»Der alte Hauser«, sagte der Wirt, als er fertig war mit dem Einräumen, und stützte sich mit beiden Fäusten auf der Theke ab, worauf ich mich ein wenig zurückbeugte, als wiche ich einem Druck, »war ein Hippie. Er war ja nicht von hier. Hat die Villa geerbt und ist hergezogen. Er hat wilde Partys geschmissen. Seine Freunde kamen von weither, um mit ihm zu feiern. Viele ausländische Kennzeichen sah man damals hier. Manchmal kam einer vorbei und fragte nach dem Weg. Eine Weile ging das, und keiner sagte etwas. Dann sagten die Leute, er verderbe unsere Mädchen. Ob etwas dran war, weiß ich nicht. Aber irgendwann haben sie aufgehört zu reden. Das war, als es ihnen schon zu viel geworden war. Und dann sind sie hingefahren.«

»Hingefahren? Zu ihm?«

»Ja. Zur Villa.«

»Und dann?«, fragte ich.

»Sie hatten Gabeln dabei. Das hat er nicht überstanden.«

»Gabeln?«

»Heugabeln. Mistgabeln. Gabeln.«

Ich sagte nichts. Der Wirt seufzte und nahm die Fäuste von der Theke, betrachtete sie und schob sie in die Hosentaschen, als wüsste er sonst nichts damit anzufangen.

»Ja«, sagte er, als stimme er, wenn auch ungern, sich selbst zu, und nickte. »Aber das ist fünfundzwanzig Jahre her. Oder überhaupt noch länger.«

Die beiden neben mir hatten aufgehört zu reden und fingen nicht wieder an. Es kam mir vor, als sei es stiller geworden in dem Raum. Einmal das Ratschen eines Feuerzeuges. Ein-, zweimal irgendein anderes Geräusch.

»Und wer war … wer ist da hingefahren?«, fragte ich.

Der Wirt sagte nichts, sah mich nur an. Und einer der beiden neben mir sagte:

»Frag einmal deinen Vater.«

Ich blieb noch eine Weile sitzen und blickte vor mich hin. Hatte ich doch schon wieder einen Rausch? Nein, das war eine andere Stumpfheit.

Dann zahlte ich, verabschiedete mich gedankenverloren und ging. Ich sagte mir, halb unbewusst, nicht schon wieder alkoholisiert fahren zu dürfen, und ließ den Wagen stehen und spazierte zu Fuß nach Hause. Dabei war ich nicht betrunken. Vierundzwanzig Stunden zuvor, ja, zweifellos. Aber es war mir schon früher nie gelungen, zweimal direkt hintereinander betrunken zu sein; das war mir oft wie ein Fluch erschienen, damals, an verlängerten Wochenenden, an denen es nichts anderes zu tun gegeben hatte, als sich schon zu Mittag zu betrinken. Es war eine kühle, klare Nacht. Die Sterne blinkten weit entfernt. Ja, der Sommer ging in Schritten, die fast schon jetzt vergangen waren, seinem Ende zu. Mir fiel ein altes Lied ein, und ich begann, es zu pfeifen. Aus irgendeinem

Hauseingang, wo er unter einem Dachvorsprung, dann und wann zuckend, gedöst haben mochte, kam mir ein Hund entgegengelaufen, mit wedelndem Schwanz, und ich blieb stehen und kraulte ihn hinter den Ohren, die er, eben noch aufgestellt, zurücklegte. Immer hatte ich einen Hund gewollt. Warum hatte ich keinen? Es war ein Schäferhund. Man sah sie nicht mehr oft. Als ich weiterging, lief er, als wollte er mir den Weg weisen, zwei Schritte vor mir her. Seine Krallen klackten auf dem Asphalt, und als ich die Augen schloss, war mir, als hörte ich das Ticken einer Uhr. Ich öffnete die Augen wieder und ging weiter. Es war nun nicht mehr weit. Das Haus war schon zu sehen. Plötzlich ging die Straßenlaterne an, und ich sah in ihrem sofort wieder zuckenden Licht die Scheiben eines Autos aufblitzen. Im ersten Moment erkannte ich es nicht, aber dann doch: Es war mein Auto, das dastand, wie es immer dagestanden war. Ohne nachzudenken begann ich darauf zuzulaufen. Auch der Hund beschleunigte sein Tempo und lief mit weit heraushängender Zunge vor mir her. Die Welt hüpfte wie von unsichtbarer Hand gerüttelt auf und ab. Die Scheiben waren teilweise beschlagen. Ich blickte, die Hände als Schirme einsetzend, in das Wageninnere. Auf der Rückbank lag zusammengekauert Andrea. Sie schlief. Zuerst zögernd, dann fester klopfte ich gegen die Scheibe. Sie erwachte und blickte sich irritiert um; sie konnte mich nicht sehen. Da öffnete ich den Wagenschlag, streckte ihr die Hand entgegen, die sie sofort fasste, half ihr aussteigen und nahm sie in den Arm.

So standen wir. Einmal bellte der Hund, dann hörte ich ihn nicht wieder. Ich sperrte die Haustür auf. Lange standen wir in bewegungsloser Umarmung im Vorhaus. Von draußen das Flackern der Laterne. Ich wollte die Augen schließen, aber schlug sie, kaum geschlossen, gleich wieder auf. Sie war warm. Ich spürte ihr Gewicht.

»Ich bin so müde«, sagte sie.

»Ja«, sagte ich.

Auch ich war mit einem Mal unendlich müde, so müde wie noch nie. Ich hatte damit zu tun, nicht auf der Stelle zusammenzusacken. Dann brachte ich sie nach oben. Sie sank mitsamt der Kleidung ins Bett. Sie lag, wie sie eben noch gelegen war. Ich deckte sie zu. Sie sagte mit großer Müdigkeit in der Stimme, ich solle mich zu ihr legen. Sie bat darum. Ich antwortete, ich käme gleich. Sie rührte sich noch unter der Decke, dann hörte ich zuerst den einen, dann den anderen Socken auf das Parkett fallen, und danach lag sie still. Aber nachdem ich noch einige aus der Zeit gefallene Minuten neben dem Bett gekniet war und mit der Hand sanft durch ihre Haare gefahren war, stand ich auf und ging nach unten, legte mich auf die Couch und schaltete den Fernseher ein. Den Ton drehte ich ab. Stundenlang starrte ich in den Fernseher, in fremde, hüpfende, grelle und sinnlose Bilder, und irgendwann schlief ich ein.

Von da an war Andrea wieder da. Beide versuchten wir so zu tun, als wäre sie nie nicht dagewesen; es gelang einigermaßen, und manchmal, wenn es nicht gelang, wurde nicht Sprache daraus, nicht Reden, sondern hilfloses Lächeln. Mit der Zeit schliefen wir wieder in einem Bett. Von außen betrachtet war alles so wie früher. Aber nichts war mehr wie früher. Sie hatte mir gefehlt, und ich war glücklich, dass sie wieder zurück war. Doch zugleich war ich von einer aufgewühlten Traurigkeit erfüllt, die ich mir nicht erklären konnte und die sich nicht auflöste.

Eines Samstagabends Anfang Herbst ging ich wieder zu Hauser. Ich ging einfach hin und hockte mich zu ihm auf die Terrasse. Er hatte den zweiten Stuhl nicht wieder weggeräumt. Er brachte mir eine Flasche Bier, und wir tranken. Wir saßen, und die Zeit verging, und wir sahen auf den See hinaus. Es wurde eine Gewohnheit daraus. Jeden Samstagabend ging ich hin. Auch im Winter saßen wir draußen. Er besaß eine zweite graue Decke, die er mir gab.

Andrea bat mich bisweilen, mit ihr am Samstagabend auszugehen, aber nie willigte ich ein; ich gab ihr nicht einmal eine Antwort. Doch ich bemerkte genau, dass etwas in ihrer Stimme anders geworden war; es war nicht der Ton, sondern etwas Dahinterliegendes. Lange kam ich nicht drauf, aber irgendwann, mitten im Händewaschen vor dem Essen, begriff ich es schließlich: Wenn sie jetzt redete, klang es spontan; das vorauseilende, rechnende Denken hinter der Stimme war nicht mehr da.

Hauser spielte seine Improvisationen auf der Trompete, und ich hörte tiefversunken zu. Einmal war auch sein auffallend stiller, aber keineswegs schüchterner Sohn dabei. Hauser durfte ihn nicht oft sehen – er sagte: ein gerichtlicher Beschluss; aber ich wusste nicht, weshalb er ihn nicht sehen durfte. Hatte ich, fragte ich mich manchmal, es denn nicht schon von Anfang an instinktiv gewusst, zumindest geahnt, dass er mein Halbbruder, der dritte und jüngste Sohn meiner Mutter, war? Hatte ich nicht deshalb seine Nähe gesucht und ihn mit dem in der Sonne blinkenden Fernglas beobachtet? Es musste so gewesen sein.

MALE

1

»Komm nur herauf«, ertönte eine laute, brüchige Stimme und hallte in dem weiten, kühlen Vorhaus kurz nach, und ich hielt inne. Ich wusste nicht, wovon diese Kälte ausging, ob von den kalkgetünchten Steinmauern, dem schachbrettartig schwarz-weiß gefliesten Boden oder gar von den staubig matten, mit Messing beschlagenen Kummets, die wie seit Jahrzehnten vergessen beiderseits an den Wänden hingen.

»Komm nur herauf«, hörte ich es nachhallen und stand immer noch bewegungslos mitten im Raum. Sollte ich der Aufforderung folgen, oder sollte ich nur holen, was zu holen ich gekommen war, und wieder gehen? Ich wog es nicht ab, überlegte nicht einmal. Ich stand einfach da wie einer, der von etwas überrascht wurde.

Aber ich war nicht überrascht – sondern bloß gleichgültig. Seit nun schon vielen Monaten befand ich mich in dieser Gleichgültigkeit und fand nicht mehr heraus, und je mehr Zeit so verging, desto deutlicher musste ich erkennen, dass ich gar nicht mehr herausfinden wollte –

sie war meine mich von allem abschirmende Zuflucht geworden.

Ich sah mir fast dabei zu, wie ich mich der steilen Holztreppe näherte, und sie, Stufe um Stufe, langsam emporstieg, während gelbliches Holzmehl mit feinem Geräusch aus den grauen, abgetretenen Stufenbrettern rieselte und das Leder meiner Halbschuhe bestäubte. Je höher ich stieg, desto dichter und verbrauchter wurde die Luft. Die Stiege führte in einen Korridor über, von dem einige Zimmer abgingen, aber nur eine der Türen, am Ende des Korridors, stand ein Stück weit offen, und aus diesem Spalt strömte mir der abgestandene Geruch entgegen.

»Komm herein.«

Die Stimme war weniger heiser, dabei so bestimmt wie zuvor, und einen Moment lang schien mir, als wäre es keine Stimme, sondern als wären es Augen, die mich durch alle Mauern und Wände hindurch beobachten und zu mir sprechen und mich, der ich, obwohl immer langsamer gehend, bis dahin keine Sekunde innegehalten hatte, lenken würden. Ich ging weiter auf die Tür zu, nach wie vor vollkommen gleichgültig: Nicht einmal der inzwischen beizende Geruch und die kranke Wärme vermochten in mir irgendein Gefühl auszulösen. Ich sah meine Schuhe über die da und dort stumm nachgebenden Dielen ziehen, bemerkte den Lichthof sich vergrößern, als die am Boden aufsitzende Tür mit einem Kratschen weiter aufgezogen wurde. Ich war sogar meinem Würgen gegenüber gleichgültig, als ich schließlich die Tür erreichte und mein Blick auf einen grünen Plastikeimer fiel, der bis an den Rand gefüllt war und neben dem eine winzige Lache glänzte, von der eine Fliege summend aufflog, um sich mit im jungen Frühlingslicht schillernden Flügeln am Kübelrand niederzulassen und zu verstummen.

»Komm herein.«

Der Türstock war sehr niedrig, und ich musste den Kopf einziehen, als ich in die kaum mehr als drei mal drei Meter messende Kammer trat und hinter dem Türblatt das schmale Bett auftauchen sah.

»Ah, komm nur.«

Ich hörte die Stimme klar und so nah, als spreche jemand direkt an meinem Ohr, aber ich sah niemanden. In dem Bett türmten sich Decken und Kissen, und erst jetzt machte ich den kleinen, kahlen Kopf darin aus, der mich mit den wässrigen Augen eines alten Mannes anblitzte.

»Setz dich doch«, sagte er, und der Kopf machte eine Bewegung in meine Richtung, aber ich rührte mich nicht.

»Ich komme wegen des Keilriemens«, sagte ich.

Er antwortete nicht, und auch ich sagte nichts weiter. Eine ganze Minute verstrich so. Ich trat einen Schritt zurück, lehnte mich an die Wand und sah mich in dem Zimmer um, in dem sich außer dem Bett nur ein ungewöhnlich breiter, raumhoher Schrank und ein Schemel befanden, und als mein Blick auf den Eimer fiel, würgte es mich, obwohl ich den Gestank nicht mehr wahrnahm, erneut. Die Augen des Alten lagen tief in ihren Höhlen, und nach einer Weile schienen sie mir leblos.

»Ich hole ihn mir, wenn es recht ist«, sagte ich formelhaft und stieß mich von der Wand ab. »Man hat mir gesagt, wo er ist.«

»Warte«, sagte er scharf und rief mit jäher Ungeduld: »Hans!«

Auf dem Korridor öffnete sich eine Tür, und ich konnte hinter den schlurfend näherkommenden Schritten das Sirren eines Fernsehgeräts und, sehr leise, die blechernen Stimmen von Synchronsprechern hören. Der Mann, der erschien und sich, wie ohne mich wahrzunehmen, an mir vorbei in die Kammer schob und geradewegs auf das Fenster zuging, war groß und kräftig und etwa Mitte sechzig – ich hatte ihn nie zuvor gesehen. Er zog mit dem Fuß einen unter dem Schrank hervorlugenden Lappen heran und wischte damit über die Lache neben dem Kübel. Dann schob er den Lappen mit dem Fuß wieder dorthin, wo er gelegen war, und bückte sich, und ich hörte dünnes Glas leise klirren und spürte einen Zug frischer Luft. Als er sich wieder aufrichtete, umdrehte und auf mich zukam, hatte er den Kübel mit am Rand schwankenden Spiegel in der Hand. Mein Gesicht wandte sich zur Decke, und erneut würgte es mich. Erst als der Mann bereits polternd die Treppe hinabstieg, atmete ich wieder – das Gesicht noch immer nach oben gewandt.

»Ah«, machte der Alte, und ich sah durch das mit einem Kreuz versehene, jetzt offen stehende Fenster, wie der Hans genannte Mann im grau gepflasterten Innenhof auftauchte und den Kübel an einem Gully ausleerte, ihn an Ort und Stelle stehen-, fast fallenließ und, sich die Hose hochziehend, verschwand. In dem Moment begriff ich, dass Hans es war, an den ich mich wenden musste, nicht dieser Alte, gewiss Neunzigjährige.

»Ich frage ihn – Hans«, sagte ich, mehr zu mir selbst als zu dem Alten, und wandte mich zum Gehen.

»Den verfluchten Keilriemen kannst du später holen«, sagte da der Alte.

Überrascht blickte ich ihn an. Er saß jetzt aufgerichtet im Bett, sogar leicht vorgeneigt, hatte die zahllosen Decken zurückgeschlagen, so dass sein Oberkörper frei war und ich den unerwartet kräftigen Brustkorb sich heben und senken sah, und aus seinen Augen hatte sich die eigenartige Abwesenheit zurückgezogen.

»Jetzt setz dich.«

Vage nahm ich wahr, wie der Alte mich anzog und zugleich abstieß.

Ich nahm den Schemel vom Fußende des Bettes, stellte ihn dem Bett gegenüber an die Wand und ließ mich darauf nieder. Als Kinder hatten mein Cousin und ich, das leichte Durcheinander der Kommunion ausnützend, uns aus der Kirche geschlichen und waren zu dem schwarzen, auf der immergleichen, nicht dafür vorgesehenen Stelle geparkten Wagen des Alten – denn schon damals war er alt – gelaufen, um durch das Seitenfenster einen aufgeregten Blick auf das Konterfei Adolf Hitlers zu werfen, das beinah überlebensgroß auf dem Umschlag des auf dem Beifahrersitz liegenden Buches prangte. Auch jetzt war da etwas wie Aufregung. War es damals Aufregung wegen etwas Verbotenem gewesen, wurde sie nun durch erwachenden Ekel ausgelöst.

»Danke, nein«, sagte ich und hob abwehrend die Hand. Darauf zuckte er mit den Schultern und nahm einen Schluck aus der zwischen den Decken hervorgezogenen Schnapsflasche, von der zu trinken er mir mit einer Geste angeboten hatte.

»Ah«, machte er und wischte sich mit dem Handrücken über den schmalen Mund. »Birne«, sagte er und nickte, als hätte ich gefragt oder geraten, welchen Schnaps er trinke.

Ich hob das Kinn leicht an, als sagte ich ebenfalls: Ah. War der Glanz in seinen Augen nicht Zeichen allein des Alters? Er nahm noch einen Schluck, bevor er die Flasche verkorkte und zwischen die Decken zurückschob und die ledrigen, knöchernen Hände gefaltet vor sich legte. Er ließ mich nicht aus den Augen, so wenig, wie ich ihn aus den Augen ließ. Süßlicher Schnapsgeruch schwebte durch das Zimmer.

»Was willst du?«, fragte ich.

Ich sollte, meinem Freund Ferdinand Goldberger zu Gefallen, einen Keilriemen abholen, der an einem Mauerhaken neben der Hoftür hängen musste, wie mir erklärt worden war. Ich wusste nicht, was mich stattdessen in dieser Kammer sitzen ließ – in der Kammer des Mannes, den wir in der Kindheit und Jugend wie keinen zweiten gefürchtet hatten, als wäre er ein Dämon, ja der Teufel selbst. War es nur die Tatsache, dass nichts mehr von dieser Furcht übrig war? Gefiel es mir am Ende, dem so lange Gefürchteten die Stirn zu bieten, als verschaffte ich damit dem Kind, das ich gewesen war, nachträgliche Genugtuung, oder war es auch, weil etwas in mir wissen wollte, weshalb wir ihn gefürchtet hatten? Irgendetwas hielt mich. Ich saß auf dem Schemel, ließ ihn nicht aus den Augen und wartete, dass er sagte, was er von mir wollte.

Aber er sagte nichts. Wie eine von vielen Stürmen gezeichnete Galionsfigur ragte er aus dem wüsten Meer seiner Decken und Kissen, saß da und sah mich an. Als ich den Blick abschweifen ließ, bemerkte ich, dass das Licht in der Kammer sich verändert hatte und der Fleck, der trotz des Wischens geblieben, aufgetrocknet war. In dem Gesicht des Alten jedoch fand sich nun wieder die Abwesenheit, die mich an Tierhaftes erinnerte, und ich spürte, wie das, was mich zu halten vermocht hatte, mich nicht länger hielt. Ich legte die Hände auf die Knie und sagte, als wäre keine Zeit vergangen, seit ich den Grund meines Besuchs genannt hatte: »Ich weiß ja, wo er hängt.« Ich drückte mich an meinen Knien empor und stand auf. Als er sich nicht rührte, verließ ich die Kammer.

2

Nach der Regennacht war das dunkle Leuchten der Farben noch satter als an den Tagen zuvor, und auch das Licht war mir auf der neuerlichen Fahrradfahrt nach Schwan in der reingewaschenen Luft noch einmal jünger, noch einmal heller vorgekommen.

»Dieses alte Schwein«, sagte Hans und hob dabei seinen Blick zu dem Fenster im Obergeschoss.

Es klang nicht nach einer Klage oder einem Fluch, vielmehr wie eine einfache Feststellung. Ohne ein weiteres Wort nahm er mir den Keilriemen aus der Hand und ließ mich stehen und ging durch eine der beiden sonnengeschwärzten Türen, die in die Wirtschaftsgebäude führten. Ich vernahm Geklimper, das Rasseln einer Kette, das Wischen halber Schritte, bevor er, einen, wie ich annahm, anderen Keilriemen am ausgestreckten Zeigefinger schaukeln lassend, aus der Tür trat. Er ließ sie offen stehen und kam über den Hof auf mich zu und hielt mir den pendelnden Riemen hin.

»Ich wusste nicht …«, sagte er.

Ich nahm den Riemen und ließ ihn nun selbst an einem Finger pendeln.

»Das macht nichts«, antwortete ich leichthin.

Er zog die Brauen hoch. »Was macht nichts?«

»Dass der falsche Riemen dahing –«

»Es war nicht der falsche.« Wieder ging sein Blick zu

dem Fenster hinauf. »Ich habe den hier« – er tippte mit dem Finger fest auf den Riemen und brachte das Pendeln aus dem Takt – »hingehängt.«

»Besten Dank jedenfalls«, sagte ich, warf mir den Riemen über die Schulter und hielt Hans die Hand hin. Er schien sie jedoch nicht wahrzunehmen, blickte mir flüchtig in die Augen, dann zu Boden. Als er den Kopf wieder hob, hatten sich seine Augen stark verengt, und er sagte:

»Ein solches verdammtes Schwein. Ich kenne kein verdammteres.«

Ich lachte auf – verlegen, auch mit Unbehagen.

»Glaubst du vielleicht«, sagte er, doch winkte gleich ab. »Ich wusste nicht, dass ein anderer … dass du den Riemen abholen kommen würdest. Habe gedacht, er kommt selber. Ich habe geglaubt, als ich dich gestern bei ihm in der Kammer« – wieder sein Blick nach oben – »gesehen habe, du seist einer seiner Wirtshausbrüder.«

»Ja«, antwortete ich, »Ferdinand hat mich darum gebeten. Ich weiß nicht, warum er ihn nicht selber abgeholt hat. Er wird keine Zeit haben.«

Hans schnaubte, und es klang verächtlich.

»Ich wusste ja nur«, fuhr ich fort, »wo der Riemen hängt, nicht, wie er auszusehen hat. Und dann habe ich den genommen, der dort hing.«

Und auch jetzt konnte ich nicht sagen, worin der Unterschied zwischen dem Keilriemen über meiner Schulter und jenem, den Hans mir eben abgenommen hatte, bestand.

»Auf die Idee kommt aber auch niemand«, sagte er, und es klang zornig, »dass einer, der kaum noch gehen kann, noch eine solche Bosheit in sich trägt.« Sein Gesicht rötete sich. »Dabei ist es das allein, was ihn überhaupt noch am Leben hält, die Bosheit – sie allein! Als hätte er noch nicht genug angerichtet!« Er fasste den Hosenbund mit einer Hand und zog ihn hoch. Dann schüttelte er den Kopf. »Ich war doch fast die ganze Zeit hier. Ich hätte es doch sehen müssen.«

Jetzt war ich es, der die Brauen hob.

»Ich hätte es doch bemerken müssen, wie er die Riemen auswechselt.«

»Er hat den falschen hingehängt?«

Ich war nicht sicher, ob ich richtig verstand.

»Wer denn sonst?«, rief er. »Doch nicht ich!«

»Aber wieso?«

Hans schaute grimmig.

»Er hat nach mir gerufen – deshalb war ich oben«, sagte ich, mir seine Worte in Erinnerung rufend. »Ich glaubte, mit ihm sei alles besprochen worden.«

»Er hat dich gerufen?«

»Ja.«

Hans wirkte plötzlich verloren, ratlos. Er kratzte sich wie ein Kind am Kopf.

»Soll das einer verstehen ...«, murmelte er. »Wo sogar ich gedacht hatte, Ferdinand würde ihn selbst abholen kommen. Wenn er« – der Blick nur andeutungsweise zum Fenster hin – »mich telefonieren gehört hat – er kann doch nicht gewusst haben, dass er nicht selbst kommt...« Er schien laut zu denken.

»Ja«, wiederholte ich, um irgendetwas zu sagen, »ich stand im Vorhaus, da rief er nach mir. Er hat sogar mehrmals gerufen, und da ging ich eben hinauf.«

Wieder schüttelte er den Kopf, und jetzt war der grimmige Ausdruck in sein Gesicht zurückgekehrt. »Und was hat er dir gesagt? Was wollte er?«

Ich zuckte mit den Schultern. »Nichts. Er hat gar nichts gesagt. Er sagte, ich solle mich setzen – und dann schien er auf einmal mit offenen Augen eingeschlafen zu sein.«

Lange Zeit sprachen wir kein weiteres Wort, bis Hans fragte: »Was will er von ihm? Nach all den Jahren: Was will er von ihm?«

Ich spürte, wie ein Widerwille in mir wuchs, und ich sagte leichthin: »Keine Ahnung. Ich bin nur wegen diesem Ding hier gekommen.«

Ich ließ den Riemen von meiner Schulter rutschen und nahm ihn in die Hand.

»Ferdinand wird sich ja melden, wenn er ihn nicht mehr braucht«, sagte ich. »Schönen Dank jedenfalls!«

Ich machte keinen weiteren Versuch, ihm die Hand zu geben und drehte mich zur Haustür um. Ich ging den Weg, den ich gekommen war, zu meinem Fahrrad. Als ich den Riemen auf den Gepäckträger geschnallt hatte, stand Hans wieder neben mir. Ich schenkte ihm keine besondere Beachtung, stieg auf das Fahrrad, zog mit der

Schuhspitze das Pedal hoch, setzte den Fuß darauf und wollte eben, den Kopf wendend zu einem wortlosen Gruß, mein Gewicht darauf schwingen, da drückte Hans meine Schulter mit der Kraft einer Maschine nieder. Unwillkürlich schlug ich gegen den harten Arm. »Was soll das«, rief ich beinah. »Nimm deine Hand weg!«

Er hatte sie bereits weggenommen. »Er hat«, sagte er, »vor ein paar Jahren – da hat er einen Schlaganfall gehabt. Kurz nachdem die ... die Mutter – nachdem sie gestorben ist. Damals – wir glaubten schon – ich glaubte schon ... aber er fing sich wieder. Seither hat er das – solche Absencen.«

»So?« Meine plötzliche Ablehnung war ausgelöscht, und zugleich befiel mich eine Unsicherheit, ob sie überhaupt existiert hatte.

»Ja. Absencen. So nennt er es.« Er fuhr sich über den Mund, als müsse er etwas abwischen. »Das wird gestern auch so etwas gewesen sein.«

Damit hob er die Hand, die ich eben noch als eiserne Gewalt an mir gespürt hatte und die jetzt wie eine große Kinderhand aussah, und ging an der Hausmauer entlang davon.

Ich hatte keine Wahl. Ich hatte nichts von dem Unabgeschlossenen gewusst oder auch nur geahnt. Aber etwas hatte begonnen, seit ich selbst dem Ruf, den ich ruhigen Gewissens hätte unbeachtet lassen können, gefolgt war. Der Alte wollte meinem Freund etwas mitteilen. War es nicht meine Freundespflicht, diese Mitteilung anzuhören? Ich stieg vom Fahrrad und lehnte es gegen den jungen Kirschbaum, dessen Blüten zu rötlichbrauner Unkenntlichkeit verschrumpelt und zum Großteil abgefallen waren, und aus der daneben wachsenden, ebenfalls abgeblühten hellgrünen Forsythie schwärmten mit Hunderten kleinen Flügelschlägen Spatzen aus, und ich schaute ein paar von ihnen nach, wie sie übers Dach davonflogen.

Kurz darauf stand ich vor der Kammer – in der dichten Luft, die aus dem Krankenlager strömte. Die Tür war nur einen Spalt geöffnet, und als ich eben klopfen wollte, hörte ich die nun schon vertraute Stimme.

»Komm herein.«

Ich ließ die Hand sinken und schob die Tür auf. Der Alte saß genauso da, wie ich ihn verlassen hatte, nur war sein Blick nicht abwesend, sondern schelmisch und sogar feixend. Er deutete auf den Schemel an der Wand, und nachdem ich mich versichert hatte, dass der grüne Kübel nicht wieder im Raum stand, setzte ich mich, unwillkürlich seufzend.

Sein Gesichtsausdruck erinnerte mich sofort an den Keilriemen, den ich für zwei Minuten vergessen hatte, und ich fragte, den Kopf leicht neigend: »Wozu dieses Spiel?«

Sein Grinsen wurde noch breiter: »Welches Spiel?«

»Es hing der falsche Keilriemen dort.«

»Hans ist ein Dummkopf ...«

»Er hatte den richtigen hingehängt ...«, sagte ich.

»Ja? Hat er das?« Er lachte auf. Dann legte auch er den Kopf ein wenig schief und sah mich zwar immer noch feixend, aber durchdringend an. »Ich ahnte es, dass er nicht selbst kommen würde. Ich musste meine Vorkehrungen treffen. Ich dachte, beim zweiten Mal kommt er dann vielleicht. Aber er hat dich geschickt, auch beim zweiten Mal. Meinetwegen. Das ist auch gut. Ja, das ist auch gut. Das ist vielleicht sogar noch besser. Du bist doch sein Freund, nicht wahr?«

»Was willst du?«

Es war zum ersten Mal, dass ich ihn direkt ansprach, und das Du kam mir nur mühsam über die Lippen, und als habe er es bemerkt, veränderte sich sein Blick, und ich sah, wie wenig den feixenden Ausdruck von einem stechend harten trennte. Er nickte langsam, zog die Schnapsflasche hervor, trank, und mir fiel auf, dass es aussah, als messe er die Menge dabei ab, und schob sie unter die Decke zurück.

»Was ich will? Ich will dir etwas erzählen.«

3

»Ich kenne dich noch von früher«, sagte er, in eine Art melodischen Singsang verfallend, nachdem er eine Weile geschwiegen hatte. »Ihr habt euch bei meinem Auto herumgetrieben ... Welche Angst ihr vor mir hattet! Alle –

alle hatten diese Angst vor mir … Ja. Ihr hieltet mich für irgendeine Art Ungeheuer, nicht wahr?« Er lächelte kurz. »Und doch habe ich geliebt in meinem Leben. Davon will ich dir erzählen.«

»Warum mir?« Ich verschränkte die Arme vor der Brust und lehnte mich zurück gegen die kühle Wand.

»Weil der, dem ich es erzählen wollte, dich geschickt hat, weil er immer noch, wie ein kleines Kind, Angst vor mir hat. Vielleicht glaubt er auch, dass er mich hasst – man hält Angst mit der Zeit immer für Hass. Aber das ist egal, es läuft ohnehin auf dasselbe hinaus.«

»Warum rufst du ihn nicht einfach an?«, fragte ich.

»Ich habe es versucht, er hat sofort aufgelegt.«

»Oder schreibst ihm einen Brief? Den würde er doch lesen?«

»Einen Brief?« Wieder lächelte er. »Nein. Ich schreibe keine Briefe mehr.«

Ich streckte die Beine aus, und wie von selbst schlossen sich meine Augen halb, und ich fühlte die Gleichgültigkeit sich wie eine Schläfrigkeit in mir breitmachen, und von mir aus könnte er nun ewig erzählen, ich würde einfach zuhören wie dem beruhigenden, wohltuenden Geplätscher eines Baches.

»Damals war Krieg. Mein Gott, ich war damals jünger als du es heute bist! Zehn, vielleicht sogar fünfzehn Jahre jünger. Das hier, die Landwirtschaft, hatte mich nie interessiert, und als ich dann einrücken musste, wusste ich schon, bevor es zu irgendwelchen Kampfhandlungen kam, wofür ich gemacht war. Ich lernte eine Menge Leute kennen, aber niemand empfand so wie ich. Über kurz oder lang wurden alle kleinmütig, feige, ängstlich, sie verloren jedenfalls die anfängliche Euphorie. Nur ich behielt sie die ganze Zeit über, und je größer die Gefahr, desto größer auch meine Freude und mein Zorn, desto heißer, desto wallender, desto schnaufender mein Blut. Mein Gott, was das war! Du kannst es nicht wissen, was es für einen jungen Mann heißt, im Feld zu sein. Ich wäre für meine Kameraden gestorben, aber ich verachtete sie für ihren mangelnden Eifer. Ja ... Ist dir schon einmal aufgefallen, dass man vom Großen, vom wirklich Großen, fast nicht sprechen kann? Es ist fast, als sträubte es sich, dass man davon spricht ... Von diesem Leben im Krieg ... oder von Gott ... Mir fiel es damals zum ersten Mal auf, wenn ich Feldpostbriefe nach Hause schrieb. Oder vielleicht noch gar nicht so sehr beim Schreiben – ich schrieb nicht oft, und ich war ein ziemlich ungeübter Briefschreiber. Konnte ja überhaupt kaum schreiben! Vielleicht fiel es mir erst später auf, als ich Fronturlaub bekam – fast aufgezwungen bekam, denn die Verletzung war nicht der Rede wert. Ja.

Es gab viele Mutige, Mutigere als mich. Ich rede deshalb nicht von Mut – weiß gar nicht, was das eigentlich ist. Bei mir war es ja bloß dieses Feuer ... und das hatte kein anderer. Einen einzigen lernte ich kennen, der von meinem Schlag war. Er hieß Karl Gruber, und obwohl er aus Rosental stammte, waren wir uns nie zuvor begegnet.

Vor dem Krieg war ich ja kaum je wo hingekommen. Immer nur zu Hause, hier, auf den steinigen Feldern. Auch meinen Vater freute die Arbeit nicht, er ließ von früh an, von Kindesbeinen an, alles mich tun. Mit ihm – Karl – tat ich mich zusammen, wir verbrachten viel Zeit miteinander, aber wir unterhielten uns kaum. Und wenn, war es meist er, der redete. Er erzählte mir am liebsten von seiner Braut in Rosental, die er heiraten wollte, sobald der Krieg zu Ende wäre. Er hatte eine Fotografie von ihr, die er mich sehen ließ. Einmal fragte ich ihn, ob er sicher sei, dass sie warte, da lachte er nur. Wie sicher er sich war! Ich gewöhnte mir das Rauchen an, und oft teilten wir uns, nebeneinander im Graben stehend oder auf unseren Feldbetten liegend und auf den Krach der Geschosse horchend, eine Zigarette.

Da war also dieser Fronturlaub, den ich nicht brauchte, gar nicht einmal wollte. Ich war richtig niedergeschlagen auf dieser langen Fahrt dorthin, wo alle sagten, dass es die Heimat sei, dabei hatte ich das Gefühl, von der Heimat wegzufahren, mich mit jedem Herzschlag, mit jeder Bahnschwelle weiter davon zu entfernen. Wollte ich etwa meinen Vater sehen? Die jammernde Mutter? Meine beiden Schwestern? Den einzigen, den ich hätte sehen mögen, wäre mein Bruder gewesen, mein einziger Bruder, doch der ›ruhte in russischer Erde‹, wie es hieß, sein Fahrzeug war von einer Mine gesprengt worden. Ich war niedergeschlagen, als ich ankam, und ich wurde es mit jedem Tag noch mehr, und dass alle meinen Zustand auf den Krieg schoben, mit dem Krieg erklärten, machte mich zuerst wütend, dann aber nur noch niedergeschlagener. Da – mehr noch als beim langsamen Briefschreiben, wo ich es, Wort um Wort suchend, schon geahnt hatte – bemerkte ich, wie wenig ich mitteilen könnte, selbst wenn es jemanden gegeben hätte, dem ich etwas hätte erzählen wollen. Ich sah die Menschen und wusste, dass nichts mich mit ihnen verband. Die Tage vergingen zäh und sinnlos, mir half nur der Schnaps, und der half auch nicht.

Der einzige Zeitvertreib waren mir das Schnapstrinken, das Rauchen, sogar die Arbeit, die mich der Vater, ohne mich dazu zu rufen, allein dadurch, dass er mit meiner Rückkehr sogleich alles liegen und stehen ließ, tun ließ, und die Gedanken an die Front, an die ich bald zurückkehren würde. Eines Abends, kurz vor Einbruch der Dämmerung, saß ich vor dem Haus, da fiel mir das Mädchen ein, Karls Braut, und als könnte ich damit dem kurzzeitig Verlorenen näherkommen, erkundigte ich mich, wo sie wohne, setzte mir den breitkrempigen Hut auf und machte mich auf den Weg nach P. Ich hatte vor, nur so dort vorbeizugehen und es Karl dann zu erzählen, und mir war, als hätte dieser Urlaub plötzlich und unverhofft doch einen Sinn bekommen. Es war weit, ungefähr eine Stunde zu gehen, und als ich ankam, war es dunkel geworden. Ich stand eine Weile in der Nähe des Hofes, sah mich um, hörte dann einen Hund sich bellend nähern und, als er ganz nah war und schon zu knurren begonnen hatte, jäh verstummen und sich entfernen. Auch das würde ich Karl erzählen, ging es mir durch den Kopf, und ich prägte mir die Anordnung der Gebäude ein, als ich ein Geräusch hinter mir vernahm. Ich wirbelte, Rückwärtsschritte machend, herum und sah – instinktiv nach einem steinähnlichen Gegenstand, einer Handgranate suchend –, was ich zuvor nicht bemerkt hatte, weil die Nacht es allzu gut verborgen hatte: Am Fuß der kurzen Leite, die hinter Büschen zu einem Feld hin anstieg, lagen, fast knochenweiß in dem jetzt wie von Gotteshand hinter den Wolken hervorgeschobenen Mond, zwei nackte Körper, und das Mondlicht war so hell, dass ich das Mädchen – Karls Braut – erkannte, das mich mit Entsetzen anstarrte. Aber sie konnte von mir nicht mehr sehen als einen gesichtslosen Umriss.

Es blieben mir nur noch wenige Tage, die ich voller Rastlosigkeit zubrachte. Fieberhaft arbeitete mein Gehirn, aber woran zum Teufel arbeitete es? Ich wusste es nicht, Bilder, die ich nicht erkannte, zogen an mir vorbei, als wäre ich völlig betrunken und liefe einen Weg entlang, den ich nicht kannte, von dem ich nicht wusste, wo er anfing und endete, und den ich doch mit Verbissenheit entlanglief … Erst, als die Abfahrt kam, wurde ich ruhig, und das Fieber, das auch von meiner Familie, von meiner Mutter besonders, bemerkt worden war, ließ nach. Noch einmal ging ich in das Wirtshaus von Rosental, dann verabschiedete ich mich von allen und fuhr zurück an die Front.«

»Das soll eine Liebesgeschichte sein?«, fragte ich. Ich hatte sehr leise gesprochen, und obwohl ich nicht glaubte, er hätte es gehört, reagierte er darauf.

»Ja«, sagte er.

Ich öffnete die Augen, die ich in der Zwischenzeit gänzlich geschlossen hatte, und runzelte die Stirn. Der Alte sah mich immer noch mit jenem unergründlichen Ausdruck an. Er zog die Flasche hervor und hielt sie mir hin. Als ich mit einer kurzen Kopfbewegung ablehnte, öffnete er mit einem Finger das Türchen des Bettkästchens, und eine Reihe leerer, aber auch unangebrochener Schnapsflaschen kam zum Vorschein. Ich versuchte, die Etiketten aus der Entfernung zu entziffern, zeigte schließlich, als es mir nicht gelang, auf eine Halbliterflasche, die am Rand stand. Er musste sich kaum hinab-, lediglich ein wenig nach vorn beugen, um sie herauszunehmen und mir zu reichen. Es war schottischer Whisky. Behutsam schloss er das Türchen, wieder nur mit einem Finger, und trank aus seiner Flasche, und auch ich schraubte nun den staubig-öligen Blechverschluss ab und nahm einen kräftigen Schluck und lehnte mich, während der Schnaps sich in meine Eingeweide brannte, wieder gegen die Wand.

»Ich fuhr zurück an die Front. Ja. Und die Ruhe, in der ich seit der Abreise war, blieb. Sie blieb nicht nur in den ersten Tagen, sondern die ganze Zeit. Erst jetzt wurde ich ein wirklich guter Soldat.

Wenn in diesem Zimmer hier das Fenster über Nacht

offen steht, fährt manchmal eiskalte Luft durch den Raum – wie aus dem Nichts ein Schwall eiskalter Luft. So war es damals. Unsere Kompanie – sie war ein Luftstrom, der gegen einen anderen oder gegen etwas anderes ankämpfte, und egal, welche Temperatur der Strom gerade hatte, der kälteste Schwall, der kälteste Teil davon war zu jeder Zeit ich. Als wäre die Hitze am Anfang des Krieges etwas wie ein Prozess ... Zeichen eines Prozesses gewesen ... der, was in mir war ... was sich in mir bis dahin herausgebildet hatte ... erhitzte, um es dann abkühlen zu lassen ... damit es werden konnte, wozu es bestimmt war ... weißt du, so wie man es bei Stahl macht ... Das waren Gedanken, die mir nachts kamen, wenn die Geschütze krachten und ich auf dem Feldbett schlaflos lag. Karl und ich hatten nichts mehr miteinander zu tun. Ohne dass irgendetwas vorgefallen wäre, stand er eines Tages in einem anderen Teil der Kompanie. Nein, es war nichts vorgefallen. Ich hatte ihm nichts von dem erzählt, wovon ich Zeuge geworden war. Dennoch ... Es kam mir wie Chemie vor, wie Biologie ... eine Gesetzmäßigkeit. Auch auf dem Acker können manche Pflanzen nicht nebeneinander wachsen, eine verkümmert neben der anderen, stirbt ab, oder beide sterben ab ... Ich habe das immer beobachtet, aber nie verstanden ... Hin und wieder wurde ich von den Kommandierenden bei Lagebesprechungen hinzugezogen. Wie sie auf mich kamen, wusste ich nicht; aber auch das ist Naturgesetz, die Dinge ziehen sich gegenseitig an, stoßen sich ab ...

Magnetismus. Und es war mir klar, dass etwas anders geworden war, auch wenn mir nicht klar war, was. Es – es –«

An dieser Stelle schüttelte ihn ein fürchterlicher Hustenanfall, der seinen Kopf violett anlaufen ließ, und Tränen flossen ihm über die Wangen, aber als ich aufstand und ihm irgendwie zu helfen anbot, wedelte er ärgerlich mit der Hand. Nachdem der Anfall sich gelegt hatte, atmete er schwer. Und als er eben wieder zu sprechen anhob, stand Hans in der Tür. Weder der Alte noch ich hatten ihn kommen gehört. Das mit belegten Broten beladene, aus lackierten Weidenzweigen geflochtene Tablett, das er vor sich hertrug, stellte er nach einem Blick auf meine Beine – den darunter verborgenen Schemel – auf dem Deckenberg, den er, so gut es ging, flach drückte, ab und verließ nach einem fahrigen Rundumblick die Kammer wieder. Mich hatte er von dem Umherblicken ausgespart, das war mir nicht entgangen, obwohl ich selbst den Blick abgewandt hatte.

4

»Vielleicht, ja wahrscheinlich habe ich ihn auch geliebt – freilich auf eine andere Art und Weise, kameradschaftlich.«

Er sprach langsam mit vollem Mund, verschluckte sich dennoch beinah und verstummte wieder. Ich trank von dem alten Whisky und wartete, bis er sein Brot – er hatte zwei übereinandergelegt – aufgegessen hatte und weitersprach.

»Und wie jede Liebe endete sie irgendwann, und wie jede Liebe endete sie doch nie. Müsste ich sonst noch heute so oft an ihn denken? Sogar in meinen Träumen geistert er herum – wenn ich einmal einen Traum habe.

Aber wir hatten kaum mehr miteinander zu tun. Ich erfuhr von ihm nur, dass er kurz nach mir Heimaturlaub bekommen hatte, sonst nichts. Mich erleichterte diese Nachricht irgendwie; denn wenn es etwas zu erfahren gab, würde er es nun selbst erfahren haben; und ich konnte die Geschichte vergessen, dachte ich.

Ich wurde wieder zu einer Besprechung hinzugezogen. Wir waren in einer entsetzlichen Lage, hatten viele Mann verloren, und der Stab war ratlos. Das war vielleicht am schlimmsten, diese so unverhohlene Ratlosigkeit. Die Gefechte setzten aus. Der Feind wartete wie die Katze vor dem Mausloch. Ich sagte, man müsse Späher ausschicken, um zu sehen, wie der Feind tatsächlich stehe. Das sei unmöglich, lautete die einhellige Antwort. Ich beharrte und stellte mich selbst als Späher zur Verfügung. In dieser Situation sei das Wahnsinn, wiederholte man. Man war dagegen. Was sollte es überhaupt für einen Nutzen haben? Ich versuchte, meine Idee darzulegen. Wieder sagte ich, ich würde selbst gehen. Allein? Man solle mir nur Karl Gruber zur Seite stellen – er sei der beste, den ich kennen würde. Man hieß mich,

mich zu entfernen und zu warten. Ich salutierte, ging davon.

Sie hatten recht. Es war Wahnsinn, und es war sinnlos. Dennoch lagen Karl und ich viele Stunden später unter dem sternendurchschossenen Nachthimmel, und als wären wir nicht bereits hinter der feindlichen Linie und als gäbe es nichts Wichtigeres, machte die Lust zu rauchen mich fast rasend. In weniger Entfernung sahen wir den Feind in der mondlosen Nacht. Wir hatten unsere Aufgabe erfüllt – hatten gesehen, wie der Feind genau stand; er stand so, wie wir es befürchtet hatten. Wir sollten uns zurückziehen, uns in die Sicherheit der eigenen Reihen bringen – aber wir lagen dicht nebeneinander und bewegten uns nicht. Mit jeder Minute, mit jeder Sekunde, die verstrich, wurde die Gefahr größer, entdeckt zu werden. Sie wurde vielleicht nur unbedeutend größer, denn wir lagen unter einem im leichten Wind wispernden Strauch verborgen; doch auf einmal wurde sie sehr viel größer – denn Karl redete. Er sagte: ›Du bist bei ihr gewesen.‹ Ich biss die Kiefer fest zusammen, um ihm nicht scharf zu entgegnen, er solle sein Maul halten. Ich drückte mich noch dichter an den Boden. Er wiederholte seine Worte, und da konnte ich mich nicht mehr zurückhalten und zischte irgendeinen Fluch. Unglücklicherweise hatte in genau diesem Moment das Wispern des Strauches ausgesetzt, und die feindliche Wache, die bis dahin in gleichmäßigem Tempo auf und ab geschlendert war, merkte auf. Sie kam nicht näher, stand nur erstarrt, wie ein Tier, das etwas wittert, aber noch nicht weiß, was. Mir war, als sei ich in eine Welt von einer anderen Geschwindigkeit eingetreten. Ich sah in unglaublicher Deutlichkeit, wie der Glutstock der Zigarette weit vor uns nach unten wanderte, für einen Moment nicht zu sehen war und doch wieder auftauchte und die Glut ihre Umgebung mit ihrem Schimmer erhellte, bevor sie, leicht aufblitzend, im Fallen zu erlöschendem Funkenstaub wurde. Nach einer Ewigkeit nahm die Wache ihren Gang wieder auf, und ich wartete noch ein wenig, dann begann ich, den Rückzug einzuleiten. Im ersten Moment fiel mir nicht auf, dass Karl sich nicht bewegte, erst als sein Stiefel an meinen Oberarm stieß, bemerkte ich es. Ich packte den Stiefel und zog, meinen Zorn und, ja, auch meine Angst bändigend, leicht daran, dann stärker. Es half nichts, er kam nicht nach. Immer den Blick auf die Wache, schob ich mich wieder vorwärts. Die Wache war nun weit entfernt, und ich wagte zu sprechen, zu flüstern, zu wispern wie der Strauch, dessen Zweige über uns ragten und sich kaum merklich bewegten. ›Was ist los mit dir? Bist du lebensmüde? Wir werden noch entdeckt! Wir müssen zurück, Karl! Hörst du nicht, das ist ein Befehl!‹ Jetzt sah er mich zum ersten Mal direkt an. Ich sah das schimmernde Weiß seiner Augen. ›Du bist bei ihr gewesen.‹ Ich verzog das Gesicht, weil er kaum flüsterte. ›Ich will, dass du es zugibst.‹ Es war Erpressung – Erpressung eines rasend Eifersüchtigen. Er musste während des Urlaubs Verdacht geschöpft haben, dass etwas geschehen sei, und vielleicht erst in dieser Sekunde, vielleicht schon von Anfang an, hatte er mich im Verdacht – was auch immer getan zu haben. ›Du bist verrückt!‹, flüsterte ich, ›komm jetzt!‹ Aber er rührte sich nicht. ›Gib es zu‹, sagte er ruhig. ›Gib es zu, oder wir bleiben hier.‹ – ›Ja‹, flüsterte ich, ›ich war dort. Ich erzähle es dir später. Jetzt lass uns endlich abhauen!‹ Die Wache kam, wieder rauchend, zurück. ›Achtung!‹, hauchte ich. Es frischte auf, und ich konnte den Tabakrauch riechen, den es zu uns hertrug. Das Einzige, was ich dachte, war, dass unsere Worte, unsere Geräusche der Wache zumindest nicht durch den Wind zugetragen wurden, und hoffte, betete, dass er nicht unvermittelt drehte, solange wir noch hier lägen. Immer noch machte Karl keine Anstalten, sich zu bewegen, und ich überlegte, ob ich es ihm gleich sagen sollte, was ich dort gesehen hatte, aber bevor ich mich dazu entschließen konnte, fragte er, wieder fast ohne die Stimme zu senken: ›Liebst du sie?‹ Und sofort, in der Sekunde begreifend, dass ihm die Eifersucht den Verstand geraubt hatte, antwortete ich: ›Ja. Ich liebe sie. Aber jetzt komm endlich, verdammt!‹ Die Wache war nun sehr nah. ›Und sie – liebt sie dich?‹ – ›Ja!‹ Meine Worte hatten keine Bedeutung, hatten alle nur diesen Zweck: Lass uns hier endlich verschwinden, du Verrückter! Lass uns zu unseren Leuten zurück! ›Ja‹, sagte ich noch einmal, ›wir lieben uns! Komm jetzt!‹ Da nickte er und sagte nichts mehr, und endlich kam Bewegung in ihn, und unendlich langsam robbten wir dorthin zurück, woher wir gekommen waren, und wie durch ein Wunder wurden wir vom Feind nicht entdeckt. – In der Zeit danach hatten wir gar nichts mehr miteinander zu tun.

Was in den wirren Bildern vor sich gegangen war, hatte, so viel wusste ich immerhin, nicht diese Frau betroffen. Vielleicht war es auch wirklich nur ein Fieberanfall gewesen. Ich hatte längst nicht mehr an die Frau gedacht. Und es war nicht Karls verrückter – denn was war es, wenn nicht verrückt, lebensmüde? – Auftritt, der dazu führte, dass das sich änderte, sondern sein Tod.

Es war … merkwürdig, als ich davon erfuhr. Natürlich traf es mich; aber ich dachte immer nur an meinen Bruder, nicht an Karl. Jetzt erst wurde mir klar, greifbar, dass mein Bruder, mein großer Bruder, nicht mehr am Leben war. Es war da ein Schmerz, der oben blieb, an der Oberfläche, und nicht in die Tiefe ging. Weißt du? Er ging nicht nach unten. Ich kann es nicht anders ausdrücken. Die Nachricht von seinem Tod war zu lange her, als dass es wirkliche Trauer hätte sein können. Ich litt an diesem Schmerz, an dem ich nicht litt – verstehst du? –, weil er oben blieb. Daran litt ich, ja. Und daran leidend schrieb ich dann den Brief, den meine Schwester, die jüngere der beiden, Anna – überbrachte.«

Er verstummte und schloss die Augen. Eine Minute verstrich, bis er sich die Hand fest gegen den Magen drückte. Er drückte in der Magengegend herum. Schließlich ließ er es und griff nach kurzem Zögern zum Tablett, legte zwei Brote übereinander und aß sie, ohne diesmal dabei zu sprechen.

Mir war vor einigen Tagen das Uhrband gerissen, deshalb trug ich die Uhr in der Hosentasche. Ich wollte sie hervorziehen, besann mich eines anderen, schraubte die Flasche auf und nahm mehrere große Schlucke. Ich fühlte es nicht – bloß der Blick auf die nur noch halbvolle Flasche sagte mir, dass ich schon etwas angetrunken sein müsse. Ich nahm mir vor, von nun an länger nicht aus der Flasche zu trinken. Der Alte aß, als befände ich mich nicht im Raum. Einmal zog er etwas von weit hinten aus dem Mund – ein Stück Wursthaut, glaubte ich zu erkennen – und wischte es in die Decke. Er aß auf und rief nach Hans. Er rief zweimal, doch von Hans hörte man nichts. Der Alte trank die Flasche leer und stellte sie auf dem Kästchen ab, bevor er eine weitere unter der Decke hervorholte, sie öffnete, daran roch und sie wieder verschloss und unter die Decke schob. Darauf hob er die Beine aus dem Bett, streckte sie und führte mit den bloßen Zehen Greifbewegungen aus, bevor er die Decke wegschlug und flinker, als ich es je erwartet hätte, aufstand. Er steckte sich das weiße, abgetragene Hemd in die graue Hose, die gebügelt immer noch als Anzugshose durchgegangen wäre, murmelte etwas Unverständliches und verließ die Kammer. Lange kehrte er nicht wieder, und nun trank ich doch: Als er zurückkam, hatte ich den Whisky ausgetrunken und die beiden restlichen Brote vom Tablett genommen und verzehrt. Er stand dürr und bloßfüßig neben mir, als wüsste er nicht, was er tun solle. Er sah sich um, nahm das Tablett vom Bett, stellte es zuerst auf das

Nachtkästchen, kurz darauf lehnte er es behutsam gegen den Schrank. Er beugte sich zum Fenster und sah lange hinaus. Schließlich richtete er sich wieder auf, nahm meine Flasche und warf sie, beiläufig, ohne hinzusehen, aus dem Fenster. Sie prallte leicht gegen das Fensterkreuz, dann hörte man, wie sie auf dem Pflaster im Hof zerschlug. Er setzte sich auf das Bett und öffnete das Kästchen. Er räumte ein paar Flaschen beiseite und holte aus der Tiefe des Kästchens eine weitere Halbliterflasche Whisky hervor und stellte sie mir vor die Füße.

»Die sind noch von der Hochzeit übrig«, sagte er. »Irgendwer hat uns damals ein paar solche Flaschen geschenkt. Wer bloß? Es war nie jemand da, der Whisky mochte. Und ich trinke ihn auch nicht.«

Ich warf einen Blick auf das Etikett. »Wann war das?«

»Was? Die Hochzeit?«

Er tastete die Decken wie Taschen ab, und träge zog die Frage durch meinen Kopf, was er, abgesehen von mancher Flasche, noch alles darunter aufbewahren mochte.

»Ja, die Hochzeit. Wann war sie?«

»Im Jahr einundfünfzig. Auf den Tag genau vier Jahre nach der ersten.«

Bis dahin hatte ich zugehört, wie ich Regen zugehört hätte. Jetzt, womöglich auch durch den Schnaps, wirkte das Zuhören nicht mehr beruhigend. Ich ruckte auf dem Schemel umher, mich plötzlich unwohl fühlend. Mir war, als wäre es dunkler geworden und als sähe ich nun nichts mehr – ich war in der Erzählung verlorengegangen.

»Welchen Brief?«, fragte ich. »Du hast gesagt: ›Dann schrieb ich den Brief, den meine Schwester überbrachte...‹ Was für einen Brief?«

»Welchen Brief?«

Er wiederholte die Frage nicht auf die Art, wie manche es zwanghaft tun; es war vielmehr eine Art Erstaunen, als wäre ich von selbst auf den Brief gekommen, als hätte er ihn nicht erwähnt oder die Erwähnung zumindest wieder vergessen. Ein Lächeln breitete sich auf dem abgewandten Gesicht des Alten aus.

»Den Brief an den Vater. An den Vater von Regina. Regina, so hieß sie, Karls Braut – oder besser gesagt Witwe.«

Er krempelte den hinuntergerutschten Hemdärmel hoch, und während auf dem einen Arm die sehnigen Muskeln langsam unter der grauen, unbehaarten Haut arbeiteten, wurden die tiefblauen Venen auf dem anderen frei.

»Ihrem Vater? Aber warum...?«

Jetzt sah er mich wieder mit seinem unergründlichen Blick an.

»Zunächst hatte es mir einfach nicht gefallen, dass die von uns doch Besiegten und Gefangenen sich unsere Mädchen krallten. Nein, zum Teufel, das hatte mir ganz und gar nicht gefallen. Schon auf jenem nächtlichen Nachhauseweg fasste ich den Beschluss, Rache zu üben, auch wenn ich da noch nicht sicher wusste, wer es war, mit dem Karls Braut ihn betrog. Aber ich ahnte es, denn von den Einheimischen war doch kein Mann mehr zu

Hause, es musste einer von denen sein … Und dass ich es ahnte, was für einer es war, zusammen mit dem Vorsatz zur Rache verschaffte mir die Ruhe. Im Wirtshaus von Rosental, wo auch manch einer aus P. einkehrte, erfuhr ich alles, was ich wissen musste, um Gewissheit zu haben. Zurück an der Front fühlte ich mich nun fast weniger als Kämpfer für mein Vaterland denn als Rächer meines Freundes. Und gehört es nicht auch zu den Eigenschaften eines solchen Rächers, dass er sein Werk still verrichte? Wäre Karl nur verletzt worden, hätte er nach Hause gehen und alles selbst in Ordnung bringen können. Er wäre schnell dahintergekommen – den Verdacht, wenn auch ziellos, hatte er ja schon. Da er aber tot war, konnte er nichts mehr regeln, und mir kamen wieder die Gedanken daran, wovon ich in jener Nacht Zeuge geworden war. Ich wollte Rache, aber ich hatte den speziellen Auslöser vergessen und dachte nur noch an das Allgemeine: dass die von uns Besiegten und Gefangenen sich nicht besiegen ließen … Und dann war noch der Schmerz … und eine Art Schuldbewusstsein, weil es kein richtiger Schmerz war … auch den wollte ich mit dem Brief wohl tilgen. Ich wusste, ich musste ihn schreiben, wusste aber noch nicht, was drinstehen sollte. Ich überlegte lange, mit Blick in den farblosen russischen Himmel, den von den Sternen herunterwehenden Wind im Gesicht … Dann wusste ich es, und ich schrieb ihn und schickte ihn ohne Absender in einem extra Kuvert an meine Schwester, die ihn nachts hintragen sollte und auf die Türschwelle legen. Und sie, ahnungslos über den Inhalt, trug ihn auch hin – für den Hund hatte sie ein Stück Fleisch mit, wie ich es ihr geraten hatte, auch das vergaß sie nicht. Anna … Und jetzt lebt auch sie nicht mehr.«

Er wischte sich mit der ganzen Hand übers Gesicht.

»Ich erfuhr es erst bei meiner Rückkehr, dass mein Brief seine Wirkung nicht verfehlt hatte. Man hatte den Kriegsgefangenen, den Polen, auf dem Magdalenaberg exekutiert. Als ich es hörte, begann mein Herz zu rasen wie in jener Nacht, und ich fragte mich, ob es nicht schon damals, als hätte nicht mein Verstand, allein mein Herz alles vorausgesehen, das gleiche Rasen gewesen war.«

»Was?«, flüsterte ich. Ich erhob mich und drückte mich gegen die gekalkte Wand. Meine Hand umklammerte die Flasche. Mir war, als hätte in der Finsternis jemand direkt vor meinen Augen ein Streichholz angerissen, dessen grelles Licht mich zurückweichen ließ. »Was?«, flüsterte ich noch einmal. »Verstehe ich recht? Du hast dafür gesorgt, dass der Kriegsgefangene hingerichtet wurde? Du warst das?«

Er nickte mit lachenden Augen. »Ich habe Rache genommen. Ich habe meinen Freund gerächt. Einmal, und dann noch einmal; denn kurz darauf heiratete ich sie – Regina.«

Wieder wurde alles dunkel; ich hörte kaum noch, was der Alte sagte. Auch spürte ich mehr, als ich es hörte, wie die Flasche, die ich eben noch umfasst hatte, auf den Dielen aufschlug und davonrollte, irgendwo anschlug und liegen blieb. Alles drehte sich, und mir war übel. Ich konnte kaum noch stehen. Ich stieß mich von der Wand ab und stolperte aus der Kammer. Wie kam ich nach draußen? Und war es eine Minute oder eine Stunde später, dass ich mich im hohen Gras neben der Forsythie wiederfand, wo ich mich, die zitternden Arme auf die weichen Knie gestützt, übergab?

5

»Hier«, sagte ich und schob den steifen schwarzen Keilriemen über die Theke zu ihm hin. Ferdinand legte seine immer nur im ersten Moment groß aussehende Hand darauf, zog ihn zu sich und betrachtete ihn eine Zeitlang. Dann schob er ihn wieder von sich und nahm die Hand weg.

»Ja«, sagte er, »das ist der richtige.«

Wir schlürften den weißen Schaum von unseren Biergläsern und tranken. Durch den Schaum jäh durstig geworden, trank ich das Glas in einem Zug halb leer, und sofort wurde mir wohler, und auch das Ziehen in der rechten Seite ließ nach, wie ich mir einbildete. Der Nachmittag war in Ereignislosigkeit vergangen, ich war, von dem Alten nach Hause zurückgekehrt, auf dem Sofa gelegen und hatte in seltsamer Mischung aus Unruhe und Geduld an die Decke gestarrt. Im Hintergrund klatschten Karten, kam Gemurmel auf und erstarb wieder, lachte bald einer, bald ein anderer, bald ein ganzer Haufen, bis wieder Stille war und nur noch die Karten klatschten.

»Aber«, sagte ich nach einer Weile, »warum hast du ihn nicht selber abgeholt? Das hast du mir nicht gesagt, Ferdinand. Hattest du keine Zeit?«

Er hatte den Ellbogen aufgestützt, und seine Hand senkte sich auf den Rand des Glases und drehte es.

»Hat er denn«, fing er an, und ich glaubte, er antworte auf meine Frage, bis ich verstand, dass er sich an die Wirtin richtete, »hat er denn das Kleid immer noch nicht ausgezogen?«

»Doch«, sagte sie, ohne aufzublicken, und es klang etwas ärgerlich. »Schon im Winter. Warum fragst du mich das jedes Mal wieder, wo du es doch weißt?«

Er lachte auf und zwinkerte mir zu, und ich lächelte unwillkürlich – aus Verlegenheit einerseits, wegen dieses spitzbübischen Zwinkerns andererseits. Er wandte sich wieder mir zu, und ich dachte, nun würde meine Frage beantwortet. Doch ich irrte mich.

»Sie näht Trachtenkleider«, sagte er, »und auch dem Pfarrer hat sie eines genäht.«

»Dem Pfarrer?« Es fiel mir schwer, mich auf etwas anderes als das zu konzentrieren, was seit Stunden in mir war und mich in hohem Grad beschäftigte.

»Ja, für den Maskenball.«

»Ah.«

»Er hat es eigens bestellt. Weißt du, eine Maßanfertigung. Aber nach dem Ball hat er es nicht mehr abgelegt – ich weiß nicht, wie lange nicht. Vielleicht waren es zwei Wochen, die er in dem rosaroten Trachtenkleid im Dorf herumlief. Alle seine Wege machte er in diesem Kleid ... Und auf einmal legte er es doch ab. Er ging wieder wie immer. Aber dann sah einer, wie es während der Messe unter der Soutane hervorlugte ...« Er lachte.

»Was für ein Unsinn.« Ich schüttelte widerwillig den Kopf.

»Siehst du?«, sagte er, und jetzt war es unklar, zu wem er sprach. »Das ist das Interessanteste daran: dass niemand es eigentlich glaubt; dass wir alle es nicht glauben. Es ist wie bei ›Des Kaisers neue Kleider‹ ... Wir sehen es und glauben es doch nicht. Hätte ich studiert,« – also sprach er mit mir, überlegte ich – »hätte ich Psychologie studiert. Das heißt, falls man sich dort mit solchen Dingen überhaupt befasst.«

»Du hast doch studiert.« Ich trank jetzt zügig, aber ohne Gier. Das Bier verscheuchte den Kater, den der Whisky des Alten mir beschert hatte, und als mein Glas leer war, schob ich es an die Thekenkante, und während noch der Schaum an der Glaswand hinablief, stand schon ein frisches Bier in einem frischen Glas da.

Niemand saß draußen unter den mächtigen Kronen der alten Kastanien samt ihren aufragenden cremefarbenen Kerzen; die vielleicht ein Dutzend Gäste saßen sämtlich in der Gaststube, auf drei Tische verteilt, und nach einer Weile sogar auf vier – das hatte das Kartenspiel wohl so ergeben. Dennoch schien mir, als stehe die Wirtin immer nur bei uns, ihm, Ferdinand, mit unbewegtem Ausdruck zuhörend, wenn er seine Geschichten vor sich hin erzählte.

»Du kennst ihn nicht«, sagte er. »Sei bloß froh … Aber gerade vor ein paar Stunden erfahre ich, dass sein eigener Sohn das Lenkrad am Traktor abmontiert und weggeworfen und gegen ein größeres ausgewechselt hat … und er, der Alte, kann auf einmal nicht mehr mit dem Traktor fahren – wegen seines fetten Bauches! Und ein neues Lenkrad zu kaufen, das kann er nicht, dazu ist er zu sparsam, zu geizig!«

Er brach in Lachen aus, und wieder lächelte auch ich – halb verstand ich, wovon er redete, was er meinte, halb verstand ich nicht –, sei es, weil ich noch betrunken war, ohne mir dessen bewusst zu sein, oder weil er erzählte, als wäre er betrunken. Und als die Wirtin verächtlich schnaubend das rot-weiß karierte Geschirrtuch, das sie bis dahin in der in die Hüfte gestemmten Hand gehalten hatte, vor sich hinwarf und davonging, glaubte ich zwar zu wissen, dass er mit ihr geredet hatte, aber ich verstand trotz dieser kleinen Gewissheit nichts.

»Sie war seine Geliebte«, sagte er, ihr hinterherblickend.

»Ah ja«, sagte ich müde.

Seit ich hier an der Theke saß, war ich geduldig, und geduldig hatte ich mir Ferdinands mir großteils unverständliches Gerede angehört, aber allmählich verließ mich diese Geduld.

»Aber warum«, sagte ich und sah ihm ins Gesicht, »warum hast du den Riemen nicht selbst abgeholt?«

Schon zuvor war mir der Gedanke gekommen, dass er der Frage auswich. Wieder gab er keine Antwort. Da verließ mich der letzte Rest an Geduld. »Hat es etwas mit der Geschichte auf dem Magdalenaberg zu tun?«

Da fuhr er auf. »Was? Mit welcher Geschichte auf dem Magdalenaberg?«

Ich hatte den Eindruck, ins Schwarze getroffen zu haben. Ich trank einen Schluck von dem Bier. Auch er nahm sein Glas, führte es sich zum Mund, trank aber nicht, sondern stellte es wieder ab und drehte es, wie er es zuvor gedreht hatte, bis er sagte: »Nein, mit dem Magdalenaberg hat es nichts zu tun. Ich mag ihn einfach nicht.«

Lange Zeit sprach nun keiner von uns etwas. Ich trank noch ein weiteres Bier und wurde immer klarer und wacher, und mein Kopf schmerzte nicht länger. Ferdinand hingegen nahm nur hin und wieder einen kleinen Schluck von seinem Glas – manchmal hob er es wie zuvor auch nur an, um es gleich darauf wieder abzustellen. Als ich zahlen wollte, sagte er, er würde für mich bezahlen. Ich steckte widerspruchslos die Geldbörse in die Hose zurück, rutschte vom Hocker und fragte mit Blick auf sein halbvolles Glas: »Bleibst du noch?«

»Was hat er dir erzählt?«

Er lehnte sich zurück.

»Nichts«, antwortete ich nach einem Augenblick des Zögerns. »Gar nichts.«

Zum ersten Mal sahen wir uns länger in die Augen. Ich verbarg etwas vor ihm, auch wenn ich nicht wusste, was es eigentlich war, und ich wusste auch, dass er etwas vor mir verbarg. Da sagte er: »Gut«, und wischte über die Theke, und ich wandte den Blick ab, beschämt über meinen Blick, der zumindest misstrauisch, wenn nicht feindselig gewesen war und den ich selbst nicht verstand und der mich verwirrte, verabschiedete mich und verließ das Wirtshaus von Rosental.

6

Vergeblich hielt ich nach Hans Ausschau, bevor ich ins Obergeschoß stieg und bereits auf den ersten Stufen hörte, wie der Alte sein Wasser in den leeren Eimer ließ und, oben angekommen, wie er dabei immer wieder stöhnte und ächzte. Ich wartete nicht, sondern ging bis an die niedere Tür, und womöglich wäre ich auch eingetreten, wäre der Alte allein gewesen. Hans war jedoch bei ihm, stand, ihn weit überragend, dicht bei ihm und half ihm beim Wasserlassen. Seltsam berührt machte ich einen Schritt zurück und wartete im Korridor, bis ich, nach manch anderem, hier auf dem Gang wie weit entfernt klingendem Geräusch, die Bettfedern quietschen hörte; dann trat ich an die Tür und wollte klopfen, aber Hans sah mich, kam auf mich zu und bedeutete mir wortlos mitzukommen, und ich folgte ihm den Weg hinab und in den Innenhof. Er blickte zu dem Fenster hinauf und begann daraufhin, die weitverstreuten Flaschenscherben zusammenzuklauben. Ich setzte mich inzwischen auf einen mit alter Farbe und Tünche bekleckerten Stuhl an die Hofmauer.

»Wovon hat er dir erzählt?«, fragte er.

Die sich rötlich einfärbenden Weinblätter am Spalier gegenüber schienen wie herausgeflossen aus dem faserigen Holz des Stocks.

»Von der Liebe«, sagte ich vor mich hin. Das war die Antwort, die ich Ferdinand hätte geben sollen, wie ich auf dem nächtlichen Nachhauseweg vom Wirtshaus gedacht hatte.

Hans trug die Scherben weg und kam mit einem Besen wieder, mit dem er den Rest zusammenfegte.

»Seither kommt er fast nicht mehr aus dem Bett«, sagte er und kehrte die Scherben und Splitter und den mit Stroh vermischten Schmutz auf eine Plastikschaufel. Er stellte Besen und Schaufel neben der Tür ab, setzte sich auf die hohe Schwelle, streckte die Beine aus und sah geradeaus, dorthin, wo die sonnengeschwärzten Türen waren. »Es strengt ihn an. Du solltest ihn in Ruhe lassen.«

»Er war es, der mich gerufen hat«, erinnerte ich ihn.

»Er hat nicht dich gerufen«, entgegnete er und zog ein Bein an, »sondern Ferdinand.«

Ich schwieg; wir wussten beide, wie es war – sinnlos, darüber zu streiten. Auf einmal klirrten die dünnen Scheiben des Fensters über uns, und die Stimme des Alten fragte: »Bist du da? Ferdinand? Ist er gekommen? Hans?«

Jetzt sah Hans mich an, und mir war, wie schon einmal, nur jetzt nicht bloß flüchtig, als sei Angst in diesem Blick; wir gaben keine Antwort, und kurz darauf hörten wir die Bettfedern quietschen.

»Aber er kommt nicht. Diese alten Geschichten … sie sind nicht dafür da, dass sie erzählt werden. Sie sind auch nicht dafür da, dass man über sie redet. Deshalb kommt er nicht, weil er das weiß. Wenn du es schon nicht weißt, warum lässt du es dir dann nicht sagen?« Er flüsterte eindringlich, aber ohne mich anzusehen.

Ich war unfähig, das zu tun, was einzig zu tun war: mein Fahrrad zu nehmen und den Hof zu verlassen und nicht mehr zurückzukommen. Und dann sah ich mir, wie beim ersten Mal, beinah selbst dabei zu, wie ich wieder in das Obergeschoss hinaufstieg, in die übelriechende, dämmerige Kammer trat und mich auf den nach wie vor an der Wand stehenden Schemel niederließ.

Ich hatte ihn anders erwartet – wusste nicht, wie, jedenfalls irgendwie anders als bisher; aber er sah aus, wie ich ihn in Erinnerung hatte, keineswegs krank oder auch nur geschwächt. Aus seinem unbeweglichen Gesicht blitzten mich die Augen wie Fremdkörper an, als er sagte: »Verträgst du etwa keinen Schnaps?«

»Doch«, sagte ich. Ich nahm die unter dem Schemel stehende Halbliterflasche und hielt sie hoch. »Ich glaube, es war gar nicht der Schnaps, wovon mir schlecht geworden ist. Ich glaube, es war deine Bosheit.«

»Meine Bosheit?«

»Ja. Ich glaube, davon wurde mir übel.«

Seine Mundwinkel hoben sich leicht. »Der Mensch ist ein Rätsel«, sagte er vor sich hin, als hätte ich ihm ein Kompliment gemacht und als versuche er müde, es abzuwehren.

»Als Kinder hatten wir Angst vor dir. Seltsam, du hast uns nie etwas getan – ja uns nicht einmal eines Blickes gewürdigt. Und doch ...«, sagte ich ebenso vor mich hin.

»Man weiß oft mehr, als man meint«, sagte er nun, »sogar als Kind schon ...«

Während wir schwiegen, hörte ich mehrmals Türen schlagen, jedes Mal in einem anderen Hausteil.

Endlich sagte ich: »Ja, so war es. Angst und Furcht. Davon ist nichts geblieben, gar nichts.«

»Ah«, war alles, was er dazu äußerte, und ich sprach weiter.

»Ich habe zugehört, bis ich begriff, dass meine Ahnung früher richtig war – es war die Furcht eines Kindes, das sich ängstigt, sich fürchtet vor einem bösen alten Mann. Aber jetzt, nachdem ich dir zugehört habe, ist es nicht mehr Furcht oder Angst, sondern reine Abscheu.«

»Ah«, machte er und schloss die Augen, als gedenke er, ein Schläfchen zu halten.

»Ja«, sagte ich.

»Und warum bist du dann wiedergekommen?«

»Du wolltest jemandem etwas mitteilen, der mein Freund ist. Ich hatte den Eindruck, die Nachricht sei noch nicht vollständig.«

»Eine schöne Umschreibung für deine Neugier hast du dir da einfallen lassen«, sagte er.

»Nein«, erwiderte ich, »ich bin nicht neugierig. Das war ich noch nie. Das Unfertige aber macht mich nervös – immer, übrigens.« Ich zögerte, bevor ich wie gegen einen Widerstand weitersprach. »Ich bin nur deshalb wiedergekommen, um die ganze Nachricht zu hören.«

»Sehr gut«, sagte der Alte und lehnte sich zurück. »Dann kann ich ja weitererzählen.«

Ich schraubte die Flasche auf und trank.

»Und dieser Schnaps ist also sechzig Jahre alt?«

Er nickte kaum merklich.

»Aber weshalb habt ihr so lange gewartet? Du hast gesagt, die Hochzeit sei im Jahr einundfünfzig gewesen.«

»Selbst wenn wir so lange gewartet hätten ...«, sagte er unbestimmt, um gleich darauf festzustellen: »Du bist ungeduldig. Man muss aber Geduld haben. Der Mensch muss Geduld haben, wenn er etwas erreichen will.«

»Ist das so?«

»So, wie ich es dir sage. Außerdem«, fügte er hinzu, »hast du nicht genau zugehört.«

Manche Antwort ging mir durch den Kopf, manche Frage, aber ich stieß nur die für irgendeine davon angesparte Luft aus und nahm einen weiteren Schluck aus der Halbliterflasche.

»Ende sechsundvierzig kam ich aus der Gefangenschaft zurück. Dürr wie ein Stock! Aber ich merkte es kaum – nur weil es mir die anderen sagten, merkte ich es ... Schon nach ein paar Tagen machte ich mich auf den Weg nach P., zu Regina, die mich nicht kannte. Woher auch? Es war ja unmöglich, dass sie mein Gesicht in jener Nacht gesehen hatte. Ich stellte mich vor als Kriegskamerad Karls, und als sie das hörte, fasste sie mich sofort am Arm und bat mich ins Haus, in derselben direkten Art, in der sie mich eben noch misstrauisch beäugt hatte. Wir setzten uns an den Küchentisch. Ich zog ein auf Karton aufgeklebtes farbiges Marienbild aus meiner Brusttasche – ich trug unter der dicken Winterjacke ein Arbeitsgewand, es sollte möglichst ungezwungen wirken – und schob es ihr über den Tisch hinweg hin. Ich sagte, es sei von Karl. Und dann erzählte ich von ihm – erzählte, wie er mir immer von ihr erzählt hatte ... Sie weinte dabei vor sich hin, und als ich, am Ende meines Geschichtenvorrats angekommen, sagte, er hätte mir das Versprechen abgenommen, mich nicht nur um sie, Regina, zu kümmern, sollte ihm etwas zustoßen, sondern sie zu heiraten, beruhigte sie sich, lächelte und schüttelte fast unmerklich den Kopf. In der Zwischenzeit war ihr Kind von irgendwoher gekommen und hatte sich neben sie gesetzt; es war blond, noch keine drei Jahre alt und sah seine Mutter fragend, hilfesuchend an und schien selbst auf einmal kurz davor, in Tränen auszubrechen. Sie herzte den Jungen, fuhr ihm durch die Haare. ›Ja‹, sagte ich, ›dieses Versprechen hat er mir abgenommen: dass ich dich heirate, falls ihm etwas zustößt.‹ Sie putzte sich die Nase, schob das Taschentuch in den Ärmel ihrer selbstgenähten, an der Hüfte ein wenig eng gewordenen Bluse zurück, und wieder lächelte sie – ähnlich der Madonna auf dem Bildchen, das sie vor sich liegen hatte und das sie ansah, als wäre es ein Bildnis von ihm, Karl – und schüttelte den Kopf auf diese kaum merkliche, dabei bestimmte Art. ›Und das werde ich auch tun‹, sagte ich, die Stimme senkend. Da hob sie den Kopf und sah mich aus wässrigen Augen an. ›Was?‹, fragte sie, legte die Hand auf das Bild und den freien Arm um ihr Kind. ›Im Mai‹, sagte ich und warf einen Blick auf das Kind. ›Wenn du nicht willst, dass jemand erfährt, wer sein wirklicher Vater ist.‹ Es war Entsetzen in ihrem Blick, aber vor allem, glaube ich, Angst – und nicht Angst vor mir, den sie nicht kannte, sondern vor dem, was geschähe, würde ihr Geheimnis preisgegeben. Ihr Gesicht, ihr Hals überzogen sich mit flammender Röte. Sie stand auf, stellte sich neben mich und sagte, ich solle jetzt besser gehen. Ich stand ebenso auf und fragte, das Kind ansehend und ohne die Stimme zu senken, wann wir uns wiedersehen würden. Ich spürte, wie alles auf der Kippe stand, und mein Herzschlag setzte aus. Die ganze Zeit war angehalten. Es war auf einmal, als wäre nichts mehr. Ich fühlte mich ganz aufgelöst, verstehst du? Und da flüsterte sie, ich solle am folgenden Sonntag wiederkommen. Und … und das tat ich. Ja. Und im Mai siebenundvierzig war die Hochzeit.«

»Wie widerwärtig. Widerwärtig. Es gibt kein anderes Wort dafür.«

»Ich habe meinen Freund gerächt«, sagte er, den Zeigefinger kurz erhoben, verbessernd und erinnernd, bevor er weitersprach.

»Der Brief und dieser Besuch … das war beides … eine Art Wette … Ich sagte ja, ich habe gespürt, wie alles auf der Kippe stand. Auch bei dem Brief hatte ich das gespürt. Denn ich wusste nicht, ob ihr Vater ihn nicht einfach wegwerfen würde – wenn er auch so gehalten war, dass ihm das fast unmöglich war. Und ebensowenig wusste ich, ob sie mir nicht einfach die Tür weisen würde. Auch das hätte ich hinnehmen müssen! Ja«, sagte er und seufzte, »Gott ist groß.«

»Gott?« Ich trank aus der Flasche.

»Ja. Denn es wurde Liebe. Regina, sie liebte mich, und ich liebte sie schon seit dem Moment, in dem Karl mich gefragt hatte, ob ich sie liebte, auch wenn ich das erst spät begriff. Weißt du, begriff: diesen Wink Gottes, den seine Frage in jener Nacht auf feindlichem Gebiet bedeutet hatte …«

»Glaubst du nicht«, fing ich an, brach aber ab. Als habe er nichts vernommen, redete er weiter.

»Es waren schöne Jahre. Gleich nach der Hochzeit kam

sie hierher. Am längsten brauchte der Kleine, um sich zu gewöhnen. Und auch ich – er war mir das Ungewohnteste, ungewohnter noch als eine Frau. Auch deshalb machte es mir nichts aus, dass sie und ich keines bekamen – dieses eine war mir genug. Hin und wieder kamen ihre Eltern zu Besuch, meistens am Stephanitag ... und wir fuhren zum Geburtstag ihrer Mutter hin, das war im Sommer ... Ende August.

Anna, meine Schwester, heiratete dann Ferdinand Goldberger – ja, der hieß auch schon so –, ausgerechnet den Sohn des Mannes, der bei der Exekution, der Erschießung, das Kommando gehabt hatte! Auch der hieß Ferdinand, wenn mich nicht alles täuscht ... Nun wurden wir auch dorthin eingeladen – nur Regina weigerte sich beharrlich hinzufahren.«

»Du warst darüber wahrscheinlich noch verwundert.« Ich starrte an die vergilbte, da und dort von Spinnweben graue Decke.

»Ich fuhr dennoch – konnte diesen Alten gut leiden. Einmal nahm ich den Kleinen sogar mit. Der Alte – Goldberger – mochte diesen Kleinen mehr als mich ...« Er lachte leise auf. »Aber auch diese Liebe endete. Vielleicht ist das der beste Beweis dafür, dass es sie wirklich gegeben hat: dass es sie dann nicht mehr gab.«

»Ja«, sagte ich und sah ihn einen Moment lang überrascht an, »das kann gut sein.« Ich stützte den Kopf in die Hand.

»Sie hat nichts hinterlassen. Kein Schreiben; und soweit mir bekannt, hat sie sich auch niemandem anvertraut. Irgendwie muss sie dahintergekommen sein.«

Ich ließ die Hand sinken.

»Dahintergekommen? Hinter was?«

»Du bist doch aus Rosental gekommen, auf der Landstraße, nicht wahr?«

»Mit dem Fahrrad, ja.«

»Kurz bevor man auf dieser Straße nach Schwan kommt, steht auf einem Feldweg, rechterhand, ein Stück abseits der Straße ein Jägerstand.«

»Ja«, sagte ich, »den kenne ich. Er wurde eben neu gemacht.«

»Neu gemacht? So?«, sagte er und verfiel in Nachdenken – ich hielt es zumindest dafür, bis ich ungläubig Tränen auf seinen grauen Wangen sah.

»Auch damals musste man einen neuen aufstellen. Auch damals, nachdem sie sich dort oben mit Benzin übergossen und angezündet hatte.«

Ich wollte etwas sagen, aber nahm stattdessen die Flasche und trank sie in einem Zug leer.

»Sie muss den Brief gefunden haben. Ich weiß es nicht, aber wie soll sie sonst dahintergekommen sein?« Er sprach jetzt sehr leise. »Sie muss meine Handschrift wiedererkannt haben.«

Viele Minuten verstrichen. Dann sagte er: »Das war im fünfziger Jahr, kurz nachdem ihr Vater gestorben war. Sie hatte sich, weil ihre Mutter es nicht über sich gebracht hatte, um seine Hinterlassenschaft gekümmert.

Du weißt ja, wie das ist ... Ich kann es mir nicht anders erklären – konnte es nie. Sie hat nichts hinterlassen ... Und es ist ... es ist so lange her.«

»Und das Kind?«, fragte ich zögernd.

»Die Alte – ihre Mutter – nahm es zu sich. Ich hielt es nicht aus, es bei mir zu haben, und sie war froh darum. Es erinnerte mich allzu sehr daran, was ich verloren hatte. Es wuchs bei seiner Großmutter auf. Als sie zehn, oder nein, was rede ich, warte: zwölf Jahre später starb, kam es zu mir. Er war jetzt neunzehn, hatte dunkle Haare anstatt der blonden von früher ... ich erkannte ihn kaum wieder, und er erinnerte mich an nichts. Er erkannte mich vielleicht ebenso wenig wieder, aber er wusste, dass nur ich ihm geblieben war. So verkaufte er den Hof in P., den er geerbt hatte, und blieb hier.«

»Weiß er denn ...«, fragte ich noch zögerlicher.

»Nein«, sagte er, »er weiß gar nichts.«

»Denkt er, du wärst sein Vater?«, fragte ich.

»Er hätte sonst gar niemanden auf dieser Erde«, sagte er.

7

»Ah«, machte er, deutete zu mir her und holte eine weitere Halbliterflasche aus dem Nachtkästchen hervor, die ich dankend entgegennahm.

Es wurde strahlend hell in der Kammer, und man

konnte Staubteilchen ganz langsam in dem Licht fliegen sehen.

»Die Sonne«, sagte der Alte und deutete zum Fenster hin.

»Ja«, sagte ich, »jetzt kommt sie doch noch hervor.«

»Ah.« Er lehnte sich zurück, zog seine Flasche hervor und gab sich, die Flasche mit dem immergleichen Zögern, das einer Gedankenverlorenheit, bisweilen fast einer Verwirrtheit glich, an die Lippen führend, dem Trinken hin.

Ich zog die Uhr aus der Hosentasche; ohne zu rucken lief der silberfarbene Zeiger über das Zifferblatt. Es war kurz vor zwei Uhr – ich war bereits eine knappe Stunde hier. Ich hielt sie mir ans Ohr, vernahm das unablässig rasselnde Laufen des automatischen Werks, steckte sie in die Hosentasche zurück. Für einen Moment wurde es dunkel im Zimmer, doch sofort strahlte wieder das Frühlingslicht. Der Alte zeigte zum Fenster hin:

»Eine Wolke...«

»Ja«, antwortete ich, »sie hat sich vor die Sonne geschoben.«

Ein Lächeln huschte uns beiden in einer mich irritierenden Weise zeitgleich über das Gesicht.

»Bleib noch«, sagte der Alte. »Ich will dir alles erzählen.«

Ich betrachtete ihn, wie er, den Blick zum hellerleuchteten Fenster hin, weitertrank.

»Du nennst es ›Bosheit‹. Ich weiß nicht, was es war. Es war – ich war einfach so. Danach jedenfalls, nach diesem

Unglück ... war nichts mehr davon übrig. Überhaupt war nichts mehr in mir übrig, ich war hohl, ein Körper, der zwar atmete, aß und trank – sich mit Luft und Nahrung füllte und leerte und wieder füllte, aber ich war eine bloße Hülle –, weißt du, man sagt das so, aber ich war es wirklich. Ich lebte als Schatten ... Ja. Früher hätte es mir gefallen, wie man mich bemitleidete, jetzt fühlte ich nichts, ja, ich verstand nicht einmal, was die Leute sagten. Ich wusste damals oft nicht, ob ich überhaupt lebte oder in irgendeinem unbemerkten Moment gestorben war. Woraus ich gemacht gewesen war, existierte nicht mehr ... meine Gedanken ... es gab sie nicht mehr. Es ist schwierig, Worte für diesen Zustand zu finden. Wenn ich mich erinnerte ... du nennst es ›das Böse‹ ... aber ich sah nur, was gewesen war, vollkommen ohne Wertung. Freilich war das Ergebnis eine Katastrophe, es richtete mich zugrunde. Doch obwohl ich im Hinterkopf wusste, weshalb Regina ... obwohl ich das wusste, sah ich nichts ›Böses‹ ... nein. Fast ein ganzes Jahr brachte ich so zu. Ich sprach mit niemandem. Sonntags, um zur Messe zu gehen, sonst verließ ich den Hof kaum je. Ich nehme an, das hat das Mitleid noch vergrößert: Man war der Auffassung, ich wäre ... wie heißt das? geistig zerrüttet ... dass mich das Unglück geistig zerrüttet hätte. Dabei war es etwas ganz Ähnliches, wie ich es während des Heimaturlaubs empfunden hatte, und wie ich es empfunden hatte, nachdem Karl gefallen war.«

Es begann ein Hustenanfall, der weit stärker als jener

letzte war. Ich stand auf, doch er machte wieder die wegscheuchende Handbewegung, und ich setzte mich und nahm einen Schluck aus der Flasche. Als sein Anfall nicht enden wollte, erhob ich mich erneut und ging, ein wenig besorgt, aus der Kammer. Jetzt hörte ich ihn würgen. Rasch trat ich zurück in den Raum und sah ihn tiefviolett anlaufen. So wie ich mich näherte, fuchtelte er wieder mit der Hand. Da hörte ich die schweren Schritte von Hans sich nähern; er lief die Stiege herauf und stürmte an mir vorbei. Ich blieb in der Tür stehen und wandte mich ab. Kurz darauf hörte ich einen lauten, dumpfen Schlag, ein schmerzvolles Aufstöhnen, und dann etwas wie ein Wimmern. Ich ging im Korridor auf und ab, bis Hans aus der Kammer kam. Er packte mich am Oberarm und wollte irgendetwas sagen, aber sagte nichts und griff mich noch fester am Arm.

»Du tust mir weh«, sagte ich atemlos. Es vergingen noch einige Sekunden, bis er losließ. Ich trat einen Schritt zurück.

»Er hat mich gebeten zu bleiben. Er will mir etwas erzählen«, sagte ich leise, mich nicht rechtfertigend, nur ihm, Hans, etwas erklärend, das er offenbar nicht verstehen wollte. Er hielt den Blick auf den Boden gesenkt.

»Ja«, sagte er schließlich, »das will er wohl.« Er war breit wie ein Schrank, stand da – ich schlüpfte an ihm vorbei in die Kammer zurück, wo der Alte eben einen großen braunen Stoffballen – ein Taschentuch – unter eine der Decken schob. Ich setzte mich auf den noch warmen

Schemel, nahm einen Schluck aus der Flasche, setzte die Flasche ab und massierte meinen Oberarm.

»Hans gefällt es nicht, dass ich hier bin«, sagte ich.

Der Alte räusperte sich, als würde er gleich etwas sagen, doch zuckte dann nur mit den Schultern.

»Es sind immer nur wir beide hier«, sagte er nach einer Weile unbestimmt.

»Was hat es mit den Hustenanfällen auf sich?«, fragte ich.

Er winkte ab. »Das sind nur so Anfälle ...«

»Es fehlt noch eine«, sagte er, bevor ihm die Stimme versagte. Er räusperte sich mehrmals kräftig. »Eine Liebesgeschichte.«

Der Ernst in seinem Gesicht ließ mich schweigen. Ich schlug die Beine über, verschränkte, die Halbliterflasche so haltend, die Arme vor der Brust und lehnte mich gegen die Wand.

8

»Schwan ist so klein. Nichts als eine Häuseransammlung, die nirgends so richtig dazuzugehören scheint«, fing er an. »Als sie mich irgendwann im Winter nach der Messe ansprach, mir, länger als ein Jahr nach dem Unglück, ihr Beileid aussprach, wusste ich natürlich, wer sie war, auch wenn ich sie lange nicht mehr gesehen hatte, und fast hätte auch ich ihr mein Beileid ausgesprochen. Es sind bloß diese paar Häuser … warum man es wohl ein eigenes Dorf nennt? Ich wusste, dass ihr Mann sie nach nur ein paar Jahren Ehe verlassen hatte – sich von ihr hatte scheiden lassen, weil sie keine Kinder bekommen konnte. Alle wussten es …«

Er zog die Nase hoch, räusperte sich und kramte fluchend den braunen Stoffballen hervor. Er schnäuzte sich und warf das Taschentuch achtlos neben sich auf den ihn beinah überragenden Berg aus Decken und Kissen.

»Mein Vater spielte Großbauer, während ich die Arbeit tat; er fuhr von Wirtshaus zu Wirtshaus und tat wichtig. Dabei muss jeder gewusst haben, wer all die Arbeit verrichtete und dass er kaum je einen Handgriff machte, es war allzu offensichtlich. Dennoch, er war der Eigentümer des großen Betriebes, man achtete ihn deshalb. Mir war es recht, wenn er nicht da war; und wenn er da war, gingen wir uns aus dem Weg. Meine Schwestern – Anna hatte nach Rosental geheiratet, das habe ich dir schon erzählt; auch Christine hatte dorthin geheiratet, sie nahm einen Tischler zum Mann, der wie mein gefallener Freund Karl hieß und den ich mochte – vielleicht allein seines Namens wegen. Mit meiner Mutter hatte ich noch weniger zu tun als mit dem Vater. Unser … Verhältnis war immer so gewesen; auch das meines Bruder zu ihnen war so gewesen; nur die Schwestern hingen an ihnen, und für beide war es nicht leicht auszuziehen.

Ich begann in einem Teil des Hauses umzubauen. Als der Vater es bemerkte, brauste er auf und wollte es mir verbieten. Mir verbieten! Ich wusste gar nicht, was er meinte! Ich sagte in aller Ruhe: ›Geh mir aus den Augen‹, und ließ ihn stehen. Ich erinnere mich an jedes Wort genau, denn es war das erste, was ich seit langer Zeit zu ihm gesagt hatte, und daraufhin sprach er mich nicht wieder an, und ich ihn ebenso wenig. Nie wieder redeten wir miteinander. Kannst du dir das vorstellen? Ich ging nicht einmal auf das Begräbnis, als es viele Jahre später so weit war.«

Ich kniff die Augen zusammen, und mein Blick wurde schärfer. Das Gesicht des Alten sah hart aus, hager. Ich stellte die Flasche auf den Boden und lehnte mich wieder zurück.

»Ich lebte wie ein Schatten. Was ich gewesen war, existierte nicht mehr. Wozu war ich geworden? Wozu war alles gut gewesen? Es war ihre Stimme – ihre, Fridas Stimme. So hieß sie: Elfriede. Alle nannten sie Frida, auch ich. Ihre wunderbare Stimme, die mir vermittelte, es gebe noch ein Leben, es gebe wieder ein Leben, und die mir zugleich vermittelte, dass, was ich gewesen war, vergangen bliebe. Du nennst es ›Bosheit‹ … Diese Stimme war die reine Unschuld, und sie setzte das außer Kraft. Obwohl es gar nicht mehr da war, weil nichts mehr in mir war seit Reginas Tod; aber es war dennoch irgendwo da, vielleicht auch bloß als Erinnerung. Ich erfuhr es an jenem Wintermorgen, auf dem Kirchenvorplatz, als sie mir ihr Beileid aussprach und ich ihr beinah auch meines ausgesprochen hätte.

Ich hatte es gleichsam immer erst im Nachhinein erkannt, wenn ich geliebt hatte. Diesmal aber sah ich es von Anfang an. – Wenn zwei Kämpfer sich gegenüberstehen, stürzen sie sich dann nicht nur deshalb aufeinander, weil sie sich voreinander fürchten? Und küssen sich die Menschen nicht oft nur deshalb, weil sie einander nicht länger anzuschauen vermögen, weil sie den Blick des anderen nicht länger auf sich ertragen? Diese Fragen habe ich mir oft gestellt. Habe ich nicht schon wenige Wochen nach der Begegnung auf dem Kirchenvorplatz um ihre Hand angehalten allein aus einer Furcht heraus? Habe ich mich auf die Liebe gestürzt aus Angst vor dieser Unschuld, die ich, wenn ich es auch nicht in Worten hätte sagen können, doch als das genaue Gegenteil meines Wesens empfand? Auf sie gestürzt, wie auf einen Feind? Oder auf sie gestürzt, damit sie nicht zum Feind wird?«

Mich berührten diese Überlegungen in unangenehmer Weise. Ich schob sie beiseite. Nichts wollte ich, als meinem Freund Ferdinand einen Dienst erweisen – als Mittler ohne eigene Geschichte.

»Es war die größte Liebe von allen. Wie schwer es ist, vom Großen zu sprechen ... Ist dir das schon einmal aufgefallen?«

Ich gab keine Antwort.

»Denk doch«, sagte er, mich erneut direkt ansprechend, »wie ihr um mein Auto geschlichen seid! War das etwas anderes?«

Als ich wieder nichts sagte, gab er die Antwort selbst: »Nein, das war nichts anderes. Es war nur die kindliche Variante davon.«

Ich wusste nicht, was er meinte. Es verstrich einige Zeit, und ich bemerkte, dass es, obwohl sich kaum je eine Wolke vor die Sonne schob, kühler geworden war. In Anbetracht des grünen Eimers wollte ich das Fenster jedoch nicht schließen, trank stattdessen ein wenig Schnaps, der mich augenblicklich wärmte und mir ein behagliches Gefühl verschaffte. Die Arme fest gegen die Brust drückend, wartete ich darauf, dass er fortfuhr.

»Aber das – diese Fragen – kam erst später. Es war, als hätte ich eine Entwicklung durchgemacht, um bereit zu sein für diese höchste Form: Zunächst war das Heranwachsen, stumpf, fühllos, auch das Erwachen des Geschlechtstriebs fühllos, nicht viel anders als bei einem Tier. Schmetterlinge im Bauch? Der Schwanz juckte, das war alles.«

Er lachte.

»Dann kam zum ersten Mal die Liebe, und es war die Liebe zu einer Sache, mit der es begann, dem Krieg; dann eine andere Liebe, jene zu einem Mann – eine Freundschaft; schließlich die Liebe zu einer verwitweten Frau ... und dann, als das sprichwörtliche ›höchste der Gefühle‹, zu einer Kinderlosen, Verlassenen. Aber auch dieser Gedanke kam erst viel später.

Ich habe es schon gesagt, glaube ich, dass die Hochzeit im Mai war, auf den Tag genau vier Jahre nach der ersten, als wollte das Schicksal etwas wiederholen. Es war genau diese Zeit jetzt, die oft sogar heißen Tage vor den Eisheiligen, wo man es am Licht erkennen kann, dass die Wärme nicht mehr lange hält. Ja, ich habe es schon gesagt … Es war nur eine Handvoll Leute da, und die Zeremonie war, wie wir sie gewünscht hatten, einfach und kurz.

Ich sagte, mein Vater spielte Großbauer. Der Hof selbst aber war wirklich damals schon groß … schon sehr groß; und ich vergrößerte den Besitz im Lauf der Jahre noch. Mir war es nicht besonders bewusst, mir war es auch nicht wichtig – ich hatte nicht dieses Bewusstsein, welches mein Vater allzu ausgeprägt hatte, dass das etwas mit mir, mit meiner Person zu tun habe; nur wenn, zu Ostern etwa, Fridas Eltern da waren, kam doch etwas wie Stolz in mir auf, weil sie, die Mutter noch mehr als der Vater, jeweils ausführlich die Größe des Betriebs bewunderten und auch, wie ich ihn führte, obwohl sie davon im Grunde keine Ahnung hatten. Sie waren kleine Leute, wie man das genannt hat … In Frida hatte ich jemanden gefunden, dem das so wenig bedeutete wie mir. Ich gebe zu, es kann sein, dass es mir etwas bedeutet hätte, wenn ich wenig Land besessen hätte; vielleicht war diese Haltung nur der Luxus des Reichen. Wer weiß. Ich wusste nur, dass sie mir ihr Beileid nicht aus Berechnung ausgedrückt hatte; das bemerkte ich spätestens, als ich ihr den Antrag machte. Sie war überrascht, fast überrumpelt, wurde über und über so rot, dass auch ich plötzlich rot wurde und mich schon fürchterlich schämte für meine Unbedachtheit, als ich erkannte, dass sie strahlte. Nein, noch jetzt kommt es mir schäbig vor, auch nur eine Sekunde darüber nachgedacht zu haben, ob sie mich aus einem anderen Grund als Mitleid geheiratet hat. Ja, Mitleid. Das gibt es doch: Liebe aus Mitleid; du kannst es meinetwegen auch Mitgefühl nennen, das ist ungefähr dasselbe. Und auch bei mir hätte es das ja sein können, war es jedoch nicht – ich habe dieses Gefühl nicht; und manchmal empfinde ich das als Makel, oder sogar als Schuld.«

Er machte eine lange Pause, in der er seufzte und mich dann fragte: »Kannst du mir folgen?«

»Ich weiß es nicht«, sagte ich wahrheitsgemäß. »Ich höre dir zu.«

Er wirkte zufrieden.

»Hans«, fuhr er fort, »hat bereits einige Hektar wieder verkauft. Ich weiß nicht, warum er es gemacht hat. Jedenfalls bestimmt nicht aus Geldgründen. Er hat immer noch alles, was er für den anderen Hof bekommen hat, er hat es nie ausgegeben, aber auch nie hier investiert. Meinetwegen! Ich halte nichts von Tradition – ich glaube nicht an sie. Was soll das denn sein? Wir sind nur Staubkörner, weniger noch als das. Ja, von mir aus soll das alles, der Thalerhof, gleich mit mir untergehen.«

In der Folge erging er sich in allgemeinen Reden, beschrieb haarklein, welche Flächen – und wann – Hans verkauft, welche – und auf welche Dauer – verpachtet hatte und welche seit einiger Zeit grundlos brach lagen, und er sprach so lange von diesen Dingen, von denen ich rein gar nichts verstand, dass ich ihn irgendwann unterbrach und sagte: »Ich weiß nicht genau … Hat das etwas mit dem zu tun, was du mir erzählen willst?«

»Du hast mich erwischt«, sagte er und schmunzelte ein wenig, »ich lenke ab.«

Fragend sah ich ihn an. Die gesamte Zeit über war er aufrecht im Bett gesessen, nun sank er in sich zusammen und lehnte sich zurück. »Ich bin müde«, sagte er und schloss die Augen. »Ich dachte, ich könne es dir auf einmal erzählen. Aber es ist zu viel – zu viel für mich. Kannst du nicht morgen wiederkommen?«

Darauf verstummte er völlig, und einen Moment lang schien er mir wie tot: die starre Haltung, der sich scheinbar weder hebende noch senkende Brustkorb, die graue, wie wächserne Haut, der ungesunde Geruch, der von ihm ausströmte. Ich nahm einen kleinen Schluck aus der bereits wieder zu einem Gutteil geleerten Flasche und stellte sie unter den Schemel.

9

Über die Gegend war Kälte eingebrochen – die von dem Alten angekündigten Eisheiligen – und hielt sich mehrere Tage lang; überall wurden die Topfpflanzen in die Häuser gestellt, und da und dort sah ich einen Marillenbaum, dessen Krone man eine Art Kopftuch aus Jute zum Schutz gegen den Nachtfrost verpasst hatte. Es verging eine Woche, bis ich am ersten halbwegs warmen Nachmittag wieder nach Schwan kam, und in der Zwischenzeit hatte sich das Gehörte ein wenig in mir geordnet.

Als ich die Kammer betrat und den bis über die Nase unter Decken im Bett Liegenden begrüßte, fiel mir auf, wie abweisend er war. Er würdigte mich keines Blicks und machte keine Anstalten, seine Lage zu ändern.

»Ich fürchte, ich komme ungelegen«, sagte ich, mich umsehend.

Der Eimer stand nicht da, sonst war alles wie zuvor; das Fenster war geschlossen, es war kühl in der Kammer. Es roch nicht mehr so unangenehm, als hätten die kalten Tage die schlechten Gerüche entfernt.

»Nicht ungelegen«, brummte er, »zu spät! Viel zu spät!«

Ich setzte mich auf den Hocker und spähte nach dem Whisky.

»Ich habe ihn gestern oder vorgestern aus dem Fenster geworfen. Vielleicht auch schon vor drei Tagen«, sagte der Alte, ohne den Kopf zu heben.

»Es war mir nicht möglich, eher zu kommen«, sagte ich förmlich.

Lange Zeit verging in Schweigen. Dann stand ich auf: »Ich glaube, du bringst etwas durcheinander. Du willst etwas von mir, nicht ich von dir. Entweder du sagst mir, was es ist, oder ich gehe wieder.«

Ächzend richtete er sich auf und schlug zornig die Decken zurück.

»Was für eine verfluchte Generation!«

Ich lehnte mich gegen die Wand.

»Steh nicht herum«, sagte er und wedelte mit der Hand, »setz dich! Ich erzähle ja schon ... Aber mich so warten zu lassen! Hans wollte den Hocker schon wegstellen ...«

Er griff unter eine der Decken, fingerte herum und holte zu meinem Erstaunen eine neue Halbliterflasche Whisky hervor. Er warf sie mir zu, und ich fing sie.

»Also«, sagte er, »lass mich nachdenken.«

»Bitte«, sagte ich und betrachtete das Etikett der Flasche.

»Ja, genau: Damals machte ich alles alleine«, begann er eifrig, und erst indem er weitersprach, begriff ich, dass er dort anknüpfte, wo er, vielleicht weniger ablenkend als aus nachlassender Konzentration sich verlierend, aufgehört hatte. »Ich arbeitete von fünf Uhr morgens bis sechs, sieben, manchmal neun Uhr abends, und im Sommer stand ich noch früher auf, und abends wurde es oft noch länger. Wer will heute noch so viel arbeiten? Deshalb, kann sein, hat er angefangen, zu verkaufen und zu verpachten. Er ist doch auch bald siebzig! Von mir aus – ich gebe nichts auf Tradition …

Ich machte alles alleine, auch wenn Frida mir in manchem half. Aber vor allem kümmerte sie sich um den Haushalt, und sie nähte viel. Das hier« – er zupfte an seinem blütenweißen Hemd – »und alles hat sie genäht. Ich glaube, ich war in meinem Leben nur zwei- oder dreimal in einem Kleidergeschäft … Andere – ich sah es ja, und ich sehe es immer noch – suchten sich ihre Frauen danach aus … ob sie ihnen eine Hilfe wären, ob sie ordentlich arbeiten konnten. Und wenn es gegangen wäre, Kinder daraus hätten entstehen können, hätten manche lieber einen Mann geheiratet, allein deshalb, weil Männer mehr schaffen konnten, mehr Muskelkraft hatten! Das war nur natürlich und vernünftig und auch nie anders gewesen, aber Frida brachte ich nie mit der Wirtschaft in Verbindung. In den ersten zehn Jahren war ich sogar regelmäßig verblüfft, dass sie mich zu Mittag rief, weil etwas Warmes auf dem Tisch stand, das sie zubereitet hatte, war verwundert, dass ich mir nicht länger selbst ein paar Eier in die Pfanne schlagen musste, wie ich es seit … wie ich es zuvor täglich getan hatte. Du kannst nicht einmal erahnen, was das für eine Zeit war.«

Er sah mich an, als erwarte er eine Antwort, doch anstatt ihm eine zu geben, trank ich aus der Flasche.

»Und du weißt auch nicht, was Liebe ist«, fügte er hinzu.

Ich strich mir über das Kinn. »Vielleicht hast du recht«,

sagte ich, und wieder spürte ich, wie mich etwas unerwartet unangenehm berührte, »vielleicht weiß ich es
wirklich nicht. Aber ich hätte nicht geglaubt, das ausgerechnet von dir gesagt zu bekommen.«

»Du weißt es nicht«, wiederholte er verloren. »Ihr alle
wisst es nicht. Ihr seid eine verfluchte Generation. Aber
vielleicht waren auch wir verflucht und sind es noch. Ich
weiß es nicht.«

Nun trank auch er wieder aus seiner Flasche, und als er
weiterredete, lallte er ein wenig.

»Fast zwölf Jahre lang, und es vergeht kein Tag, an dem
ich Gott nicht danke für diese Zeit, und wenn der Tag
kommt, am dem ich Ihm nicht mehr danke einst – ach,
was sage ich einst! bald schon! –, werde ich gestorben sein.
Dabei geschah nichts Besonderes, nichts, was man so bezeichnen würde, weißt du? Wir lebten einfach dahin …
Es war Reinheit, in der wir lebten, ja, das ist es, was es war.

So wie es einen ersten Tag gegeben hat, einen Tag, der
der Anfang gewesen war, gab es einen, der das Ende dieser Zeit sein würde. Immer war mir klar gewesen, dass
es ein Ende geben würde – und ich meine nicht unseren
Tod. Warum es mir klar gewesen war, wusste ich nicht,
aber es stand mir deutlich vor Augen. Dennoch hatte ich
zugleich stets die Hoffnung, dass jene Ahnung ein Irrtum
wäre, nichts als Pessimismus. Der Tag kam, ja, aber ich erkannte ihn nicht als das, was er war, und möglicherweise ertrug ich alles Folgende nur deshalb, weil es sich so
schleichend vollzog.

Es war im Herbst zweiundsechzig; wir saßen in der Stube, das Radio lief – es gab damals eine bestimmte Sendung, die abends lief und die wir oft hörten –, als es klopfte und dieser große und kräftige, dunkelhaarige Junge vor der Tür stand, den ich nicht erkannte. Siehst du, es begann schon hier, das Nichterkennen. Es war Hans. Wir verbrachten den Abend zusammen, tranken Bier, was damals, bei uns, eine Seltenheit war, und als wäre es längst besprochen und beschlossen, zeigte Frida Hans ein Zimmer, in dem er von da an schlafen könne. Sie ging ihm voraus und zeigte ihm das Zimmer. Dieses hier! Diese Kammer wurde seine ... Das war der Tag, der das Ende einläutete. Welches Ende, fragst du?«

Ich hatte nichts gefragt, sondern eben wieder einen Schluck genommen.

»Das Ende dieser Reinheit. Du kannst auch sagen, das Ende unserer Liebe. Ja: unserer. Auch wenn meine nicht zu Ende ging, sondern nur ihre; doch wenn die eine Hälfte bricht, dann ist doch auch das Ganze nichts mehr? Denk nur an deinen Keilriemen!«

Der Vergleich war zwar nicht glücklich, aber ich nickte dennoch zu den letzten Worten, und wieder trafen sie mich, als spräche er auch über mich. Er redete weiter.

»Das Ende; und dabei hielt ich es für einen Höhepunkt. Es war ein solch schöner Abend! Aber, wer weiß, vielleicht ist auch das Ende ein Höhepunkt? Ach, was rede ich denn!«

Er nahm die Hände vors Gesicht, und ich konnte nahezu sehen, wie er in Gedanken alles noch einmal durchlebte und die Erinnerung ihn erschütterte. Ich trank wieder, um mich zu wärmen; die Luft, die durch die Ritzen des geschlossenen Fensters kam, war kühl und mein Hemd zu dünn.

»Niemand war mehr am Leben«, sagte er, bevor er die Hände sinken ließ und sich an mich richtete. »Habe ich euch jemals etwas getan?«

»Uns?«, fragte ich überrascht, »als wir Kinder waren? Nein, niemals.«

»Nein, das habe ich nicht. Ich habe es wohl gesehen, wie ihr euch – und ihr wart nicht die einzigen! – bei meinem Wagen herumgetrieben habt! Aber es hat mich nicht gekümmert. Nein, das ist nicht wahr, selbstverständlich kümmerte es mich, aber in einer vollkommen anderen Weise, als ihr damals geglaubt habt.

Niemand mehr war am Leben. Alle, die … die davon gewusst haben … ich meine, die mich irgendwie näher gekannt hatten … früher … waren tot. Aber auch ihr hattet Angst vor mir, ohne dass ich euch etwas getan hätte und ohne dass ihr etwas von mir gewusst hättet. Es braucht aber irgendetwas dazu, vielleicht nur ein einziges Wort, das jemand über einen sagt – denn du weißt ja selbst, dass es hier gleich viel zählt, was einer tut und was gesagt wird, dass er tut –, irgendetwas, irgendetwas ist notwendig, ein Auslöser. War es für euch Kinder das Buch, das zufälligerweise jahrelang auf dem Beifahrersitz meines Wagens lag? Übrigens legte nicht ich es dort hin, und es war nicht einmal mein Buch, und nie habe ich es aufgeschlagen, doch das ist nicht wichtig. Du wirst keine Antwort darauf haben. Wie solltest du auch? Aber nehmen wir an, das Buch sei es gewesen, was euch Furcht vor mir einflößte; nehmen wir es einfach an; dann war, was für euch das Buch gewesen ist, für Frida Hans.«

»Das verstehe ich nicht«, sagte ich und bemerkte, wie schwer meine Zunge und mein Atem waren. Ich warf einen prüfenden Blick auf die Flasche, stellte sie beiseite und schob die Hände in die Taschen. »Warum?«

»Ich glaube, auch das war wie bei einer chemischen Re-aktion. Wenn man Stoffe als Information betrachtet ... gewissermaßen ... und davon ausgeht, dass ein Stoff, je nach Beschaffenheit, den anderen beeinflusst. Bei mir war alles Vergangene ausgelöscht. Erinnere dich, was ich über die Zeit nach ... nach Reginas Tod gesagt habe: Was vom Vergangenen in mir geblieben war, war leer und tot, und deshalb hatte bei dieser chemischen Verbindung – Frida und ich – kein Austausch stattgefunden, stattfin-den können; deshalb ... auch deshalb rede ich von Rein-heit. Ja. Hans – ich kann es mir nicht anders erklären, als dass es durch sein Dazukommen geschah, dass etwas in sie gelangte ... eine Ahnung ... eine Ahnung davon, wie ich früher gewesen war. War nicht Hans das Einzige, was aus der Vergangenheit geblieben war, wie ein Rest, den ir-gendwer vergessen hatte und der auf einmal auftauchte? Etwas muss in sie gelangt sein durch ihn. Und diese Ah-nung musste ihre Liebe angegriffen haben, zerstörte zu-

178

erst nur den Schutzmantel, die Gewöhnung, aber dann die Wurzel: ihr Mitleid. Das hatte nun, wie die zerstörende Ahnung ihr einflüsterte, keine Grundlage mehr.«

Er machte eine Pause und nahm einen großen Schluck, so dass der klare Schnaps in der Flasche gurgelte.

»Schon zu Anfang hatte ich einmal den Gedanken gehabt, dass ihr Mitleid das des ganzen Dorfes war. Und jetzt, wo es sich auflöste ... wie sich etwa Eis auflöst, wenn man Salz darauf streut ... auch im Dorf war man mit einem Mal anders zu mir, man verhielt sich anders. Die Kinder ... Ach, ich weiß nicht«, sagte er mit heiserer Stimme, »kannst du mir folgen? Ich habe das Gefühl, mich zu verheddern ...«

»Doch«, antwortete ich zögernd und fuhr dann überzeugter fort, »ja, ich glaube, ich kann folgen.«

»Ja?«

»Ja.«

Er setzte zu etwas wie einem Lächeln an, das sofort wieder erstarb.

»Als ich zum ersten Mal etwas davon bemerkte«, fuhr er fort, »lebte Hans schon einige Wochen bei uns. Es war bloß ein Blick, den ich erhaschte und den sie sofort vor mir verbarg. Das ging mir durch Mark und Bein – so licht und hell war es zwischen uns gewesen, wie ein ewiger Vorsommer. Ich kann diesen Blick nicht beschreiben. Und selbst wenn ich es könnte ... Es war vielleicht nur ein Blick des Misstrauens. Doch schon das reichte. Während ich mich noch wunderte, woher oder weshalb der Schlag gekommen war, kam ein weiterer – ich weiß nicht mehr: vielleicht wieder ein Blick, diesmal nicht mehr verborgen, womöglich da sogar ein Wort, eine Geste –, und für eine Zeit war es, als hätte mir jemand Sand in die Augen gestreut, so dass ich nichts, höchstens Umrisse sehen konnte. Für eine lange Zeit war es so, und taumelnd wie nie zuvor verrichtete ich die Sommerarbeiten – zum ersten Mal gemeinsam mit Hans.

Das Erste war ein Blinken. Das war das Erste, was ich sah, was ich wahrnahm. Ich verstand es nicht. Was war das? Es dauerte bis in den Herbst, bis ich begriff, woher dieses Blinken kam. Es kam von Frida. Nicht allein aus ihren Augen, es kam von ihr her, auch wenn sie gar nicht da war. Es war sie, dieses Blinken, das war sie. Aber was hatte es zu bedeuten? Ich überlegte und überlegte, und irgendwann wusste ich es. Und dann dauerte es noch bis Weihnachten, bis ich glauben konnte, was ich in dem lichtlosesten Moment meines ganzen Lebens begriffen hatte – bis ich es zu glauben vermochte, dass Frida mich verachtete. Das Blinken war wie das eines Messers gewesen, das jemand gezückt hatte, mit dem dieser Jemand sich mir genähert hatte, und da, zu Weihnachten dreiundsechzig, sah ich, dass ich bei lebendigem Leib damit durchbohrt worden war. Sie selbst war dieses Messer, meine Frida verachtete mich!«

Schwere und lauter werdende Schritte ließen den Alten verstummen.

10

Den grünen, ein wenig baumelnden Eimer in der Hand, betrat Hans die Kammer. Er nickte mir scheu zu und stellte den Eimer an dem niedrigen Fenster ab. Dann trat er ans Bett, hob ein paar der Decken auf und ordnete sie neu. Bevor er ging, nahm er eine weitere dünne Decke aus dem Schrank und warf sie mir auf den Schoß. Überrascht hob ich, mich auf diese Weise bedankend, die Hand in seine Richtung und breitete die Decke aus und wickelte sie um mich, denn inzwischen war mir kalt geworden. Eingepackt und auf einmal stark fröstelnd, suchte ich mit einer Hand einen Ausgang zwischen den sich überlappenden Lagen, und nachdem ich ihn gefunden hatte, zog ich sie mitsamt der Flasche in die rasch warm werdende Höhle zurück. Der Alte indes leerte seine Flasche und fischte zwischen seinen Decken eine weitere, diesmal trüberen Inhalts, hervor, aus der er, wieder dieses Gurgeln erzeugend, sofort trank. Als er daraufhin weitersprach, lallte er unverkennbar.

»Nach außen hin blieb alles unverändert. Sie nähte viel, noch mehr als zuvor, denn sie nähte jetzt auch für Hans, der kaum Kleidung besaß; zu Mittag rief sie mich, und warmes Essen stand auf den Tisch. Abends hörten wir immer noch manchmal diese Sendung, in der zwischen einfachen Erzählungen Zither- und Geigenmusik gespielt wurde. Aber ich spürte, wie sie wartete. Sie wartete darauf, dass auch die andere Hälfte bricht. Nein, es ist nicht alles kaputt, wenn eine Hälfte gebrochen ist ... Mein Gott, was hätte ich zu mancher Stunde darum gegeben, dass sie gebrochen wäre! Dass ich wieder der wurde, der ich einmal gewesen war, der ich in gewisser Weise immer noch war, ja, nur ihr gegenüber nicht sein konnte! Du wirst es gleich verstehen, was ich damit meine.

Sie wartete, und irgendwann muss sie aufgehört haben zu warten. Es war ein Tag im Juni, zwei, höchstens drei Wochen vor der Ernte der Gerste, die schon gelb wurde. Ein Tag, ein Abend; und ich ging spät noch einmal aus dem Haus. Ich wollte die Felder abschreiten, wie ich es regelmäßig tat, um zu sehen, wie es um die Früchte stand; es war eine Angewohnheit, die mir guttat, mich beruhigte – wie alle Bauern. Gegen Süden hin gibt es einen kleinen Hügel, auf dem ich gerne saß, weil ich von dort ein Stück meines Besitzes überblicken konnte, noch lieber aber deshalb, weil man in seinem Rücken wie in einem Liegestuhl liegen und dösen konnte. Wie viele Stunden ich auch tagsüber an jener Stelle, den Strohhut ins Gesicht gezogen, schon gedöst hatte! Auch diesmal legte ich mich nach einer Weile des Sitzens und Schauens nach hinten, kreuzte die Arme unter dem Kopf, und bald schlummerte ich ein. Als ich aufwachte und die hohe sternübersäte Dunkelheit über mir sah, war ich aufgeräumt und bester Laune. Ich blickte mich nach dem Mond um; er war hinter einer bläulich leuchtenden Wolkenbank noch nicht hervorgekommen. Erst nach einer

Weile stand ich auf, schlug mir den Staub, die Grassamen und die namenlosen Krabbeltiere aus den Kleidern und machte mich auf den Heimweg. Immer wieder schaute ich nach oben, und als ich den Moment erwischte, in dem die Mondsichel sich hinter der Wolkenbank ins Freie schob, blieb ich stehen und sah dem Zauber zu. Ich konnte die einzelnen Krater auf der Mondoberfläche erkennen – damals waren meine Augen noch scharf. Plötzlich hörte ich vom Waldrand her ein Geräusch – ein metallisches Klirren – und wandte den Blick dort hin.

Weißt du, sie war eine schöne Frau. Sie war ein paar Jahre jünger als ich. Wer hätte sie abgewiesen? Ich stand reglos dort. Nur den weißen Schimmer ihrer Wangen, der Schenkel und Arme konnte ich ausmachen, alles andere war verdeckt. Mein Blick fixierte die in der Dunkelheit kaum wahrnehmbaren Bewegungen.«

»Soll das heißen«, fragte ich und wagte es nicht, ihn dabei anzusehen, »dass sie dort mit einem … mit einem anderen Mann lag?«

Er schien mich nicht zu hören.

»Ich verharrte dort, geblendet von diesem Blinken, unfähig, mich wegzubewegen. Sie sah mich, ich wusste es. Als wäre es das Wichtigste, ging mir eine einzige Frage durch den Kopf: Warum gerade an dieser Stelle? Warum gerade dort? Ich weiß nicht, ob das der Erste war. Es war der Erste, von dem ich erfuhr. War denn eine perfektere Geliebte zu denken? Sie war schön, noch jung, und sie konnte keine Kinder bekommen.

Ich glaube, sie wartete immer noch. Sie wartete bis zuletzt, dass die andere Hälfte auch brach – ich meine: bis zum letzten Liebhaber; denn irgendwann, als sie bereits weit über fünfzig war, war einer der letzte, und es kam keiner mehr. Aber sie brach nicht! Und dennoch wartete sie auch danach noch, obwohl sie längst wissen musste, dass es vergeblich war.

>Bosheit‹, sagst du, ›das Böse‹. Wenn es das gewesen wäre, warum versagte es dann vor ihr, zuerst schon vor ihrer aus dem Nichts aufgetauchten, wortlosen Verachtung und schließlich auch da noch, wo sie mir ungeniert Hörner aufsetzte? Warum wurde ich nicht wieder zu dem, der ich gewesen war? Was hätte ich in manchen Stunden dafür gegeben, wieder dazu zu werden! Ich wusste es genau, was ich in dem Fall gemacht hätte, wie groß und wie gewaltig und wie schonungslos meine Rache gewesen wäre. Ich wusste es genau. Doch es war nichts zu machen. Mir blieb nur Verzweiflung. Ihr habt euch vor einem Verzweifelten gefürchtet...«

Etwas zuckte um seine Lippen, und undurchdringliches Schweigen breitete sich in der Kammer aus.

»Dennoch danke ich Gott auch für die restlichen fünfundvierzig Jahre, die Er mir mit ihr schenkte.«

»Du hast sie nicht freigegeben«, murmelte ich.

»Ich sagte es dir schon, dass ich kein Mitleid empfinden konnte. Ich kann es nicht. Natürlich hätte sie jederzeit gehen können. Nur tat sie es nicht. Es ist mir klar, dass auch das Teil ihrer Verachtung war: Wenn ich sie schon nicht aus dem Haus jagte, sollte ich sie wenigstens jeden Tag sehen ... Der Mensch ist ein Rätsel.«

Auch wenn seine Zunge schwer geworden war, sprach er verständlich, und hin und wieder war mir während der Stunden des Zuhörens gewesen, er lese alles von einem inneren Blatt ab. Ich nahm einen Schluck aus der Flasche, die samt ihrem Inhalt so alt war wie die Geschichte, die er mir erzählt hatte und die jetzt, wenn ich recht verstand, zu Ende war.

»Hättest du sie freigegeben«, lallte auch ich nun schon beträchtlich, »das wäre Liebe gewesen. Darauf hat sie gewartet. In jener Nacht, in der du sie ertappt hast, hat sie gehofft, dass alles vorbei ist. Das wolltest du doch sagen? Ja, bestimmt. Sie dachte, wenn sie dich betrügt und du sie dabei erwischst, wäre es vorbei, das war ihre Hoffnung ... dass du dich endlich zeigst ... sich dein wahres Wesen zeigt. Ist es nicht so? Vielleicht hat sie wirklich etwas geahnt, genauso wie wir als Kinder etwas geahnt haben. Eine Ahnung, die sich mit dem Auftauchen von Hans plötzlich in ihr einnistete ... eine Ahnung von deinem wahren Wesen ... Und das reichte, dass es vorbei war mit dem Mitleid, oder was es gewesen sein mochte, und sie begann, sich dafür zu verachten, dass sie dich – etwas wie dich – geliebt hatte – und vielleicht immer noch irgendwie liebte. Und da verachtetest auch du sie dafür, dass sie es getan hatte, dass sie dich geliebt hatte und vielleicht immer noch liebte. Wie hättest du auch jemals vergessen können, wer du gewesen warst, was du getan hattest? Du sagst es selbst, dass du es nicht vergessen konntest.«

»Du bist betrunken, mein Sohn«, sagte er, »du weißt nicht, was du redest...«

Er schien mir gar nicht zuzuhören. In halbminütlichen Abständen trank er winzige Schlucke aus seiner Flasche mit dem trüben Inhalt.

»Oder glaubst du etwa im Ernst, ein Kind spürt nicht den Unterschied zwischen Bosheit und Verzweiflung?«, flüsterte ich beinah, bevor ich auflachte. »›Man weiß oft mehr als man meint‹, das hast du selbst gesagt! Du hast recht, hast es erraten: Ich weiß nicht, was Liebe ist, aber du weißt es auch nicht! Nein! Du weißt es noch viel weniger, als ich es weiß! Und dabei wolltest du mir eine Liebesgeschichte erzählen!« Und nach einer Pause, dabei immer lauter werdend: »Ich weiß es nur allzugut, dass man verachtet werden kann allein aus dem Grund, dass man liebt, oder glaubt zu lieben! Weil der andere nicht damit leben kann, geliebt zu werden ... weil sein Selbsthass zu groß ist! Wie genau ich das weiß! Hier weiß ich es« – ich streckte die rechte Hand zwischen den Deckenenden hervor und schlug mir mehrmals hintereinander fest gegen die Brust.

Mir war heiß. Ich schüttelte die Decke ab, sie rutschte zu Boden. Inzwischen war es so dunkel, dass sich die Ränder der Decke kaum noch von den Fußbodendielen abhoben. Wie war ich nur in das hier hineingeraten? Was war das hier überhaupt? Und warum war ich so aufgebracht? Alles Gehörte rollte als unentwirrbares träges Knäuel durch meinen Kopf, und es hatte sich noch kein bisschen entwirrt, als mir etwas einfiel. Hatte ich nicht ein Mittler sein wollen, ein Mittler ohne eigene Geschichte? Das Reden des Alten hatte wie mit Gewalt etwas in mir freigelegt. Ich fuhr mit beiden Händen über mein Gesicht.

»Aber was von all dem«, fragte ich, nachdem ich mich etwas beruhigt hatte, »was von all dem ist denn nun für Ferdinand bestimmt?«

»Für Ferdinand? Was von all dem für Ferdinand bestimmt ist?«

Er verschraubte die Flasche. Ich konnte ihn nur noch schemenhaft erkennen.

»Es ist mir selbst oft ein Rätsel, woher Hans diese ganzen Geschichten hat. Ein anderer bemüht sich, auch nur einen kleinen Teil dessen zu erfahren, was ihm alles zugetragen wird. Aber wo eigentlich? Er ist doch auch immer nur hier! Er geht kaum unter Leute!

Manchmal, vor allem nachts, werden die Schmerzen so stark, dass er kommt und sich zu mir setzt und mir manche dieser Geschichten erzählt, bis es mir besser geht oder ich einschlafe. Er denkt nicht darüber nach, erzählt einfach so vor sich hin, und manchmal ist ihm selbst gar nicht klar, was er erzählt. Als wäre er nur ein Gefäß, das befüllt und entleert wird … Merkwürdig, nicht wahr, dass er alles zu wissen scheint, nur seine eigene Geschichte nicht kennt – und nach all der Zeit auch gar nicht mehr kennen will. Du hast gesagt, es gefällt ihm nicht, dass du hier bist. Das hat nichts mit dir zu tun. Es gefällt ihm nur nicht, wenn ich Geschichten erzähle.«

So dämmerig es war, ich konnte das Feixen genau sehen, das über seinem Gesicht lag und kurz darauf wich und einen stillen Ausdruck – still wie die Oberfläche eines Tümpels in der Nacht – hinterließ.

»Das hier aber weiß ich nicht von Hans. Ich habe es aus anderer, verlässlicher Quelle. Aber auch diese Quelle lebt seit kurzem nicht mehr.« Er atmete mehrmals tief ein und aus.

»Sie kommt zwar regelmäßig hierher, aber eigentlich lebt sie in Wien. Das weiß er«, sagte der Alte, und mir war augenblicklich klar, dass er über Ferdinand und dessen Geliebte sprach, die ich, wie ganz Rosental, eben wegen dieser regelmäßigen Besuche für so etwas wie seine Verlobte hielt. »Natürlich weiß er das. Aber er weiß nicht, dass sie verheiratet ist. Ihr Mann ist irgendein Diplomat. Diese Leute sind ja immer nur für eine bestimmte Zeit in einem Land ... dann gehen sie in ein anderes. Bevor sie ihn geheiratet hat, soll es andere gegeben haben, viele andere – sie lebte damals in Rom ... Oh, ich weiß selbst nichts Genaues darüber – habe nur das bisschen, wie gesagt, aus verlässlicher Quelle, gehört. Und dieses bisschen hätte ich ihm gern gesagt.«

»Warum, zum Teufel?«, flüsterte ich fast. »Warum, um alles in der Welt, willst du es ihm sagen?«

»Nein«, sagte er, wieder feixend, und schüttelte langsam den Kopf, »nein, Schwan ist nicht groß. Was haben wir schon? Das kleine Geschäft, die Gärtnerei, seltsamerweise sogar einen Optiker ... Ein paar Häuser, mehr ist es nicht. Aber auch Rosental ist nicht groß ... Die Dinge sprechen sich schnell herum.«

Mühsam erhob ich mich.

»Mag sein«, lallte ich, »dass ich mich geirrt habe. Dreißig Jahre lang habe ich gedacht, du seist das Böse ... das Böse in Person. Aber das war wahrscheinlich ein Irrtum. Ja, sicher sogar. Wärst du es wirklich, auch nur je gewesen, hätten wir uns nicht an dein Auto herangewagt ... nein, niemals. Ein Kind spürt alles. Es war ein Irrtum. Du bist nur ... du bist nur ... Ich weiß nicht, was du bist.«

Ich stützte mich an der Wand, versicherte mich meiner Uhr in der Hosentasche und suchte auf dem Boden nach irgendetwas, das ich vergessen hätte – um keinen Preis wollte ich hierher zurückkommen.

»Soll er etwa um ihre Hand anhalten, ohne etwas davon zu erfahren? Soll er sich etwa zum Gespött machen? Ich hätte es ihm gesagt, wäre er selbst gekommen. Aber er kam nicht. Zweimal kam er nicht. Es liegt jetzt bei dir. Du musst wissen, was die Pflicht eines Freundes ist.«

»Die Pflicht eines Freundes? Willst du mir jetzt etwa noch etwas von Freundschaft erzählen?«, rief ich. »Du? Nachdem du mir etwas von der Liebe erzählt hast?«

»Es ist deine Freundespflicht«, sagte er nur noch einmal, ganz ruhig, mit seiner heiseren, brüchigen Stimme, und ich sah, dass er die Augen zufrieden geschlossen hatte. »Du hast es dir angehört. Du bist geblieben und hast zugehört. Du wirst es ihm erzählen.«

Ohne auch nur ein weiteres Wort zu verlieren, stolperte ich aus der Kammer, torkelte den Korridor entlang und die Stiege hinab, an deren Ende ich beinah über Hans fiel, der auf einer der untersten Stufen saß und sich nicht rührte. Ihn beiseitestoßend, drückte ich mich vorbei, wankte durch das weite, kalte Vorhaus und tauchte durch die offen stehende Haustür in die frisch rauschende, grillendurchzirpte Abendluft des Frühlings, als wäre es Wasser. Ich hielt inne und sog die Luft ein. Das Licht blendete mich fast. Kaum spürte ich Hans neben mir, wankte ich weiter, meinem an der Forsythie lehnenden Fahrrad zu. Als ich den Lenker fassen wollte, bemerkte ich, dass ich die Halbliterflasche noch in der Hand hielt. Ich führte sie mir vor die Augen; sie war beinahe leer. Etwas sagte mir, ich müsse sie austrinken, um dieses seltsame Kapitel zu beenden, also trank ich sie aus und warf die Flasche neben den Kreis aus Astern ins Gras. Und doch ahnte ich bereits, dass etwas sich unwiderruflich verändert hatte und dass der Raum der Gleichgültigkeit, in den ich mich vor etwa einem Jahr geflüchtet hatte, für mich nun verloren war.

Ich fasste den Lenker, stützte mich auf ihn und ging los. Ich hatte das Haus noch nicht hinter mir gelassen, da bemerkte ich, dass Hans neben mir ging. Ich blieb stehen und verlor dabei fast das Gleichgewicht und konnte nur mit Mühe verhindern, über das Rad zu fallen.

»Was willst du?«, lallte ich und sah ihn an.

Sein rundes Gesicht teilte sich in der Mitte, es wurde zu zwei identischen Gesichtern, die auseinanderwanderten und denen meine Augen doch folgen konnten, bis die beiden wieder zusammenflossen und zu einem wurden. Ich erinnerte mich, dass es ihm nicht gefiel, dass ich mit dem Alten redete, und dann erinnerte ich mich, wie er mich an der Schulter niedergedrückt hatte und mir gesagt hatte, dass der Alte Absencen habe, und dann wieder erinnerte ich mich, wie er mich am Arm gepackt hatte und, anstatt etwas zu sagen, nur immer fester zugedrückt hatte.

»Was willst du, Hans?«

»Du hast gesagt, er habe dir von der Liebe erzählt. Sag ... sag, Wenzel, hat er dir auch etwas über mich erzählt?«

Lange sah ich jetzt das regungslose Gesicht an. Dann sagte ich: »Nein«, und stützte mich wieder auf den Lenker und wankte in unendlicher Langsamkeit davon, dem in Dämmer zerfließenden Horizont zu.

ZEICHNUNGEN

OFT, WENN ICH IN DIESEM stets dämmerigen, erhöht gelegenen Zimmer, das irgendwann einmal ein Büro gewesen sein musste, war, weil ich in einem der Blechschränke irgendeine Karteikarte suchte, ging mein Blick durch das riesige, nahezu die gesamte Front ausmachende Industriefenster nach draußen, wo zwischen vier Robinien und einem Götterbaum alte und zum Teil stark angerostete Landmaschinen zum Verkauf standen. Ich fragte mich dann, ob auch nur eine dieser Maschinen je verkauft würde – obwohl hin und wieder jemand kam und sie ansah, hatte sich, seitdem ich hier arbeitete, noch nie jemand danach erkundigt. Jahr und Tag standen sie auf dem weiten Platz, dessen Beton zerbröckelte, und ihre Farben verblassten immer noch mehr. Da und dort zeichneten dunkel gewordene Sägespäne einen alten Ölfleck nach. Aus den schadhaften Stellen im Pflaster wuchsen Grasbüschel, sogar aus den neben dem Maschendrahtzaun herlaufenden, längst nicht mehr benutzten Bahngeleisen wuchs das Unkraut, das zu vertilgen sich niemand die Mühe machte. Und bei Schönwetter über allem die Flecke des durch die Baumkronen fallenden Lichts.

In jenem Jahr aber bestand der Frühling aus fast nichts als Regen; in dem Hinterzimmer war der Dämmer dichter denn je. So trüb war alles – ich selbst wurde trüb und tat die Arbeit wie mechanisch. Als es an einem Tag Mitte Mai, kurz nach der Kaffeepause, in der wir freilich meistens Bier tranken, plötzlich aufhörte zu regnen und der Himmel hoch und weit und tief wurde, befiel mich beinah ein Schwindel vor so viel flirrender Helligkeit. Sogar in dem Hinterzimmer war es hell wie nicht einmal im Sommer, am Fußboden, an der Rückwand und der einen Seitenwand jagten einander Lichtflecken, und ich sah an diesem Nachmittag lange aus dem großen Fenster; der Platz mit allem, was ihn ausmachte, kam mir verändert vor, als sei etwas Abgestorbenes zum Leben erwacht. Ich stand dort, bis ich jemanden nach mir rufen hörte, und schon wollte ich mich umdrehen und davongehen, da fiel mein Blick auf einen einzelnen Blattschatten, der nicht wie alle anderen entweder in dem Raum oder außerhalb von ihm war, sondern der wie mit dunklem Wasser gemalt in einem der dünnen Scheibenrechtecke lag. Nachdem ich es eine Weile betrachtet hatte, suchte ich, Rechteck für Rechteck, das gesamte Fenster ab, konnte aber keine weitere derartige Erscheinung entdecken, und nach wenigen Sekunden war auch diese nicht mehr zu sehen.

Üblicherweise schenkte keiner von uns denjenigen, die sich – selten genug – auf dem Platz herumtrieben, Beachtung, und ich am allerwenigsten: Sobald dort unten jemand auftauchte, begab ich mich rasch außer Reichweite, um nur keinesfalls belangt zu werden; ich wollte meine Ruhe. Als ich diesmal jemanden sah, war es anders. Ich blieb an dem enormen Fenster stehen und sah dem gutgekleideten, wohl kaum viel älter als vierzigjährigen Mann mit dem graublonden Haar zu, wie er von Gerät zu Gerät ging und sich bei jedem auf dieselbe bestimmte Art vorbeugte, als schnuppere er an den einzelnen Maschinen, und sonderbarerweise kam in mir etwas wie der Wunsch auf, dieser Fremde möge hochblicken und mir ein Zeichen machen, ihm, wobei auch immer, behilflich zu sein – ich wusste nicht, weshalb, vielleicht einfach nur, weil mir etwas an seinen Bewegungen sagte, er würde dergleichen keinesfalls tun. Dann war er verschwunden. Wieder erscholl mein Name, von derselben hohen, drängelnden Stimme gerufen.

»Hast du etwas an den Ohren?«, fragte der vor wenigen Tagen fünfundzwanzig gewordene Vorgesetzte, kaum hatte ich mich zu ihm umgedreht.

Ich gab keine Antwort und ging, als stünde er nicht da, an ihm vorbei in den Westteil des Gebäudes, wo unser Büro lag, und winkte von dem hiesigen kleinen Fenster aus den nächsten Traktor auf die Waage, notierte das auf der Anzeige blinkende Bruttogewicht und verglich es mit dem auf der Karteikarte angegebenen.

»Merk dir den«, sagte ich zu dem Lehrling, der erst in der zweiten oder dritten Woche hier war, und wies nach draußen, »und gib darauf acht, ob er die Frontgewichte noch montiert hat, wenn er wiederkommt.«

»Die Frontgewichte?«, fragte der Lehrling unbeholfen.

»Jaja«, sagte ich, knöpfte meine blaue, vom oftmaligen Waschen schon ein wenig lilafarbene Arbeitsjacke bis unter die Brust auf und fächelte mir Luft zu; es war warm geworden in dem kleinen Raum. »Sag es mir einfach, wenn er wiederkommt.«

So arbeiteten wir bis zum Abend und stellten, wie wir es alle Tage taten, die Zahlen, die das Gewicht angaben, vor uns hinmurmelnd, einen Waagzettel nach dem anderen aus. Traktoren, Lastwagen und Autos, je mit einem oder zwei Anhängern, rollten über unsere Waage – viele kamen zu uns, weil wir billiger waren als die Konkurrenz, und auch an diesem Tag war die Schlange lang. So lang, dass ich nicht einmal dazu kam, auf dem Radiogerät wieder den Sender einzustellen, der vor meiner kurzen Abwesenheit gelaufen war. Ich ärgerte mich nicht und vertröstete mich auf den Feierabend, den ich wie gewöhnlich in einer Kneipe in der Innenstadt bei einem Glas verbringen würde – dort liefe jener Sender oder die immergleiche Platte von Nina Simone. Ein paar Mal dachte ich noch an den Schatten im Fensterglas, dann vergaß ich ihn so vollständig, wie ich jenen Mann vergessen hatte.

Ich staunte einigermaßen, als ich ihn in der Kneipe wiedersah. Zugleich war ich sicher, ihn bis zu diesem Tag noch nie gesehen zu haben. Ich hatte gerade das zweite

Glas bestellt und wollte mir eine Zeitung holen, als ich ihn entdeckte. Er saß an einem kleinen Tisch in dem hintersten Winkel des Lokals, wo das gelbe Licht kaum hinreichte, eine Hand flach auf dem Tisch, die andere in der Hosentasche; er starrte auf den leeren Tisch gegenüber. Das vor ihm stehende Glas enthielt nur noch wenig, aber die knappe halbe Stunde, die ich noch dort verbrachte, leerte er es nicht. Er kam mir, unbewegt, wie seine Gestalt war, unsagbar traurig vor, und ich wunderte mich selbst über das unwillkürliche Mitleid, das ich für einen völlig Fremden empfand. Und doch vergaß ich auch das wieder.

Ich vergaß es so sehr, dass ich ihn nicht wiedererkannte, als er etwa einen Monat später erneut über den Platz streifte. Ich sah in ihm lediglich einen Betriebsfremden, einen Interessenten und möglichen Käufer, und mein Impuls war ganz der übliche: Ich zog mich, einen Stapel Karteikarten in der Hand, rasch von dem Fenster zurück. Mein Vorgesetzter verstand die Bewegung falsch und hörte seinerseits auf, in den Karteikarten des anderen Blechschranks zu blättern.

»Hast du sie gefunden?«, fragte er und wandte sich mir zu.

Ich war verwundert, wie er darauf komme, und verneinte. Da erst sah auch er den Mann dort unten. Wir schauten in dieselbe Richtung.

»Wenn ich sein Geld hätte, wüsste ich etwas anderes, als hier herumzustreunen.«

»Kennst du ihn?«

»Kennen? Das nicht gerade«, antwortete er, »zumindest nicht besser als jeder hier.«

In dem Moment erkannte ich in dem Fremden den Mann von vor einem Monat wieder.

»Er war vor ein paar Wochen schon einmal hier«, sagte ich.

»Er kommt alle paar Tage her.« Für einen Moment wieder der drängelnde Ton. »Ist dir das etwa noch nicht aufgefallen?«

»Nein.«

»Ja, das tut er. Weshalb – ich weiß es auch nicht. Komm, wir müssen diese verdammte Karte finden!«

Er wandte sich wieder dem anthrazitfarbenen Schrank zu, aber ich sah immer noch nach draußen, wo der Mann in grüblerischer Langsamkeit von Maschine zu Maschine ging. Jetzt stand er an einem irgendwann einmal gelb gewesenen Kreiselmähwerk und beugte sich weit vor – selbst das ungeübteste Auge konnte erkennen, dass das Gerät nicht mehr zu gebrauchen wäre.

»Wer ist er?«

»Wenn du willst, erzähle ich dir einmal, was ich von ihm weiß. Aber jetzt komm, wir haben keine Zeit! Die Leute warten!«

Aber die Wochen und Monate vergingen, ohne dass wir noch einmal darauf zurückkamen, weder sprach ich ihn an, noch sagte er etwas von sich aus, und es ist einem sonderbaren Zufall zu verdanken, dass ich von den Ereignissen schließlich doch erfuhr. Denn eines Tages wurde ein Kuvert für mich abgegeben, das keinen Absender enthielt. Ich nahm es trotzdem an, und als ich es abends, zu Hause, öffnete, zog ich einen Packen Blätter heraus – in eckiger Bleistiftschrift dicht beschriebene, unlinierte Blätter, auf denen der mir Unbekannte von sich berichtete.

* * *

Es war zu Beginn des Winters; mein neunzehnter Geburtstag stand kurz bevor. Spät am Abend kam ich vom Wirtshaus nach Hause. Ich war in Gedanken an etwas, das ich dort gehört hatte. Es war nichts Neues, oft schon waren mir irgendwelche angeblichen Wahrheiten über unsere Familie zu Ohren gekommen. Und wenn ich sie meinen Eltern erzählt hatte, war meine Mutter darüber jedesmal in Aufregung geraten, während der Vater ruhig blieb – höchstens sagte er: »Man bekommt nichts umsonst auf dieser Welt ...«, was ich immer so verstand: Es hat auch Nachteile, der größte Grundbesitzer im Landkreis zu sein. Denn das waren wir, und wir wuchsen weiter: Wo Tauben sind, fliegen Tauben zu, heißt es. Meine drei jüngeren Schwestern, die fast zu jeder Zeit zusammensteckten, verhielten sich dazu, wenn sie überhaupt etwas davon mitbekamen, eher unbeteiligt, nur manchmal lachten sie über irgendein besonders dummes Gerücht.

Ich mochte es nicht, wenn die Mutter sich aufregte, sie wirkte dann immer sehr verstört, aber es gefiel mir, wenn der in seinen Äußerungen stets deutliche und klare Vater diese rätselhaften Sätze sagte. Es beruhigte mich. Denn obwohl ich wusste, dass es Unsinn war, was die Leute redeten, tat es gut, wenn der Vater dies noch einmal bestätigte. Deshalb ging ich an jenem Winterabend – es war schon Nacht – noch in die Werkstatt: Ich sah Licht in den hohen Fenstern, es musste der Vater sein. Er stand an der Werkbank, versunken in den Kalender, in den die Termine für die Versteigerungen eingetragen waren, und bemerkte zuerst nur den kalten Luftzug, der mit meinem Eintreten in den Raum stieß. Rasch zog ich die Tür hinter mir zu. Der gusseiserne Ofen auf seinen zierlich-geschwungenen Füßchen bullerte. Ich trat auf ihn zu, nahm den Schürhaken, ging in die Hocke, öffnete das untere Türchen und zerstieß die durchgeglühten Kohlen, wie ich es schon als Kind gemacht hatte.

»Was tust du da?«, brummte der Vater, aber ich gab keine Antwort.

Ich hängte den Schürhaken an seinen Platz zurück und stellte mich neben den Vater. Leicht berührten sich unsere gut gefütterten Jacken.

»Hier ginge es.« Er zeigte auf einen Tag Mitte Dezember.

»Oder hier«, sagte ich und deutete auf einen anderen.

Ich nahm die Angelrute aus dem Winkel und befreite sie von den Spinnweben, mit denen sie überzogen war. Ich tat es, ohne dabei an etwas zu denken.

»Wie spät ist es?«, fragte der Vater.

Ich sagte es ihm.

»So spät? Ich muss noch einmal nach den Tieren sehen …« Er klappte den Kalender zu und ging davon. Unter der Tür hielt er inne, zog die Brauen hoch und fragte: »Wo warst du überhaupt?«

Und erst da fiel es mir wieder ein, weshalb ich nicht gleich ins Haus gegangen war, und ich lachte auf.

»Weißt du, was sie jetzt wieder reden?«

»Nein«, sagte er mit seiner ruhigen Stimme und drückte die Klinke. Ich ließ die Angel in die Ecke kippen, wo sie, dem Gewicht der Spule folgend, eine halbe Drehung machte und, kurz nachzitternd, stehen blieb. »Was denn?«

»Dass wir nicht alle von dir sind!«

Ich lachte. Aber er sagte nichts. Er sagte keinen seiner rätselhaften Sätze. Stattdessen sah ich, wie sein niedergeschlagenes Lid zuckte. Ich wartete auf seine Antwort und begriff schlagartig, dass es diesmal vielleicht anders war als sonst. Ich hörte das Bullern des Ofens nicht mehr, und mir war, als verschwänden die Farben aus dem Raum; oder ich konnte sie nicht mehr auseinanderhalten.

»Das stimmt doch nicht«, hörte ich mich sagen, »du bist doch mein Vater.«

Sein Lid zuckte noch einmal. Er sah mich an und sah mich zugleich nicht an. Dann drehte er sich um und verließ die Werkstatt. Mein Knie – welches, wusste ich nicht – gab nach, ich erschrak darüber. Dann begann mein Herz zu rasen. Die ganze Nacht über war ich wach. Ging, in mein Zimmer eingeschlossen, auf und ab, auf und ab. Kurz nach Mitternacht klopfte es, und ich hörte die Stimme meiner Mutter nach mir rufen, aber ich öffnete nicht. Im Morgengrauen verließ ich mit zwei Reisetaschen den Hof.

Wie wenig doch Verlass auf das ist, was man empfindet. Wie sehr ich meine Familie auch geliebt hatte, fühlte ich von einem Tag auf den anderen nichts mehr für sie, und es tat mir nicht einmal leid. Einzig für meine Schwestern hatte ich eine vage Zuneigung übrig – die vielleicht auch bloß Mitleid war: Sie waren noch zu jung, um ebenfalls zu gehen. Denn was konnte man anderes tun, als diesen Ort zu verlassen, über dem die Schande lag? Und wer wusste, ob nicht auch meine Schwestern von jemand anderem waren? Es gab keine Sehnsucht oder gar Heimweh – und auch wenn ich nichts vergaß, verschwendete ich doch keinen Gedanken mehr an das Vergangene.

Etwas über eine Woche verbrachte ich in dem schönbrunngelben Hotel am Hauptplatz der Messestadt W., kaum zwanzig Kilometer von Rosental entfernt, bevor ich eine zum Teil möblierte Zwei-Zimmer-Erdgeschosswohnung in einem dreistöckigen Zinshaus am Rande des Industriegebiets bezog und mich einrichtete. Die Miete, am Ersten jeden Monats im Voraus zu bezahlen, betrug knapp fünftausend Schilling. Ich (auch meine Schwestern) verfügte schon damals über eine große Summe Geld, annähernd sechshunderttausend Schilling, somit war mein Auskommen auf Jahre hin gesichert. Betrugen die restlichen Lebenskosten nicht mehr als die Summe für die Miete, würde das Geld fünf Jahre lang reichen, wie ich berechnet hatte; vorsichtshalber ging ich von vier aus, die ich verleben könnte, auch wenn ich keinen Groschen verdiente. Bei einer der städtischen Banken eröffnete ich ein Konto und übertrug das Geld dorthin; das Rosentaler Konto löste ich auf. Nachdem das alles getan war, hatte ich manchmal Momente, in denen ich mich wie blind fühlte, und ich verstand nicht, woher das kam. Ich unternahm Streifzüge durch die Auen, und irgendwann verstand ich: Mein Leben lang hatte ich die Zukunft als etwas in klaren Strichen Vorgezeichnetes gesehen. Ich hatte gesehen, wie ich den Betrieb übernehmen, ihn führen und noch weiter vergrößern – und ihn irgendwann, im Alter, an meinen ältesten Sohn übergeben würde. Das hatte ich deutlich vor mir gesehen. Jetzt sah ich nichts mehr – mein inneres Auge schaute in ein Weiß. Zuerst war ich fassungslos. Aber dann konnte ich nicht glauben, dass ich ins Nichts schauen sollte. Und auf einmal war ich mir sicher: Es war nicht das Nichts. Immer hatte es eine Zeichnung gegeben, es musste auch jetzt eine geben! Nicht, dass ich an Vorherbestimmung geglaubt hätte, aber es konnte einfach nicht sein, dass es für mich nicht wieder eine gab. Ich müsste sie nur erkennen. Die folgenden Monate vergingen mit diesem Versuch, und als wären tatsächlich meine Augen daran beteiligt, als würden sie beansprucht, verschlechterte sich meine Sehkraft innerhalb kurzer Zeit deutlich.

Die Ärzte sagen, man bemerke dergleichen nicht sofort, manchmal dauere es sehr lange. Wie lange bemerkte ich es nicht? Kaum fiel mir aber auf, dass ich unscharf in die Ferne sah, unterbrach ich die Suche sofort. Nicht mehr war es als das: eine Unterbrechung; ich hatte noch keine Zweifel, dass ich am Ende das Gesuchte fände. Die Zweifel kamen erst, als sich mir nach Ablauf eines Jahres noch immer nichts gezeigt hatte. Damals, um mich zu zerstreuen und auf andere Gedanken zu kommen, ging ich abends öfter in eine bestimmte Bar in der Altstadt. Ich hatte mir auch zwei oder drei andere angesehen, aber diese hier gefiel mir am besten; nicht zu laut durchwob Jazzmusik das sogar bei Tag düstere Licht in den beiden, durch einen Rundbogen verbundenen Gasträumen. Sobald ich meine anfängliche Scheu (es war die Scheu des Landmenschen den Städtern gegenüber; in Rosental war ich schließlich Mitglied mehrerer Vereine und fast ständig auf irgendwelchen Veranstaltungen und also unter Leuten gewesen) verloren hatte, beobachtete ich die Besucher: fast nur Männer, einige jünger, die meisten aber über fünfzig, die täglich zu kommen schienen; eine solariumgebräunte Trinkerin unbestimmbaren Alters; dann eine Runde von etwa einem Dutzend jungen Männern zwischen ungefähr siebzehn und dreißig Jahren, die sich nur unregelmäßig zeigte, dann aber in einer solchen Lebendigkeit und Trinkfreudigkeit, dass sie mich, ohne dass es mir bewusst war, offenbar so auffällig anzog, dass man mich eines Tages an den von ihnen besetzten Tisch im hintersten Teil des Lokals winkte.

Bald fühlte ich mich wohl in der Runde; die Distanz

oder auch bloß Vorsicht Unbekannten gegenüber schien es hier nicht zu geben, vielmehr wurde ich mit großer Offenheit von Anfang an in das Gespräch eingebunden. Es tat mir gut, mich nach über einem Jahr wieder mit jemandem ausführlich zu unterhalten; ich hatte das Gefühl, es gebe rein nichts, worüber man nicht mit diesen Männern sprechen könne. Die Stunden bis zur Sperrstunde verflogen, und nach einem letzten Glas spazierte ich mit einem kleinen Teil der Gruppe noch ein weites Stück durch die Stadt, und immer noch wollte das Gespräch nicht abreißen, bis wir uns an einer Kreuzung in der Nähe der Tangente endlich voneinander verabschiedeten.

Von da an gehörte ich irgendwie dazu. Wann immer ich sie in dem Lokal antraf, setzte ich mich zu ihnen. Ich erfuhr nun, weshalb sie nur hin und wieder und nicht regelmäßig herkamen: Sie hatten in einem alten Stadthaus in einer Seitenstraße der Altstadt eine weitläufige, etwas heruntergekommene Wohnung mit Garten, die sie Bude nannten und in der sie sich fast alle Tage trafen; nur, wenn es ihnen dort zu langweilig wurde oder ihnen Wein und Bier ausgingen, suchten sie das Lokal auf. Oft luden sie mich dorthin ein, selten ging ich hin. Man sah der Wohnung an, dass sie einmal sehr schön und sogar herrschaftlich gewesen sein musste; die Räume waren hoch, die Türen zweiflügelig, und es gab richtige Pforten; der Garten riesig und von einem alten Gärtner, den ich ein einziges Mal sah, mit wie ländlicher Nachlässigkeit gepflegt. Dennoch war ich nicht gerne dort; es herrschte eine kühlere, schweigsamere und manchmal fast feindselige Stimmung dort – freilich war das Feindselige nicht gegeneinander gerichtet, sondern auf namenlose Weise wie gegen etwas Unbekanntes. Nach einer Weile bekam ich mit, dass auch Kokain und andere Drogen im Umlauf waren, wovon mir allerdings nie etwas angeboten wurde. Von Zeit zu Zeit tauchte jemand auf, den ich noch nie gesehen hatte, oder es blieb ein anderer lange Zeit oder überhaupt weg; die meisten von ihnen waren Jus- und BWL-Studenten. Auch wenn die Gesprächsthemen vielfältig waren, drehte sich doch vieles um das Studium. Mir wurde das Vokabular geläufig, ich fragte nach, und selten hatte ich sogar etwas gegen ein vorgebrachtes Argument oder eine These einzuwenden. Niemand nahm mir das übel, im Gegenteil schätzten sie meine rasche Auffassungsgabe. Einer der Älteren fragte mich, ob ich nicht selbst studieren wolle, was ich verneinte. Kurz darauf brachten mir zwei Studenten ihre Lehrbücher aus den ersten Semestern mit. Es waren große Stapel. Ich fühlte mich dadurch etwas beschämt, sagte aber nichts und nahm sie mit nach Hause. Ich vertiefte mich in diese Bücher. Über zwei Jahre vergingen auf diese Art und Weise.

Vielleicht hätte ich noch länger derart die Zeit übersehen – denn irgendwie tat ich das; die Monate flogen nur so vorbei, während das Einzige, was sich in meinem Leben ereignete, die Zusammenkünfte mit dem von mir so genannten Kreis waren –, hätte ich nicht eines Morgens im Radio von einem Brandanschlag gehört. Ich hörte, wie meistens um acht oder neun Uhr, mit einem Ohr die Nachrichten, während ich Kaffee kochte und an dem kleinen Küchentisch etwas aß und dabei in einem Buch las. Zunächst horchte ich nur bei dem Straßennamen auf, der genannt wurde. Ich stand auf und drehte das Gerät lauter. In der Nacht war ein von aus Osteuropa und der Türkei stammenden Ausländern bewohntes Haus in der besagten Straße in Brand gesteckt worden; es war vollkommen niedergebrannt, ein die Dachkammer bewohnender dreißigjähriger Mazedonier war dabei umgekommen, viele weitere waren verletzt worden. Die Hintergründe für die Tat seien unklar, sagte der Sprecher. Die Polizei ermittle. Es folgte der Wetterbericht; ich schaltete das Radio ab. Der Straßenname war im Kreis genannt worden, aber ich konnte mich nicht erinnern, in welchem Zusammenhang. Für mich stand fest, dass es sich dabei lediglich um einen Zufall handelte. Abends ging ich in das Lokal, wo ich niemanden antraf; auch nicht an den folgenden Tagen. Einmal lief ich an der Seitengasse vorbei, in der die Bude lag; ein Auto parkte davor. Ich blieb stehen und überlegte für einen Moment, hinzugehen und zu läuten, ließ es aber und ging weiter. Am folgenden Samstag kam am späten Vormittag die Meldung, der Brandstifter des Anschlags in W. sei ausfindig gemacht und festgenommen; es handle sich um einen sechzehnjährigen Tischlerlehrling namens O. Wenig später nahm ich meine Tasse und ging in das andere Zimmer und schaltete den in einer Ecke auf dem Boden stehenden

Schwarzweißfernseher ein, um die Mittagsnachrichten zu sehen. Auch da wurde von dem Anschlag berichtet. Obwohl er sich jetzt die Kapuze des grauen, weiten Pullovers bis tief ins Gesicht gezogen hatte und weder seine wie pupillenlosen dunklen Augen noch die dichten schwarzen, über der Nasenwurzel beinah zusammengewachsenen Brauen zu sehen waren, erkannte ich den Burschen sofort wieder. Ich hatte ihn einmal in der Bude gesehen. Wir waren einander zwar vorgestellt worden, hatten darüber hinaus aber kein einziges Wort miteinander gewechselt. Er war den ganzen Abend über sehr schweigsam gewesen und hatte (mich aussparend) von einem zum anderen geblickt, als suche er jemanden. Ich erinnerte mich nun auch, dass die anderen ihn irgendwie zu übergehen und sich manchmal mit Blicken über ihn zu verständigen oder lustig zu machen schienen und ich mich gefragt hatte, wer er sei und welche Rolle er hier spiele. Der Name im Radio hatte in mir keine Reaktion ausgelöst, denn in der Bude war er anders genannt worden, mit einem Spitznamen, Falke oder Adler oder so ähnlich, obwohl mir auch jetzt keinerlei Ähnlichkeit zwischen ihm und einem Raubvogel auffallen konnte – ich hätte ihn eher Maus genannt. Der Beitrag dauerte höchstens eine halbe Minute. Ich ließ den Fernseher laufen und setzte mich auf mein schmales Bett und rückte ein Buch beiseite. Ich konnte nicht glauben, dass dieser blasse und sprachlose und unsicher wirkende Junge den tödlichen Anschlag verübt haben sollte; zugleich wusste ich, dass es so war und dass der Kreis auf irgendeine Weise damit zu tun hatte. Es machte mir Angst. Ich versuchte, meine Gedanken zu ordnen; später beschloss ich, mich von jetzt an von all dem fernzuhalten.

Zweieinhalb Jahre waren vergangen, seit ich in W. lebte. Inzwischen war von meinem Vermögen nur noch ein Bruchteil übrig; über die Maßen hatten die bisweilen mehrmals wöchentlich stattfindenden nächtlichen Touren es vermindert. Entsetzt stellte ich fest, dass mir von den sechshunderttausend Schilling nicht mehr als hundertdreißigtausend blieben – nachdem die Miete um eintausend pro Monat erhöht worden war, kaum genug für ein Jahr.

Obwohl weitaus weniger geschah, verging die Zeit in der Stadt für mich entscheidend schneller, als sie auf dem Land vergangen war; es war, als ließen die fehlenden Ereignisse, indem sie ihr keinen Widerstand boten, die Zeit rascher verrinnen. Aber mir tat es nicht leid um die mit nichts vergeudete Zeit; doch ich bedauerte furchtbar, all das Geld durchgebracht zu haben, ja, ich schämte mich. Hatte ich nicht irgendetwas machen wollen? Hatte ich nicht nach der Zeichnung suchen wollen?

Es fiel mir schwer, von bestimmten Gewohnheiten zu lassen; es zog mich abends in die Stadt, und oft saß ich in irgendeiner Kneipe (nur nicht mehr in der einen, die ich mied) und trank ein paar Gläser Bier. Davon abgesehen, sparte ich nun, wo es nur ging; an meiner Kleidung, auf die ich immer so viel Sorgfalt verwendet hatte, war es bald deutlich festzustellen: Das starke Sakko war hinten am Kragen, an beiden Ellbogen und im Innenfutter einer Seitentasche fadenscheinig geworden, und obwohl ich es regelmäßig wusch, wurde es den schalen und kalten Geruch nach Zigarettenrauch nicht mehr los; die dunklen und nun auch die eine hellere Stoffhose waren abgetragen und ausgewaschen; und die Absätze sowohl meiner Stiefel wie meiner Halbschuhe waren schiefgelaufen. Ich sparte; trotzdem rann mir das Geld, wie mir vorkam, schneller denn je durch die Finger, und nach einem halben Jahr besaß ich fast nichts mehr.

Ich sah keine Zeichnung mehr, und doch war ich der festen Überzeugung gewesen, es müsse eine geben. Aber woher diese Überzeugung? Einfach daher, weil es immer eine Zeichnung gegeben hatte; es war eine Überzeugung, die aus Gewohnheit kam und durch Gewohnheit in mir verankert war. Von klein auf hatte ich in dem Bewusstsein gelebt, dass mir alles zustehe: Alles würde einmal mir gehören. Das war meine Zeichnung ... Obwohl nichts mehr mir gehörte, weil ich mit meinem Weggehen auf alles verzichtet hatte, lebte ich immer noch in diesem Bewusstsein – oder: lebte dieses Bewusstsein noch in mir. Plötzlich bemerkte ich, wie es zerbröckelte. Nichts mehr stand mir zu. Es gab keine weitere solche Zeichnung. Diese Erkenntnis erschreckte mich, und ich fühlte mich, als würde mir der Boden unter den Füßen weggezogen ...

Und ich wollte diesen Boden zurück. Was es auch sei,

ich würde alles dafür tun. Würde mir eine Zeichnung erschaffen. Etwas, auf das ich hinarbeiten, hinleben würde. Unablässig arbeitete mein Gehirn und ließ mich nachts kaum noch schlafen. Beständig kreiste es um eigentlich nur eine einzige Frage: An wen könnte ich mich wenden? Wer würde mir helfen können? Von den Mitgliedern des Kreises abgesehen, hatte ich niemanden hier kennengelernt. Meine Schulzeit hatte ich zuerst in Rosental, dann in der Landwirtschaftsschule von S. verbracht ... Die ersten Jahre sogar als Internatszögling ... Mit dem Vermieter wechselte ich nur die allernotwendigsten Sätze ... Nein, es blieb nur der Kreis. Im Geist ging ich die Mitglieder durch, doch im Grunde wusste ich von kaum einem einzigen Genaueres – wie sollte mir da einer von ihnen nützlich sein? Wovon hatten sie eigentlich gesprochen? Mir fielen Gesprächsfetzen ein, ungeordnet und sinnlos. Zuletzt war oft von winterlichen Ballveranstaltungen die Rede gewesen, von den Mädchen, die man dort angeblich aufgabeln konnte. Obwohl zusehends mehr solcher Fetzen mir einfielen, blieb dieser eine im Vordergrund und ließ mich alle anderen lediglich undeutlich und schwach sehen, als wären sie bedeutungslos. Dabei war ich sicher, dass es gerade die anderen waren, die ich sehen sollte, dass in einem von ihnen – oder mehreren, die sich als zusammengehörend herausstellen würden – etwas zu finden sei, was mir weiterhelfen würde. Der Gedanke an irgendwelche fremden, namenlosen Mädchen, war er je mehr fehl am Platz gewesen?

Der Winter war hereingebrochen. Einem feuchten, schneereichen Dezember folgte ein klirrend kalter, glasklarer Januar. Ohne zu verstehen, was ich da tat, sah ich mir Ende des Monats fast mit Schrecken dabei zu, wie ich mein letztes Geld für ein gebrauchtes Nadelstreifensakko und eine Eintrittskarte für den größten Ball der Stadt ausgab.

Der Ball fand in dem ehemaligen Theater statt, unweit des Hauptplatzes. Es waren sehr viele Leute dort. Laut die Musik. Ich schlenderte von einem Saal in den anderen, vom Erdgeschoss in den ersten Stock und von dort in noch ein weiteres Geschoss, und hielt Ausschau, ob ich jemanden kannte, fand aber niemanden. Ich blieb hier stehen, dort stehen, nichts jedoch erregte meine Aufmerksamkeit, weder die verschiedenen Tanz- und Showeinlagen noch die mit orientalisch wirkenden Stoffen abgetrennten Séparées in den Rängen, noch die Tombola, deren Hauptpreis, soweit ich es mitbekam, eine eindrucksvolle, mehrstöckige, auf einem silbernen Servierwägelchen thronende Torte war. Ich wechselte die Räume, das leere Glas in meiner Hand – wozu hielt ich es? Weshalb ließ ich mir nicht nachschenken? Hin und wieder beobachtete ich durch ein Fenster das Schneegestöber draußen. Ich wurde unruhig. Als mich eine junge Frau am Rand der großen, lackglänzenden Tanzfläche im Parkett ansprach, verzog ich das Gesicht, als wäre sie nicht wirklich, nicht aus lebendigem Fleisch und Blut, sondern jener Gedankenfetzen, der mich hierhergeführt hatte. Überall das Glitzern … Ich wandte mich von ihr ab. Plötzlich entdeckte ich jenseits der Tanzfläche, vertieft in ein Gespräch, heftig gestikulierend, Schwarz. Als tanzten nicht Dutzende wie wirbelnde Blätter durch meine Sicht, sah ich Schwarz genau vor mir. Er legte seinem Gesprächspartner die Hand auf den Arm und sagte etwas, und der andere lachte und machte eine wegwerfende Bewegung; erst danach ließ Schwarz seine Hand sinken. Ich wartete noch ein paar Minuten, dann umkreiste ich die Tanzfläche und trat an den immer noch ins Gespräch Vertieften heran.

»Schwarz«, sagte ich, »wie schön, Sie zu sehen!«

»Ah«, sagte er und lächelte, gab mir aber weder die Hand noch stellte er mich vor.

»Wenn Sie einen Moment Zeit haben, würde ich gerne mit Ihnen sprechen«, sagte ich und nickte dem anderen höflich zu.

»Ich bin gerade im Gespräch«, sagte Schwarz, »aber später sehr gerne.«

»Sehr gut«, sagte ich, »danke. Ich warte da drüben.«

Ich zeigte dorthin, wo ich zuvor gestanden war.

»In Ordnung«, sagte Schwarz und wandte sich ab.

Ich musste ungefähr eine Viertelstunde warten, bis die beiden Männer sich voneinander verabschiedeten. Sie entfernten sich in die andere Richtung, und ich wollte schon hinterhergehen, als Schwarz' Gesprächspartner stehen blieb und sich umdrehte und in meine Richtung blickte. Schwarz war ebenfalls stehen geblieben. Der andere sagte etwas. Schwarz sah zu mir her, dann wieder zu dem anderen und machte eine unbestimmte Geste. Ich sah, wie er etwas sagte und lachte – und weiterging. Mich überkam Zorn, und ehe ich mich versah, lief ich Schwarz hinterher. Ich holte ihn auf der Treppe ein. Er war allein.

»Schwarz«, sagte ich ein wenig außer Atem. »Warten Sie doch!«

»Was willst du?«, fragte er unfreundlich.

Ich ignorierte, dass er mich duzte.

»Ich stecke in der Klemme«, sagte ich. »Ich suche eine Arbeit. Und als ich Sie gesehen habe, dachte ich, vielleicht können Sie mir helfen.«

»Kann ich leider nicht«, sagte er und wollte weitergehen.

Mein Zorn, dass er mich einfach so beiseitewischen wollte, und meine Verzweiflung brachen sich Bahn.

»Schwarz«, rief ich. »Sie müssen mir helfen!«

»Müssen…«, sagte er, als scherzte ich. »Müssen tut man gar nichts. Nur sterben muss man.«

»Doch, Sie müssen«, sagte ich. »Ich habe Sie in der Hand.«

Fragend und nun wirklich belustigt schaute er mich an. Ich sah, dass er mich nicht ernstnahm, und wurde noch zorniger, aber ich beherrschte mich und sprach leiser.

»Ich zeige Sie an, Schwarz.«

»Anzeigen? Warum?«

»Tun Sie nicht so. Sie wissen genau, wovon ich spreche.

Wenn Sie möchten, kann ich es Ihnen aber gerne in Erinnerung rufen.«

Sein Ausdruck veränderte sich, wurde hart und verschlossen.

»Diese Sache in der ...gasse war Ihre Idee«, sagte ich.

Da machte er einen Schritt auf mich zu und sagte mit scharfer Stimme:

»Sie täuschen sich. Sie bringen da etwas durcheinander. Und jetzt bitte ich Sie, mich in Frieden zu lassen. Auf Wiedersehen!«

Dann drehte er sich um und ging, dabei jemanden anrempelnd, eiligen Schritts davon. Ohne die Erscheinung aus den Augen zu verlieren, verharrte ich ein paar Sekunden regungslos, dann folgte ich ihr über die Treppe. Ich sah, wie er in einen Korridor bog und in einem Hinterzimmer verschwand. Ich ging hinterher und spähte in das Zimmer. Schwarz hatte in einer Runde an einem Tisch Platz genommen, aber der Raum war abgedunkelt, und ich konnte nicht viel erkennen. Ich wartete ein paar Minuten, bevor ich meinen ganzen Mut zusammennahm und eintrat.

»Schwarz«, sagte ich, trat auf ihn zu und legte ihm, bevor er sich noch erheben konnte, die Hand fest auf die Schulter. Mit gespieltem Lachen wandte er sich von mir ab und seiner Tischgesellschaft zu:

»Ein alter Bekannter ...«

»Steinau«, sagte ich und nickte in die Runde, neben Schwarz zwei Männer von etwa vierzig Jahren, eine ältere

Dame mit bläulichweißem Haar und schimmernden Perlenohrringen und ein gut Fünfzigjähriger, von zwei ihm zugewandt sitzenden, höchstens zwanzigjährigen Frauen in weißen Kleidern eingerahmt. Man sah mich auf eine bestimmte Art an; ich kam ungelegen. Auf dem mit cremefarbenem Krepppapier bespannten Tisch standen eine Menge Wein- und Schnapsgläser. Die Musik drang nur gedämpft herein.

Eine Karaffe aus Kristallglas, zu einem Drittel gefüllt mit Whisky oder Kognak, stand zwischen all den Gläsern in der Mitte des Tisches. Sie ließ mich an eine ebenso dickwandige, ebenso geheimnisvoll funkelnde Karaffe denken, mit der meine Schwestern, als sie noch kleiner waren, oft gespielt hatten – sie hatten sie mit rotem Saft gefüllt und den Saft dann in kleine, sonst nie verwendete Gläser ausgeschenkt und sich gegenseitig bewirtet und auch mir manchmal ein solches Glas gebracht. Welcher Saft war es? Nur noch die Farbe sah ich vor mir ... Die Erinnerung half mir, mich zu fassen. Denn mich zu fassen – das tat not: Ich war Schwarz gefolgt, um ihn dazu zu bringen, mir zu einer Anstellung in seiner Kanzlei zu verhelfen – oder zu irgendetwas, irgendwo; jetzt sah ich, dass ich dem Unternehmer M. gegenüberstand, der mir ein Begriff war, seit ich denken konnte. Mehrmals hatte ich ihn in den vergangenen Monaten in der Stadt gesehen und hin und wieder sogar gedacht, ihn anzusprechen. Aber was hätte ich ihm sagen sollen? Man konnte nicht einfach jemanden um eine Arbeit bitten, den man nicht kannte … M. musste mein Starren auf die Karaffe bemerkt haben.

»Ein Geschenk meiner Mutter«, sagte er.

»Geschmack kann man nicht kaufen«, sagte ich wie zu mir selbst und blickte in die Runde.

Das Gesicht der Alten, die mich mit leicht zusammengezogenen Brauen musterte, wurde weich.

»Das hat mein Mann auch immer gesagt«, kam es zwischen ihren gepuderten Lippen hervor. »Wie, sagten Sie, war Ihr Name?« Sie sah Schwarz streng an.

Schwarz sagte, ohne mich anzublicken: »Herr Steinau.«

Ich sah Schwarz munter an:

»Ich wollte mich nur kurz verabschieden – vorhin habe ich Sie irgendwie plötzlich aus den Augen verloren. Verzeihen Sie, bitte! Wir sind« – jetzt richtete ich mich an die anderen – »fast etwas wie Freunde, seit ich hier in der Stadt bin.«

Während ich sprach, betrachtete ich genau ihre Gesichter. M. sah mich zurückhaltend, vielleicht auch bloß höflich an; die Alte nahezu sehnsüchtig, durch meine zufälligen Worte erinnert an lange Vergangenes; die beiden Männer nahmen mich kaum wahr; das jüngere der Mädchen musterte mich unverhohlen – klappte ab und zu mit den Augen: gelangweilt; die andere aber hob kaum den Blick. Zuerst sah ich sie nur, mein Gehirn registrierte sie, wie es alle anderen registriert hatte, und mein Blick ging weiter; aber auf einmal, von einer Sekunde auf die andere, schnellte nicht mein Blick, aber gewissermaßen mein ganzes Innere zu dem Mädchen zurück, ich vergaß Schwarz und was ich von ihm gewollt hatte. Ich nahm nur noch sie wahr, diese junge Frau in dem schulterfreien einfachen Kleid.

»Vielleicht«, wandte ich mich in vertraulichem Ton an Schwarz und setzte dabei eine sorgenvolle Miene auf, »vielleicht können Sie mir helfen.«

»Ja«, sagte Schwarz, und in seinen Augen blitzte es, »ich werde sehen, was sich machen lässt.«

»Sie wissen, ich bin zuverlässig.«

»Jaja, Steinau.« Er sagte es abweisend.

»Ich verabschiede mich«, sagte ich und tat einen Schritt zurück. »Schöne Stunden noch auf dem Ball!«, wünschte ich den Mädchen, wobei mein Blick der Älteren galt. Auf ihren Lidern lag ein dunkler Schatten als auf jenen ihrer Schwester.

Ich nickte noch einmal leicht und wandte mich zum Gehen. Zufrieden überlegte ich bereits den nächsten Schritt. Der Unternehmer M. war derjenige, an den ich mich halten musste. Ich fragte mich, ob ich M. einen Brief schreiben sollte oder anrufen und mich mit ihm verbinden lassen oder gar einfach vorbeikommen? Er würde sich an mich erinnern: ein Freund seines Freundes Schwarz, mit dem er auf dem Ball zusammengesessen war.

»Welche Hilfe benötigen Sie denn?«

Überrascht und nur halb sicher, gemeint zu sein, drehte

ich mich zum Tisch zurück. Die Ältere hatte gefragt. Sie sah mich vorsichtig an, mit einem zurückhaltenden Lächeln.

»Eine Arbeit ... ich suche eine Arbeit ...«

Eine Stille entstand. Niemand sagte etwas. Ich bemerkte, wie alle erstaunt waren. M. sah seine Tochter, dann seine Mutter an. Kaum merklich zuckte er mit den Schultern und sagte:

»Sie können ja einmal vorbeikommen ...«

»Ja«, sagte ich, »vielen Dank« – mehr bekam ich nicht heraus.

Im nächsten Moment fand ich mich auf einer breiten Steintreppe wieder. Ich war aufgeregt und glücklich. Ich blieb stehen und schaute zurück: Niemand war zu sehen. Ich nahm meine Geldbörse aus dem Sakko und zählte die verbliebenen Scheine. Dann steckte ich die Börse weg und machte ich mich auf den Heimweg; es war windig, und obwohl es nicht mehr schneite, wirbelten immer noch Flocken durch die klare Januarluft.

Wenn wir in die Stadt gekommen waren, fuhren wir oft an dem weitläufigen Betriebsgelände vorbei, und er, der mein Vater gewesen war, drosselte die Geschwindigkeit und wies auf die Anlagen und sagte: »Das ist der M.!«, als wären Person und die Gebäude des Unternehmens eins. Wer schon im Umkreis so bekannt war, dachte ich, den musste in der Stadt jeder kennen: Es fällt nicht schwer, in einer Bar ein Gespräch über jemanden anzufangen, der bekannt ist. Und so hatte ich bald alles erfahren, was ich wissen wollte.

M. wohnte mit seiner Mutter und den beiden Töchtern in einer Villa im Südwesten der Stadt. Der Vater lebte seit sehr langem nicht mehr. M.s Frau war gestorben, als die zweite Tochter ein Jahr alt war. Eine Unzahl von Ärzten war ins Haus geholt worden, keiner wusste, was die Ursache dafür war, dass sie immer schwächer wurde, nicht einmal, weshalb ihr nach und nach sämtliche Zähne ausfielen. Nach ihrem Tod verkaufte M.s Mutter das Haus, das ihr Mann gebaut hatte, zog zu ihrem Sohn und den Enkeltöchtern. Die beiden Mädchen hatten keine Erinnerung an ihre Mutter. Sie glichen sich in ihrem Äußeren und in ihrem Wesen stark, und obwohl sie zwei Jahre trennten, kam es vor, dass jemand sie verwechselte. Die Mädchen hingen sehr an ihrem Vater – weitaus mehr als an der Großmutter. Sie spielten Klavier und erhielten Reitunterricht, und eine Zeitlang besaßen sie sogar ein eigenes Pferd, einen Hannoveraner Wallach, samt Beistellpferd. Als Lydia, die ältere der beiden, sechzehn Jahre alt war, kam ein Mailänder Geschäftsfreund ihres Vaters auf Besuch. Er kam fast jedes Jahr einmal, und wie immer brachte er auch diesmal eine Keule Parmaschinken mit und blieb über Nacht. Die Mädchen und die Alte schliefen längst, während die Männer noch saßen und Wein tranken. Später klagte der Mailänder über einen merkwürdigen Druck in der Brust und Schmerzen im Arm, und M. zögerte nicht lange und brachte ihn ins Krankenhaus, wo er wegen Verdacht auf Angina Pectoris dabehalten wurde und nach zwei Tagen wieder entlassen wurde. In der Zwischenzeit war sein siebenundzwanzigjähriger Sohn Alfredo – Freddy – aus Rom, wo er an seiner Dissertation schrieb und einmal in der Woche in einem Jazzclub als Saxophonist auftrat, angereist, um seinen Vater nach dessen Genesung nach Hause zu begleiten. Lydia und Freddy verliebten sich ineinander. Vorerst verheimlichten sie es, aber als Freddy schon wenige Wochen später wieder vor der Tür stand, gab es kein Geheimnis mehr. Ganz im Gegensatz zu dem Mailänder war M. nicht erfreut; allzu groß erschien ihm der Altersunterschied, und er hielt es zudem für entschieden zu früh, mit sechzehn Jahren eine feste Bindung einzugehen; dennoch schritt er nicht ein und ließ den Dingen ihren Lauf. Als Freddy ein Jahr später um Lydias Hand anhielt, willigte M. ohne Einwände ein. Freddy hatte seine Arbeit inzwischen abgeschlossen und war nach Mailand zurückgekehrt, um ins väterliche Unternehmen einzusteigen. Auch dort trat er einmal in der Woche in einem Club auf. Er richtete eine geräumige Wohnung mit Balkon auf der Piazzale Selinunte ein. Das Mädchen fuhr, so oft es die Schule erlaubte, nach Mailand und ging ihrem Verlobten zur Hand. Sie mochte die Lage der Wohnung: Die Galopprennbahn war gleich in der Nähe. Sie beendete das Schuljahr mit ausgezeichneten Noten; die letzte Klasse würde sie an der Deutschen Schule in Mailand absolvieren, wo sie bereits aufgenommen war. Die Heirat sollte noch zuvor, im Au-

gust, stattfinden, und zwar in einer bestimmten Kapelle
ein Stück außerhalb von W. – Lydia wünschte es sich so,
es war die Kapelle, in der sie getauft worden war. Eine
Woche vor dem Termin kam Freddy an. Die ganze Stadt
sprach davon, sogar das Lokalblatt erwähnte das bevor-
stehende Ereignis, und Lydia genoss es, wenn sie abends
durch die Stadt spazierten und sie bemerkte, dass man sie
erkannte. Das Gerede über das junge Alter der Braut ent-
ging ihr nicht – aber es ärgerte sie nicht, sondern belus-
tigte sie höchstens: Was machte es, wo sie sich ihrer Sache sicher war?

Lydias Trauzeugin war ihre Cousine mütterlicherseits,
Sandra, die nach der Schule zunächst bei einer Filmpro-
duktionsfirma gearbeitet hatte, seit einer Weile für ver-
schiedene Modezeitschriften fotografierte. Auch sie kam
einige Tage vor der Hochzeit angereist und bewohnte
eines der Gästezimmer der Villa. Am Abend vor dem Fest
wurden die Brautleute getrennt, sie sollten einander erst
vor der Kapelle wiedersehen – so war es Brauch, auf dessen Einhaltung die Großmutter gepocht hatte. M. fuhr
mit Lydia in die Auen und unternahm mit ihr einen
ausgedehnten Spaziergang. Anstatt ihr irgendwelche
Ratschläge zu geben, wie sie es erwartet und befürchtet
hatte, erzählte der Vater zum ersten Mal, wie er ihre Mutter kennengelernt hatte. Lydia ging neben ihrem Vater
her, und eine namenlose Wehmut vermischte sich mit
einer starken Sehnsucht nach Freddy, und sie wusste
schließlich selbst nicht, ob sie auf dem Weg in das Res-

taurant ihr Unwohlsein nur vorschützte oder ob ihr tatsächlich nicht gut war. Sofort wendete der seit dem Tod seiner Frau leicht zu beunruhigende Vater den Range Rover und fuhr sie nach Hause und ermahnte sie, sich unverzüglich ins Bett zu legen. Sie lief die Treppe hoch und öffnete die Tür zu ihrem Zimmer. Auf der Schwelle blieb sie stehen. In ihrem pinkfarben lackierten Bett lagen Freddy und Sandra.

Das letzte Schuljahr absolvierte sie an einem Privatgymnasium in einer anderen Stadt – mit den gewohnten ausgezeichneten Noten. Im Anschluss daran begann sie, im Unternehmen ihres Vaters zu arbeiten; in einem eigenen Büro war sie an fünf Tagen in der Woche von acht Uhr morgens bis halb sechs Uhr abends für einen Bereich des Einkaufs zuständig. Das Klavierspiel und das Reiten und auch ihre bisher regelmäßigen Kirchenbesuche gab sie auf. Abends setzte sie sich zum Vater ins Wohnzimmer, lehnte sich an ihn und sah zusammen mit ihm die Nachrichten, dann zog sie sich zurück und legte sich früh schlafen. Nur wenn es ihrem Vater oder ihrer Schwester wichtig war, dass sie zu irgendeiner Veranstaltung mitkäme, ließ sie sich dazu überreden.

Mir war, als hörte ich nichts Neues, als hätte ich all das schon in jenem Hinterzimmer erfahren. Man sagte, die beiden Schwestern sähen sich trotz aller Ähnlichkeit nicht mehr ähnlich; ihre einander gleichenden Gesichter nähmen völlig unterschiedliche Züge an. Bei Alma sei alles Erwartung und Forderung, bei Lydia gebe es weder

das eine noch das andere. Und ich hatte es gesehen: Bei
Lydia sprach aus jedem Winkel des Gesichts, ohne den
kleinsten Ton der Empörung oder auch bloß der Trauer,
nur sehr bestimmt der Satz: Ich habe nichts, und ich hatte
nichts, und ich werde nichts haben als mich selbst.

Für M. war es zunächst wohl nichts als ein Gefallen, den
er seiner Tochter tat, dass er mich für drei Monate bei sich
arbeiten ließ – auf Probe, wie er die Tatsache nannte,
dass er mich nach Ablauf dieser neunzig Tage wieder los
sein würde.

Den ersten Monat – es war der März – arbeitete ich
im Lager. Es war eine sehr anstrengende Arbeit von sechs
Uhr morgens bis fünf Uhr abends mit einer halben
Stunde Pause am Vormittag, zu Mittag und am Nachmittag, die ich jeweils, irgendetwas essend, halb dösend verbrachte; seit Jahren war ich keine körperliche Arbeit mehr
gewöhnt. Ich hatte Muskelkater und Blasen an den Händen und war dem Spott der anderen Arbeiter ausgeliefert,
die mich nicht ausstehen konnten, weil ich an ihren der-
ben Unterhaltungen nicht teilnahm. Es war aber gar nicht
ihr derbes Gerede, was mich abstieß, es waren die Arbeiter selbst – der Arbeiter an sich, in dem ich den Be-
sitzlosen sah. Und besitzlos zu sein, stellte dort, wo ich
herkam, die größte Furcht dar. Und deshalb war der Be-
sitzlose der Niedrigste; und so sah auch ich es, immer
noch, trotz allem, ja sogar mehr denn je.

Durch irgendeine Äußerung des Vorarbeiters hatte ich

geglaubt, den zweiten Monat anderswo zugeteilt zu werden, aber als ich nachfragte, hieß es, ich hätte etwas falsch verstanden. Noch ein Monat verging. Meine Hände und Muskeln gewöhnten sich, und abends fiel ich nun nicht mehr sofort ins Bett, sondern saß noch bis spät am Küchentisch und tat, was ich auch den Tag über getan hatte: Ich wartete.

Zu Anfang meines dritten Monats im Lager hatte das Warten ein Ende: Ich wurde zu M. bestellt. Der Vorarbeiter, der mir die Nachricht überbrachte, sah mich dabei nicht an. Ich stellte die Kiste, die ich eben nach hinten tragen wollte, ab, wischte mir die Hände an der Hose ab und verließ das Lager Richtung Bürogebäude. Seit ich angefangen hatte, war ich M. nicht begegnet.

Endlos kamen mir die – fünf? zehn? – Minuten vor, die ich in dem mit einem ins Grün stechenden Cordsofa und einem leeren Kleidungsständer möblierten Vorraum warten musste, bevor die ältliche Sekretärin mich vorließ. Schon im Lager hatte ich die Aufgeregtheit am Körper gespürt; mein Herz schlug, mein Atem ging schneller; Adrenalin, das mir ins Blut schoss. Aber es war kein Hauch von Angst dabei, sondern einzig reine Lust – nicht solch gemeine, die mich in die Hölle bringen würde. Ich betrat M.s Büro, und hinter mir schloss sich die Tür.

Es war ein bestimmt sechzig Quadratmeter großer Raum. Er war hell durch die Glasfront an zwei Wänden und die fast durchgängig weiße Möblierung; sogar die Bodendielen waren aus gekalkter Eiche. Es hatte etwas

Unwirkliches, durch solches Weiß – durch solche Kon-
turlosigkeit – zu gehen. An einer Wand hing ein Bild –
ein Foto? ein Gemälde? –, das wirkte, als sähe man aus
einem großen Fenster auf einen sich aus nebligem Mor-
gendämmer hebenden, sanft von rechts nach links ab-
fallenden Hügelrücken.

M. sagte etwas, vielleicht zu dem Bild, was ich nicht
verstand, und wies auf einen Stuhl auf der anderen Seite
des bis auf die Glasplatte ebenfalls weißen Schreibtisches,
an dem er saß. Behutsam, um nichts schmutzig zu machen, setzte ich mich.

»Eine Reproduktion, natürlich.«

Er lächelte gedankenverloren, besann sich und begann,
in einer Ablage zu kramen. Auch das Rascheln des Papiers
war weiß.

»Ja«, sagte ich.

M. hatte das gesuchte Blatt gefunden und trug irgendetwas ein; dann sagte er, immer noch schreibend: »Das
ist das Blatt für die Versicherung. Irgendwie muss es liegen geblieben sein ... Ich muss Sie anmelden, wissen Sie,
rückwirkend ... Seit wann sind Sie hier, sagten Sie?«

Ich nannte das Datum. Ob er sich überhaupt noch erinnerte, wie es zustande gekommen war, dass ich hier war?
Er warf einen Blick auf seine Uhr und trug das Datum ein.
Dann überflog er noch einmal alles, legte den Kugelschreiber auf das Papier und schob es mir hin.

»Ganz unten, bitte«, sagte er und machte eine vage
Geste, als reiche er etwas hinterher. Ich rückte den Stuhl

an den Tisch heran, nahm den schmalen, silbernen Stift, suchte die freie Stelle und unterschrieb. Er nahm das Papier wieder, überflog es noch einmal.

»Gut«, sagte er. »Also gut, Herr Steinau.«

Einige Sekunden verstrichen, ohne dass etwas geschah. Ich lehnte mich zurück. Obwohl ich aufgeregt war, blieb mein Atem ruhig, ich fühlte mich wie ein Schauspieler auf der Bühne, dessen Kollege den Text vergessen hat – ich wartete, dass er ihm endlich einfiele. Denn ich wusste, wie es – nachdem das Stichwort gefallen war – weitergehen würde. M. erhob sich. Er trug blaue Jeans zu dem blütenweißen Hemd. Verwundert folgten meine Augen ihm, und nach einer kurzen Weile stand auch ich auf. Er ging zur Tür und öffnete sie. Als er bemerkte, dass ich ihm nicht gefolgt war und mich kaum vom Schreibtisch entfernt hatte, runzelte er die Stirn und legte den Kopf leicht schief.

»Steinau ...«, sagte er dann, »sind Sie zufällig mit dem Steinau in Rosental verwandt?«

Der Groschen war gefallen. Ich lächelte und nickte.

»Ja«, sagte ich.

»Es ist noch nicht lange her, da hat mir jemand von der Geschichte erzählt.«

Er kam mir für einen Moment auf eine merkwürdige Art abwesend vor, als denke er eigentlich an etwas anderes. Er warf mir einen kurzen, fast verstohlenen Blick zu.

»Und der Junge hat sich nie wieder gemeldet?«, fragte er.

»Nein«, sagte ich.

Dann schüttelte er den Kopf und seufzte, als wolle er einen Schlussstrich unter das Gespräch ziehen: »Ach ja.«

»Nein«, wiederholte ich, beharrend, seinen Schlussstrich übergehend, »ich habe mich nie wieder gemeldet.«

»Sie sind das, tatsächlich?«

Er war überrascht, aber nicht allzu sehr; er musste bereits etwas geahnt haben.

Ich machte eine knappe bejahende Kopfbewegung.

»Aber warum? Warum haben Sie alles aufgegeben?«

Er sah mich interessiert an.

»Es ist alles besser als ein Leben in Schande.«

Er schloss die Tür und ging an den Schreibtisch zurück. Er ließ sich in den Drehsessel fallen und sah mich aufmerksam an. »Warten Sie.«

»Wann fangen Sie morgens an?«, fragte er nach einer Zeit.

»Um sechs«, antwortete ich.

»Um sechs«, wiederholte er. »Wer ist Ihr Vorarbeiter?«

Ich sagte es ihm.

»Gehen Sie jetzt nach Hause«, sagte er, »und kommen Sie morgen um acht zu mir.«

Er sprach wie von weither und als wäre ich nicht anwesend.

Ich war sicher gewesen, dass er schon längst und nicht erst kürzlich davon gehört hatte, und vielleicht war es sogar so, und er hatte auch damals davon gehört und es dann wieder vergessen. Denn wie viele Geschichten musste einer wie er im Lauf der Zeit zu hören bekommen? Mir wurde bewusst, wie geradezu dumm es von mir gewesen war, mich darauf zu verlassen, dass er von sich aus darauf käme. Rasch verabschiedete ich mich und verließ das Büro, grüßte die Sekretärin und ging nach Hause.

Es war keine Frage der Sympathie. Das war vollkommen klar. Oder besser gesagt, Sympathie spielte keine Rolle. Er konnte es einfach nicht ertragen, jemanden, der einen der größten Landwirtschaftsbetriebe des Landes führen sollte (ja: der dazu – von wem auch immer – gezeugt und großgezogen und erzogen worden war), wie irgendeinen Ungelernten und Ungelehrigen Kisten schleppen zu wissen. Ich fühlte mich wie ein Sieger, denn mein Plan war aufgegangen. Ich hatte hoch gesetzt – und gewonnen. Würde sich meine Hoffnung erfüllen, wäre das hier wirklich der Anfang von etwas Neuem?

Nicht nur M., auch Lydia war ich während der zwei Monate im Lager nie begegnet. Nach einem den gesamten Vormittag dauernden, von nur wenigen Störungen unterbrochenen Gespräch zwischen M. und mir änderte sich das. Wir waren auf seinen Vorschlag hin übereingekommen, dass ich von nun an – diesmal hieß es nicht mehr: auf Probe – direkt für ihn arbeiten sollte, als eine Art rechte Hand, wie er es halb scherzhaft nannte. Mir gefiel das Wort: Genau das war mir vorgeschwebt. Ich fragte mich, was wohl den Ausschlag für sein Angebot gegeben hatte. War es nur die Tatsache, dass er etwas gegen die Verschwendung von Talent hatte? Wollte er mich als eine Art Trophäe besitzen (ob nun jemand davon erführe oder nicht)? Oder nahm er vielleicht gar Anteil an meinem Schicksal? Welcher der entscheidende Grund war, für mich machte es keinen Unterschied.

Noch am selben Tag führte er mich durch die vier Büros (in nur einem saßen zwei Angestellte: die beiden Männer vom Ball, die mich nicht wiedererkannten), erklärte mir in kurzen Sätzen, wer wofür zuständig war; die Angestellten sahen jeweils nur kurz von ihrer Arbeit auf, erfuhren nicht, wer ich war, oder was – M. hatte vielleicht selbst noch keine offizielle Bezeichnung dafür. Zuletzt führte er mich ins Büro seiner Tochter; hier kehrte es sich um, er sprach mit ihr anstatt mit mir und stellte mich ihr vor und teilte ihr mit, dass ich von nun an für ihn arbeiten würde. Ich blieb fast in der Tür stehen – ich hielt es für unwahrscheinlich, dass sie wusste, dass ich tatsächlich vorstellig geworden war, und wusste nicht, wie sie reagieren würde, wenn sie mich nach Monaten so unverhofft wiedersah. Sie freute sich, und ganz anders als in der Ballnacht sah sie mich offen an, als sie mir die Hand reichte. Nach der kleinen Führung entließ M. mich; ich sollte die restliche Woche freinehmen, meine Sachen in Ordnung bringen, wie er sagte, und in der folgenden Woche anfangen. Leichten Schritts verließ ich das Gebäude und trat in silbernes Sommerlicht: Beinah unbemerkt war das Frühjahr an mir vorübergezogen. Auf dem Weg über das Betriebsgelände begegnete ich dem Vorarbeiter, der meinen Gruß nicht erwiderte. Es fiel mir kaum auf, denn einerseits war ich es gewohnt, andererseits dachte ich an Lydia und an ihre auf einmal offene und gar nicht schüchterne Art – und dass mich das im Nachhinein auf eine unbestimmte Weise ein kleinwenig verunsicherte.

Anfangs fragte ich mich, ob er es vielleicht selbst nicht wusste, wofür er mich einsetzen sollte. Wie nach dem Zufallsprinzip kam ich mir einmal für ein paar Tage in dieses, dann in jenes Büro geschickt vor ... So sehr es mich langweilte, anderen bei der Arbeit nur zuzusehen, bekam ich so mit der Zeit doch Einblick in die verschiedenen Geschäftsfelder von M.s Unternehmen; mehr und mehr unterhielt ich mich mit den Angestellten, die mir nun nicht mehr so verschlossen vorkamen. Nach etwa einem Monat nahm M. mich beiseite und sagte, dass ich doch hoffentlich keine Flugangst hätte. Ich sah ihn nur fragend an. Da lächelte er – begriff wahrscheinlich, dass ich noch nie geflogen war – und bat mich, ihn auf eine Reise zu begleiten; wohin sie ginge, erwähnte er nicht. Ein paar Tage später flogen wir nach Bukarest – die erste Reise von vielen.

Nie erschloss sich mir, was ihn ein Geheimnis daraus machen ließ. War es für einen Unternehmer nicht völlig gleichgültig, auf welche Art er sein Geld verdiente? Ging es nicht bloß darum, mit dem kleinstmöglichen Risiko den größtmöglichen Profit zu erwirtschaften? Aber es musste einen Grund dafür geben, dass er niemanden wis-

sen lassen wollte und sogar vor seiner Tochter verheim-
lichte, dass er, vor allem in ehemaligen Ostblockstaaten,
Land kaufte. Meistens ging es nicht nur um Land, sondern
um einen ganzen Betrieb samt – freilich ausnahmslos
unbrauchbaren – Maschinen und verfallenen Gebäuden
und unzähligen wie im Schlaf herumgehenden und -ste-
henden Arbeitern, einen ehemaligen Kolchos. Er tat es
äußerst vorsichtig, fast ängstlich, und nur selten kam es
nach mehrfachem Besuch und unzähligen Gesprächen
und Verhandlungen tatsächlich zu einem Abschluss –
so selten, dass mich Zweifel beschlichen, ob der Nutzen
den Aufwand rechtfertigte, ob er wirklich Geld damit
verdiente, oder ob es nicht bloß etwas wie ein Hobby war.
Oder eine Sucht: Manchmal war er in den Stunden vor
einer Reise bleich und fahrig wie ein Spieler auf dem Weg
ins Casino und schien mich lange Zeit kaum wahrzunehmen, bevor er sich dann, obwohl ich keinen Laut von mir
gegeben hatte, unvermittelt an mich wandte: »Was?« Bei
den Summen, um die es sich handelte, vermutete ich allmählich, dass er sie nicht allein aufbrachte, sondern Part-
ner oder Investoren hatte, aber ich wusste es nicht. Und
so konnte es doch nicht einfach bloß ein Hobby sein? Ein
Geheimnis jedenfalls war es; in der Öffentlichkeit – ich
hätte schon früher und spätestens, seit ich in W. war,
davon gehört – war nichts von solchen Aktivitäten bekannt. Ich begleitete ihn auf diesen zumeist am Wochenende stattfindenden Reisen, wechselte mit ihm nur die
nötigsten Sätze, saß bei den Gesprächen, die manchmal

auf Englisch, manchmal mit Dolmetscher (oft bildschöne junge Frauen in engen Kostümen, die mit bundesdeutscher Färbung sprachen) geführt wurden, dabei und hörte aufmerksam zu, während ich reichlich zu essen und zu trinken bekam und irgendwie das Gefühl hatte, auf Urlaub zu sein. Aber ich war nicht auf Urlaub, auch wenn es sich so anfühlte; erst nach einigen Reisen sah ich das. Er hatte mich dafür angestellt, um ihm zu sagen – oder zumindest einschätzen zu helfen –, ob eine Investition lohnte oder nicht. Ich konnte zwar keine Summen nennen, wohl aber war ich imstande zu sagen, was und wie viel getan werden müsste, um einen Betrieb in Schwung zu bringen. Die langen Gänge über die Äcker, die wir abends oft noch machten und die ich für von loser Unterhaltung begleitete, dem Nachdenken und zugleich der Zerstreuung dienende Spaziergänge gehalten hatte, betrachtete ich nun in einem neuen Licht. Weiterhin hielt ich mich im Hintergrund und versuchte, auch nicht zu erkennen zu geben, dass ich meine Rolle bis vor kurzem nicht verstanden hatte, doch redete ich jetzt nicht mehr einfach so vor mich hin, sondern formulierte meine Einschätzungen präzise und ergänzte sie oft noch, wenn wir bereits längst wieder zurück in W. waren. Dort tat ich es allerdings schriftlich, denn er wünschte ausdrücklich, dass weiterhin niemand von diesen Aktivitäten erfahre.

Es mochte hin und wieder wie Geheimniskrämerei aussehen. Ob sie dazu beitrug, dass das Verhältnis zwischen Lydia und mir distanziert blieb, konnte ich nicht sagen. Ich hatte allerdings nichts anderes erwartet – eigentlich hatte mich die Offenheit überrascht, die sie bei der Vorstellung in ihrem Büro gezeigt hatte. Vielleicht war auch Lydia zu derselben Einsicht gelangt, die mir zutreffend schien: dass es Liebe nicht gab, nur Verliebtheit, die bloß eine angenehme, aber äußerst anstrengende Form der Verwirrung war, vor der man zeitlebens nicht sicher war, und dass, was Liebe genannt wurde, entweder Instinkt oder Gewohnheit war. Trotzdem war es nicht jene Distanz, die sie zu den übrigen Angestellten wahrte, sondern eine besondere, gewissermaßen mir angepasste, und manchmal, wenn ich unsicher wurde, erinnerte ich mich an den Ballabend und dass sie es gewesen war, die den ersten Schritt gemacht und mich angesprochen hatte. Nie tauchte irgendein fremder Mann auf oder wurde auch nur beiläufig von M., der sich auf Reisen manchmal hinreißen ließ und ein wenig von seiner Familie erzählte, erwähnt. Ich hatte wieder das Gefühl, dass eine Zeichnung existierte. Und ihr Schöpfer – war ich.

Den Instinkt konnte man nicht manipulieren; aber woran sich jemand gewöhnte, konnte man beeinflussen. Immer stärker verpflichtete ich mich und war beständig und verlässlich. So unausgesprochen ich Vertrauen forderte, so unausgesprochen bekam ich es – gleichermaßen von Vater und Tochter.

Die seltenen Male auf Reisen, da M. erzählte, war es spät in der Nacht und er in einem zufriedenen, entspannten Zustand – eine Verhandlung war gut verlaufen, ein

Abschluss stand in Aussicht, der Wein hatte geschmeckt –, und oft war mir, als wolle er durch dieses Erzählen, das in irgendeiner Hotelbar oder auf der Terrasse oder der Veranda irgendeines Landgasthauses stattfand und das Vergegenwärtigen und Träumen zugleich war, seine Zufriedenheit noch vertiefen. Meistens war es Alma, um die sich dann alles drehte. Sie stand vor dem Abschluss ihres Studiums an der Wirtschaftsuniversität in Linz und würde unmittelbar darauf in das Logistikunternehmen einsteigen, für das sie schon während des Studiums arbeitete. Sie lebte in Linz und war inzwischen verlobt – mit Schwarz, der Teilhaber einer Anwaltskanzlei geworden war. Die Sonntagnachmittage verbrachte sie, mit oder ohne ihren Bräutigam, im Haus des Vaters. M. wäre es lieb gewesen, wären sie nach W. zurückgezogen – der Sitz des Logistikunternehmens lag auf halber Strecke zwischen den beiden Städten –, und früher oder später würden sie das auch, spätestens in drei Jahren, wenn nur noch zwei Jahre bis zu seinem Ruhestand fehlten. Schwarz würde sich seinen Anteil ablösen lassen und aus der Kanzlei ausscheiden, Alma dem Logistikkonzern kündigen; alles war festgelegt. Zwei Jahre, fand M., müssten ausreichen, um sein Unternehmen in ihre Hände zu legen, und wann immer er mich fragte, ob auch ich das für ausreichend hielte, setzte ich eine besonders grüblerische Miene auf, bevor ich äußerst bestimmt nickte.

So sehr war er auf Alma konzentriert, dass er vielleicht – in mehr als einer Hinsicht – erstaunt gewesen wäre, hätte Lydia ihm von meinem Antrag und ihrer Ablehnung berichtet. Denn zumindest im ersten Moment empfand ich ihre Worte als Ablehnung, als Rückschlag, bis ich ihr Verhalten als folgerichtig erkannte. Was hätte sie anderes sagen können, als dass ich sie in ein paar Jahren noch einmal fragen solle? Dann begriff ich auch, dass sie sich hüten würde, ihm davon zu erzählen. Nicht aus Rücksicht auf mich, sondern weil sie um nichts in der Welt noch einmal vor allen, die sie kannte und auf die es ihr ankam, bloßgestellt und entwürdigt werden wollte; und am wenigsten vor ihrem Vater. Nein, es klang nur wie eine Ablehnung, und es sollte auch so klingen, aber was sie verhüllte, war – eine Einladung. Ich blickte Lydia ernst an und sagte, ich würde sie wieder fragen. Da sah ich, wie die Andeutung eines Lächelns über ihre Lippen huschte.

Ja, vor allem von Alma redete er; häufig, und doch nur wie in der Zugluft Almas, fiel auch der Name von Schwarz. Lydia aber kam kaum je vor, oder nicht anders denn als alles bedenkende und überschauende, unersetzliche Arbeitskraft. Mich beruhigte es, wenn wieder einmal ein Gespräch ohne ihre Erwähnung geblieben war; das bedeutete, dass es nichts gab, was über das mir Bekannte hinausreichte.

Mein dreißigster Geburtstag fiel auf einen Samstag, und ich verbrachte ihn, ohne auch nur einen Fuß vor die Tür zu setzen, mit ein paar Flaschen eigens dafür gekauften

Flaschen Champagner in meiner mittelgroßen Altbau-wohnung im zweiten Geschoss eines ruhigen, villenarti-gen Hauses in der T.-Straße direkt am Fluss. Sobald es mir möglich gewesen war, hatte ich die Wohnung am Rande des Industriegebiets aufgegeben und mich nach etwas Passenderem umgesehen. Ich machte mir nicht viel aus Feiern, aber angesichts der runden Zahl nahm ich doch eine feierliche Haltung an; ich zog mich fein an und band mir, entgegen jeder Gewohnheit, eine Krawatte um, und sogar meine Gedanken waren anders als sonst und richteten sich nicht, wie gewöhnlich, in die Zukunft, sondern fassten die vergangenen Jahre zusammen. Auch wenn ich noch nicht dort angelangt war, wo ich anlangen wollte und gewiss anlangen würde, war vieles geschehen, und vieles hatte sich verändert. Ich saß vom späten Nach-mittag bis zum Einbruch der Dämmerung vor der Bal-kontür und blickte auf den Fluss hinaus, der hinter dem leeren und farblosen Garten vorbeizog und der doch schon das Licht des bald fallenden Schnees in sich trug. Man konnte von dem Fluss jetzt, da die Bäume ihr Laub abgeworfen hatten, wieder mehr als nur ein Glitzern, Blinken oder Leuchten sehen. Ich trank den gekühlten Champagner und ließ meine Gedanken laufen. Ich dachte auch daran, dass manchmal jemand – irgendein Frem-der – mich in der Stadt grüßte. Mir war klar, dass der Gruß nicht eigentlich mir galt, sondern M., aber das ge-nügte mir. Es war bekannt, dass ich für M. arbeitete; ich galt als so etwas wie sein Sekretär, obwohl ich das nicht war; vielmehr war ich tatsächlich eine Art rechte Hand geworden, ohne die er gewisse Dinge nicht mehr tat. Man wusste manches; aber man wusste nur von den Dingen, von denen ich wollte, dass man davon Kenntnis hatte; dass nur noch wenige Schritte bis zu meinem Ziel fehlten, wusste allein ich.

Die Europäische Union wurde auf einen Schlag um zehn Staaten erweitert, und die Außengrenzen verschoben sich bedeutend. Bulgarien und Rumänien, die Länder, in denen wir vorwiegend tätig waren, lagen plötzlich nicht mehr wie bisher tief im Nirgendwo, außerdem würden sie in wenigen Jahren ebenfalls der Gemeinschaft beitreten. Die Folgen waren schon seit einer Weile zu spüren: Mehr und mehr Investoren drängten auf den Südbalkan, und obwohl wir mittlerweile viele und gute Kontakte hatten, wurde es immer schwieriger, zu einem Geschäft zu kommen. Zugleich stieg seit dem Rinderwahnsinn Anfang des Jahrtausends der Bedarf an Soja enorm. Das führte dazu, dass Südamerika eine zunehmend interessante Region für Kapitalanlagen wurde. M. sprach ein paar Brocken Spanisch: Unsere Reisen dorthin, vor allem nach Paraguay, häuften sich. Bald zogen wir uns aus dem Osteuropageschäft zurück und überließen es den Heuschrecken, wie M. die Großinvestoren nannte; wir beschlossen, uns ganz auf Südamerika zu konzentrieren.

Einmal, im Nordwesten Paraguays, kam es zu einem Streit mit einem Farmbesitzer, der für Augenblicke sogar handgreiflich zu werden drohte. Ich wusste nicht, was eigentlich dazu geführt hatte, und auch M. schien es nicht zu wissen oder zumindest so zu tun, als wüsste er es nicht. Als ich ihn fragte, antwortete er jedenfalls nicht. Die Verhandlungen seien geplatzt, sagte er nur. Der Lastwagen, der uns zurück nach Asunción bringen sollte, würde erst am nächsten Morgen kommen. Wir saßen auf der auffällig genau und fein gezimmerten Veranda des Gästehauses, blickten in die Weite und schwiegen. Sein Zorn war greifbar. Ich war verstimmt, es gefiel mir nicht, dass er mir eine Antwort verweigerte. Die Zeit wollte nicht vergehen. Und möglicherweise empfand M. es ebenso. Irgendwann holte er eine Flasche Whisky aus dem Haus, und während wir weiterhin schwiegen, ging die Flasche zwischen uns hin und her und vertrieb die Zeit; als die Flasche leer und die Dunkelheit hereingebrochen war, holte er die nächste. Ich mochte nichts mehr, blieb aber dennoch sitzen und leistete ihm Gesellschaft. Wie das Licht hatten auch der Zorn und die Verstimmtheit sich verflüchtigt; das milde, einheitliche, gelbe Licht der über uns hängenden Öllampe durchdrang alles und machte, zusammen mit dem Ting-ting der gegen das geschwärzte Lampenglas stoßenden Insekten, zumindest mich schläfrig, und ein- oder zweimal döste ich tatsächlich ein. Aber ich wurde hellwach, als M. auf einmal davon zu sprechen anfing, dass Alma und Schwarz bald nach W. zurückkämen – sie hätten schon ein Haus in Aussicht, das sie mieten könnten, am Stadtrand und nicht weit von seinem entfernt. Es sei ein schönes Haus, er kenne es ... vielleicht ein wenig groß für zwei Leute, aber wer wisse denn ... Ich fühlte seinen Blick eine Zeitlang auf mir liegen, sagte aber nichts. Nach einigen Minuten fing er an, von seinem Vater zu sprechen, den er bisher nie erwähnt hatte. Er sei lange tot ... sie seien nicht gut miteinander ausgekommen ... eine Krämerseele ... ein Geschäftsmann im ganz Kleinen ... das heiße ohne Horizont ... Während er so redete, wunderte ich mich und fragte mich, wie er darauf komme, als er den Schwenk machte: Von ihm, dem ungeliebten Vater, sagte er, habe er den Geschäftssinn geerbt. Seit Jahrzehnten sei er, M., nun in der Geschäftswelt unterwegs, und immer wieder habe es sich bestätigt: Den Sinn dafür könne man nicht erwerben ... Wieder verstummte er. Ich dachte nach, was ich von Schwarz wusste; es war nicht viel. Von Alma wusste ich noch weniger. Er spüre eine solche Kraft in sich, sagte er, er wolle nicht aufhören. Er meine damit nicht das Unternehmen, von dem habe er sich innerlich bereits verabschiedet und gelöst, es sei in guten Händen, und fast sei er in mancher Stunde sogar froh ... Er meine das hier, die Grundkäufe ... es sei für ihn ein richtiges Abenteuer ... Auch darauf sagte ich nichts. Ich lauerte nicht länger, und die Schläfrigkeit kehrte allmählich zurück. Ich unterdrückte ein Gähnen. Aber, sagte M. da, ihm fehle dieser Sinn, den ich hätte und der für dergleichen unabdingbar sei. Bevor ich aufgetaucht sei, hätte sich alles ganz anders dargestellt, eigentlich, und ohne dass es eine vernünftige, geschäftsmäßige Erklärung dafür gegeben habe, sei keine dieser Unternehmungen allzu erfolgreich gewesen ... Er habe es fast vergessen, bis auf den heutigen Tag ... wegen des Streits mit dem Landherrn ... Er machte größere Pausen zwischen den Sätzen, verlor den Faden aber nicht. Ich schlief schon halb, als er mich fragte, ob ich es mir vorstellen könne auch weiterhin, auch nach seinem offiziellen Ruhestand, mit ihm zu arbeiten, und ich eine Zustimmung murmelte. Kurz darauf zuckte ich zusammen: M. hatte mir die Hand auf die Schulter gelegt.

»Gute Nacht«, sagte ich, stand auf und wankte in mein Zimmer.

Ich schlief tief und fest und traumlos. Was mir von diesem Abend blieb, war, außer Kopfschmerz am nächsten Morgen, das Bewusstsein, dass ich handeln musste – und dabei weiterhin Ruhe bewahren.

Bisher hatte ich mich unbeobachtet geglaubt, und vielleicht war ich es tatsächlich. Doch als ich einige Wochen nach der Paraguayreise aus dem Gasthaus zurückkam, in dem ich unter der Woche zu Mittag aß, und die Zeitung auf meinem Bürotisch liegen sah und die aufgeschlagene Seite überflog und sofort hängen blieb, beschlich mich der Verdacht, es könne anders sein. Es war das Foto einer Brandruine, daneben ein kurzer Text: Der Brandstifter und Neonazi O., der soeben seine Haftstrafe in der Jugendhaftanstalt Gerasdorf abgebüßt hätte und freigekommen sei, habe sich in der vergangenen Nacht in der Nähe des Verschiebebahnhofs vor einen Güterzug geworfen und sei dabei ums Leben gekommen. Irgendetwas kam mir merkwürdig vor an dem Lokalblatt, aber, weil ich selbst nie Zeitung las und sie immer nur von fern sah, dauerte es, ehe ich begriff, dass diese Zeitung schon seit längerem nicht mehr in diesem Format erschien. Ich suchte nach dem Erscheinungsdatum. Es lag ein Jahr zurück. Nervös schlug ich das Blatt zu und verstaute es in meiner Tasche. Als wäre es mir nicht längst klar gewesen, klopfte später Lydia und teilte mir mit, dass Schwarz dagewesen sei und mich gesucht habe. Ich dankte ihr und zwang mich, ihr fest in die Augen zu sehen. Nichts an ihr war auffällig oder außergewöhnlich. Natürlich konnte es sein, dass niemand meinen Weg beobachtete und dass dies nichts weiter als ein Nachtrag von Schwarz war – ein Nachtrag zu dem lange vergangenen Ballabend, der mir einfach nur sagen wollte, diese Geschichte sei endgültig vorbei. – Aber genauso gut konnte es etwas ganz anderes bedeuten. Es konnte bedeuten: Ich weiß, was du vorhast. Es wird dir nicht gelingen. Du kannst mich nicht mehr erpressen. – War seine Botschaft jedoch wichtig? Entschied, was Schwarz mir damit mitteilen wollte, irgendetwas? Wichtig war einzig, dass mein Plan, den ich nach Jahren der behutsamen Vorbereitung endlich verwirklichen wollte, sich jetzt in Luft auflöste. Denn genau das hatte ich ja vorgehabt: Ihm damit zu drohen, die alte Geschichte bekannt zu machen, wenn er nicht auf das

Unternehmen verzichtete. Und dann, weil es niemand anderen gab, der in Frage kam, M.s Nachfolger zu werden. Doch in derselben Sekunde, immer noch Lydias unveränderte Augen studierend, dachte ich wieder und wieder, dass von diesem Plan niemand etwas wissen konnte. Ja, ich las das in ihren Augen. Natürlich war es möglich, dass Schwarz etwas ahnte, argwöhnte – aber konnte nicht jeder denken, was er wollte? Niemand konnte wirklich etwas von meinen Absichten wissen. Der Gedanke half mir, gelassen zu bleiben, als sie mich fragte, ob ich gesehen hätte, was er mir auf den Tisch gelegt habe.

»Ja«, sagte ich beiläufig, »irgendeine alte Zeitung. Ich muss ihn dann einmal anrufen ...«

Lydia nickte, zustimmend, verabschiedend, und ging. – Ich schloss, wie ich es manchmal tat, die Tür ab und nahm die Zeitung wieder aus der Tasche. Ich blieb den restlichen Tag in meinem Büro und suchte, auf das Bild der Brandruine starrend, einen Weg, wie ich mein Ziel doch erreichen konnte. Einige Ideen kamen mir in den Sinn, ich verwarf sie alle. Ich wusste, dass es nur eine Möglichkeit gab. Noch am Abend traf ich eine Entscheidung.

Ich ließ zwei Wochen vergehen, bevor ich Lydia einen neuerlichen Antrag machte. Eine Stunde vor Feierabend packte ich mich in die dicke Jacke, verließ das Büro und setzte mich auf die bucklige Mauer unter der noch jungen Kastanie beim Mitarbeitereingang, die jemand direkt dahinter gesetzt hatte und die dort wuchs und die Mauer zu zerstören drohte. Dort lauerte ich ihr auf. Es war Ende

Oktober, es wurde mit jedem Tag rascher dunkel, und der Hausmeister kam mit dem Stellen der Zeitschaltuhr für die Beleuchtung des Geländes nicht hinterher, wieder nicht – schon im Vorjahr war es so gewesen. Solange es nicht regnete oder schneite, trug sie Schuhe aus Segeltuch, deshalb hörte ich sie nicht kommen, und ich sah sie erst, als sie bereits fast auf meiner Höhe war. Ich glitt von der Mauer und stand ihr gegenüber. Sie fuhr vor Schreck zusammen, beruhigte sich aber gleich wieder, als sie mich erkannte, und wirkte dennoch weiter so erschrocken, als bedrohte ich sie. Und musste es ihr nicht wirklich wie eine fortwährende Drohung erscheinen: dass es die Möglichkeit gab, noch einmal zutiefst enttäuscht und gedemütigt zu werden? Arbeiter, unsichtbar, schlurften vorbei. Ich zog meine Hand aus der Jackentasche.

»Was ist das?«, fragte Lydia.

»Mach es auf«, sagte ich.

Sie nahm die kleine Schachtel aus meiner Hand und öffnete sie. Ein silberner, diamantbesetzter Ring lag darin. Ein Zittern ging von Lydia in die schwarzgraue Luft über – und auf mich, als sie nach meiner Hand fasste.

»Du darfst mich nicht verlassen!«, sagte sie. »Niemals!«

Es klang wie eine Drohung. Sie sah mich an, wie mich noch nie jemand angesehen hatte. Ich geriet fast ins Schwanken.

»Ich verspreche es«, flüsterte ich.

Sie nahm den Ring, hielt ihn in ihrer Hand und sah ihn an. Sie wandte mir ihr Gesicht zu und hielt mir den Ring hin. Mit einem Mal schien er mir stumpf und glanzlos. Ich verstand nichts mehr, senkte verwirrt Blick.

»Ich kann warten, wenn du möchtest...«

Da hörte ich sie lachen. Das Lachen war wie das Glucksen einer unvermutet anschlagenden kleinen Welle. Ich hob den Kopf. Sie strahlte.

»Nein! Genug gewartet. Du sollst ihn mir anstecken!«

Es war ihr Glück, und es war meines; und von außen müsste es aussehen wie unser gemeinsames. Nur ich wollte nicht, dass man es schon jetzt sähe, und bat sie, noch Stillschweigen zu bewahren. Sofort ließ sie meine Hand los. Wann ich vorhätte, mit ihrem Vater zu sprechen? Bald, antwortete ich. Wann? Sobald ein wenig Ruhe eingekehrt sei. Wie ich das meine? Jetzt, wo die Übergabe stattfinde und alles so hektisch sei ... ob nicht auch sie es anders schöner finde, passender, wenn es in Ruhe ...? Sie sah mich streng an. Ich fragte, ob ihr Vater schon zu Hause sei. Sie legte den Kopf schief und nickte. Ich sagte, ich wolle sie nach Hause bringen.

»Jetzt?«

Ihre Stimme war sehr leise, und ihr Blick war nicht mehr streng.

»Ja.«

Sie wusste, dass ich, wie jeder im Unternehmen, M.s Gewohnheit kannte, bei jedem Motorengeräusch aus dem Fenster zu sehen, und sie wusste, dass ihm mein Wagen nicht fremd war – es war sein alter Rover, den ich ihm abgekauft hatte. Langsam fuhren wir durch die leeren

Straßen der Vorstadt, durch die bereits der Vorwinterwind wehte, und als ich in der gekiesten Einfahrt der Villa hielt und den Motor abstellte, sahen wir beide die Gestalt ihres Vaters in der erleuchteten Terrassentür auftauchen, verharren und sich wieder zurückziehen.

»Du hast recht«, sagte sie, »lass uns warten, bis es ruhiger ist. Er hätte im Moment vielleicht wirklich gar kein Ohr dafür.«

»Ja«, sagte ich.

»Was, wenn er fragt?«

Sie drehte an dem Ring an ihrem Finger, sprach dabei ruhig und unbesorgt.

Ich überlegte einen Moment. Dann sagte ich:

»Er hat gesehen, wer dich nach Hause gebracht hat. Falls er fragt, sag ihm, ich werde ihn bald um ein Gespräch bitten.«

»Das werde ich machen. Ja, das ist gut.«

Ich beugte mich zu ihr und küsste sie.

Lydia hatte meinen Antrag angenommen. Ich empfand etwas, natürlich. Es war unmöglich, keine Empfindungen zu haben. Doch es war möglich, sie zu beherrschen und mein Handeln davon vollkommen loszulösen. Jetzt fehlte nur noch eines.

An mehreren Abenden im Laufe der folgenden Wochen fuhr ich nach Linz und ging in eine Bar in der H.gasse. Jedes Mal nahm ich an einem anderen Tisch Platz, und jedes Mal bestellte ich etwas anderes: einmal Kaffee, einmal

Wein, dann wieder nur irgendeinen Fruchtsaft; ich trug sogar jedes Mal andere Kleidung. Beim vierten Mal traf ich Schwarz an. Er saß mit einem älteren Mann an der Theke, trank Bier und schien bester Laune. Ich tat überrascht und hatte den Eindruck, er nehme es mir nicht ab. Er verlor seine Heiterkeit, als er mich sah, und verhehlte es nicht.

»Was willst du denn hier?«, fragte er.

»Ich hatte in der Nähe etwas zu erledigen«, sagte ich gleichgültig und suchte mir einen Platz am anderen Ende der Theke.

Ich bestellte ein Glas und trank langsam daraus. Zwischendurch machte ich Notizen in ein kleines Heft und tippte etwas in mein Telefon. Schwarz sah nicht oft, aber ein paarmal her. Nach etwa einer halben Stunde sah ich aus dem Augenwinkel, wie die beiden aufstanden und sich voneinander verabschiedeten; dann waren sie aus meinem Gesichtskreis verschwunden. Was sollte ich tun, fragte ich mich. Was konnte ich tun? An einem der nächsten Tage wiederkommen? Ich trank einen Schluck. Auf einmal stand Schwarz neben mir und bestellte mit einem Wink noch ein Bier. Sofort brachte der Kellner das Gewünschte.

»Die Zeitung gelesen?«, fragte Schwarz.

»Ja«, antwortete ich.

Oft hatten wir einander in den vergangenen Jahren gesehen, aber kaum je alleine; und hatte ich geglaubt, wir begegneten einander, wenn schon nicht freundschaftlich, so doch längst wieder neutral, sah ich jetzt, wie sehr ich mich geirrt hatte.

»Was willst du hier?«, fragte er wieder und trank sein Glas in einem Zug halb leer.

Er fragte mich, aber es war, als läge etwas dazwischen, als schöbe er selbst eine Art Filter oder Schirm dazwischen – als streifte er sich einen Handschuh über, bevor er mir die Hand gab; Abscheu lag in seiner Stimme, seinem Atem, seiner Ausdünstung.

»Hast du nicht gehört? Ich hatte etwas zu erledigen«, wiederholte ich meine Worte von zuvor.

Ich konnte die Kränkung nicht verhehlen. In der Küche ließ jemand ein Tablett fallen, ich zuckte bei dem lauten Scheppern zusammen.

»Nervös?«, fragte Schwarz.

Er trank sein Glas leer und stellte es so fest auf der Theke ab, dass ich meinte, es würde zerspringen.

»Hör zu«, sagte ich, »es wird dich nicht wundern zu hören, dass ich bald kündigen werde.«

»Nicht besonders«, sagte er gleichgültig und winkte dem Kellner nach der Rechnung. »Wenn du es nicht tätest, würde ich dich demnächst rausschmeißen.«

»Ja«, sagte ich.

»Aber«, sagte er, als falle ihm plötzlich etwas ein, »was ist dann mit der Kleinen?«

Er nannte Lydia immer so. Ich musste lächeln.

»Was soll das eine mit dem anderen zu tun haben?«, fragte ich.

»Na ja ... möglicherweise eine ganze Menge. Wozu brauchst du sie jetzt noch?«

Ich holte Luft, dann sagte ich: »Wir haben uns vor kurzem verlobt.« In dem Moment wurde das Licht gedimmt, so dass ich nicht ganz sicher sein konnte, aber mir schien, als weiche die Farbe aus seinem Gesicht.

»Du machst einen Witz«, sagte er.

»Nein«, antwortete ich, »nicht im Geringsten.«

»Wir waren nicht dort am Sonntag ...«, sagte er.

Er schien nachzudenken. Ich überlegte, dass M. seiner jüngsten Tochter gegenüber irgendetwas erwähnt haben könnte: dass jemand Lydia nach Hause gebracht hatte oder sogar dass sie einen Ring am Finger trug. Vielleicht hatte er Alma sogar gefragt, ob sie etwas wisse. Der Kellner legte die Rechnung auf die Theke; Schwarz nahm es nicht wahr.

»Ich werde dann nur noch für M. arbeiten«, sagte ich.

Er runzelte die Stirn. Mehrmals, direkt oder über Alma, hatte er bereits versucht herauszufinden, welchen Zweck M.s und meine gemeinsamen Reisen hätten. Seine Lippen zuckten, aber ich kam seiner Frage zuvor.

»Landkäufe«, sagte ich.

Er hob das Gesicht, und es war, als hätte er meine Worte eingeatmet.

»Landkäufe? Land? Das ist es also?«

Ich nahm die Rechnung, faltete sie und schob sie unter den gläsernen Aschenbecher.

»Ja«, sagte ich leichthin, »das ist es.«

In der Zwischenzeit hatte er einen Hocker herangezogen und sich gesetzt.

»Welche Landkäufe?«, fragte er und sah mich durchdringend an. »Mit welchem Geld?«

Ich warf einen Blick auf meine Armbanduhr.

»Ich muss noch etwas erledigen«, sagte ich.

»Wo?«, fragte er.

»Am Bahnhof.«

Er schwieg. Ich sagte:

»Kennst du das B.? Wenn du willst, könnten wir später dort weiterreden. Ich brauche nicht länger als eine Stunde.«

Kurz flackerte etwas wie Misstrauen in seinen Augen, vielleicht auch der Gedanke, keine Zeit zu haben, aber dann sagte er:

»Also in einer Stunde dort?«

»Ich beeile mich«, sagte ich.

Das B. war ein verrauchtes Kellerlokal, in das fast ausnahmslos handfeste Trinker gingen. Obwohl niemand sich richtig zu unterhalten schien, herrschte dort ein konstanter Geräuschpegel, in dem man nichts Einzelnes unterscheiden konnte. Schwarz wartete bereits. Er saß an der mit dem Porträt Kaiser Franz Josefs und dem Geweih eines Rehbocks verzierten Wand; hinter ihm, auf der Lehne der Sitzbank, stand das gerahmte und ausgebleichte Foto einer Knittelmannschaft in rot-weißen Dressen und sehr kurzen, schwarzen Hosen. Ich sah mich um und setzte mich mit dem Rücken zum Raum an den

Tisch. Als die Wirtin kam, bestellte ich ein Glas Bier, das sie, zusammen mit einem leeren, aber schmutzigen Aschenbecher, brachte.

Ohne irgendetwas zu bedenken, redete ich und hatte dabei, wie mir irgendwann bewusst wurde, eine Empfindung ähnlich jener von damals, als ich zu dem Kreis gestoßen war. Ich erzählte ihm alles von Anfang an. Schwarz hörte konzentriert zu und stellte dann und wann eine Frage. Wie weggewischt war sein Abscheu oder seine Verachtung, und auch mir kam vor, als würde zwischen uns mit jedem Satz reiner Tisch gemacht und das gute Verhältnis, das einmal bestanden hatte, wiederhergestellt oder zumindest die Erinnerung daran wachgerufen. Auch Misstrauen war am Ende meiner Ausführungen keines mehr geblieben. Er saß schweigend da und schüttelte den Kopf.

»Wer hätte das gedacht.«

»Jedenfalls ist das alles scharf von der Firma getrennt und muss dir keine Sorgen machen«, sagte ich noch einmal.

Er nickte abwesend.

»Ich wollte dir nie etwas Böses«, sagte ich.

Vielleicht hatte ich zu leise gesprochen, denn er reagierte nicht darauf.

»Dass ich dir das erzählt habe«, sagte ich und hob die Stimme ein wenig, »vielleicht kannst du es als eine Art Entschuldigung ... für die ganze Sache sehen. Wenn M. nämlich erfährt, dass du davon weißt ...«

Er winkte ab. »Von mir erfährt niemand etwas.«

»Aber Alma...?«

»Auch sie nicht.«

Ich nahm das längst nicht mehr beschlagene, längst nicht mehr kalte oder bloß kühle Glas in beide Hände und lehnte mich zurück. Seit etwa einer Stunde saßen wir in dem Keller. Ich hatte nicht bemerkt, ob jemand von den anderen Tischen aufgestanden und gegangen oder neu dazugekommen war. Immer noch woben die Stimmen von den vielen Tischen weiter an dem immergleichen undurchdringlichen Teppich. Schwarz zog sein Telefon aus der Tasche und warf einen Blick darauf.

»Wann ist die nächste Reise?«, fragte er.

»Nach Paraguay? In zehn Tagen.«

Mir war wirklich, als hätte ich eine Schuld abgetragen, ich spürte die Freiheit eines erleichterten Gewissens in meiner Brust. Leicht ging darüber mein Atem. Der Moment war gekommen, und mir war ganz leicht. Ich zog ein rosafarbenes Papiertütchen aus der Innentasche meiner Daunenjacke und schob es langsam in die Mitte des Tisches. Schwarz griff nach dem Tütchen und öffnete es. Er sah mich an, dann warf er einen Blick hinein. Sein Gesicht hellte sich auf, und er sah wieder so jung aus wie damals: die strahlend grauen Augen, die kräftige Nase, der volle, fast weibliche Mund.

»Ist das von dort?«

Ich lächelte ihn an.

»Steck es weg«, sagte ich.

Obwohl mir ganz leicht zumute war, kam mir vor, als dehnten sich meine Worte, als spräche ich sie gegen einen inneren Widerstand und als wollten sie zugleich noch etwas anderes ausdrücken. Er grinste, schüttelte den Kopf und nickte zugleich.

»Was für ein Schlitzohr«, sagte er.

Hätte er es zurückgewiesen, gesagt, die Zeiten seien vorbei – hoffte ich es nicht für eine Sekunde? –, aber er verschloss das Tütchen und steckte es sich in die Brusttasche und schien sich fast kindisch darüber zu freuen. Wir tranken aus, und ich bezahlte für uns beide. Kurz darauf verabschiedeten wir uns auf der noch immer belebten, vom Frost staubtrockenen Straße in Herzlichkeit voneinander.

Obwohl die Betriebsübergabe in ihrer heißesten Phase war, Schwarz' und Almas Umzug nach W. unmittelbar bevorstand und die Reise bereits abgesagt gewesen war, flogen wir nach einigem Hin und Her doch nach Paraguay. Es war nicht vergebens: Zur Überraschung aller löste sich, was mehr als ein Jahr lang im Weg gestanden war, wie von selbst auf, und das Geschäft konnte abgeschlossen werden. Es wurde abgemacht, dass wir noch ein paar Tage länger als vorgehabt bleiben sollten, um mit Hilfe des Juristen und des Dolmetschers, die auch bei den bisherigen Treffen zugegen gewesen waren, alles zu regeln, und nach ein paar langwierigen Telefonaten verschoben wir den Rückflug. Die meisten dieser Formalitäten wurden jeweils am Vormittag erledigt, Nachmittag und Abend hatten wir für uns. In dem silberlackierten Doppeldecker, der ansonsten zum Ausbringen der Spritzmittel verwendet wurde, überflogen wir noch einmal das gesamte Gelände. Die aufgeräumte Stimmung M.s erreichte allmählich ihren Höhepunkt, manchmal klatschte er einfach so in die Hände. In einer müßigen Stunde am vorletzten Tag unseres Aufenthalts hielt ich um Lydias Hand an.

Bis zum Schluss hatte er nicht daran geglaubt, dass ein Zusammenhang zwischen dem Ring an Lydias Finger und der Tatsache bestehen könnte, dass ich sie, die das ganze Jahr über entweder zu Fuß ging oder mit dem Fahrrad fuhr und sich auch beim größten Regen oder strengsten Frost nicht von ihrem Vater fahren ließ, an jenem trockenen, nur ein wenig windigen Vorwinterabend nach Hause gebracht hatte, aber irgendwie war er doch darauf vorbereitet. Vielleicht hatte er auch deshalb nicht daran geglaubt, weil er sie seit jenem Erlebnis mit dem Italiener auf eine Art abgeschrieben hatte – abgeschrieben als Frau, die mehr sein könnte als eine Geliebte, die über kurz oder lang zu den Verlierern gehören würde. Vielleicht aber musste er sich bloß erst wieder an den Gedanken einer Heirat Lydias gewöhnen. Oder es war doch etwas Tiefergehendes, weshalb er es nicht recht glauben konnte: weil einer wie ich es war, der um sie anhielt – einer wie ich, den ein Gewinner wie er aufgrund dessen Vorgeschichte zu den Verlierern rechnen musste.

Er nahm die Sonnenbrille ab, putzte sorgfältig ein Glas mit dem Hemdzipfel, setzte sie wieder auf, nur um sie gleich wieder abzunehmen und wegzustecken. Der Abend brach so rasch herein, dass man dabei zusehen konnte; das Zirpen der Zikaden gewann an Lautstärke und wurde zu einem Schrillen. Er bat mich, am folgenden Tag darüber zu sprechen und zog sich zurück. Was hatte ich erwartet? Gefürchtet jedenfalls hatte ich eine Ablehnung, die mir allerdings schon nach den ersten Sekunden unwahrscheinlich vorgekommen war; allzu besonnen hatte er gesprochen.

Ich verbrachte den Abend allein. Zuerst saß ich auf der Veranda und las leicht zerstreut in einem am Flughafen gekauften Buch, dann ging ich auf mein Zimmer, goss mir ein Glas Schnaps ein, las, in dem länglichen Geviert umherwandernd, weiter in dem Buch und warf zwischendurch und nach und nach meine Sachen in den aufgeklappt mitten im Raum liegenden Koffer. Nachdem ich das Glas geleert hatte, fühlte ich mich auf einmal sehr unwohl und legte mich zu Bett. Kaum lag ich, überfiel mich große Müdigkeit. Bevor mir die Lider zufielen, dachte ich noch lange darüber nach, ob nicht das, was ich an M. als besonnen und ruhig und fest wahrgenommen hatte – nicht einfach etwas damit zu tun hatte, dass ihn nicht besonders kümmerte, wen Lydia heiratete.

Ich meinte zuerst, ich hätte verschlafen, als es heftig an die Tür klopfte, doch im nächsten Augenblick fiel mir auf, dass es noch stockdunkel war. Ich tastete das Nachtkästchen nach der Lampe ab, bis ich mich erinnerte, sie auf den Boden gestellt zu haben. Rasch machte ich Licht, stand auf, entriegelte die Tür und zog sie auf. Es war M. In weit bis unter die Brust aufgeknöpftem Schlafanzug und barfuß stand er vor mir. Das Dunkel des Flurs griff nach den Säumen seiner Kleidung.

»Schwarz ist tot«, sagte er und sah mich völlig ausdruckslos an.

Mechanisch fasste ich nach dem Türblatt. Mein Mund öffnete sich, aber noch bevor ich irgendetwas sagen konnte, drehte er sich um und ging lautlos davon.

Es war ein kalter und durch das für Anfang Dezember ungewöhnlich helle Licht noch einmal kälter wirkender Tag, an dem die Beerdigung stattfand. Sie wurde in W. abgehalten, Schwarz' Heimatstadt, in der seine Eltern und seine Schwester und die meisten seiner Verwandten lebten, und viele Menschen folgten dem schlichten eschenen Sarg; einige davon kannte ich – Mitglieder des Kreises, Angestellte des Betriebs –, die meisten hatte ich jedoch noch nie gesehen. Während der schwarze Menschenstrom nach dem kurzen Gottesdienst in der Friedhofskapelle zu dem Grab zog und sich dort staute und zugleich zur Traube wurde, bewölkte sich der Himmel, und es begann fast unmerklich zu schneien. Die gewichtslosen Schneeflocken fühlten sich warm an auf der Haut. Auf den Krägen der Mäntel blieben sie zusehends länger liegen. Mehrmals bemerkte ich, obwohl ich weit hinten stand, wie M. Alma ansah; auch er hatte sie wohl noch nie so gesehen wie in diesen Stunden oder Tagen. Sie war wie nicht vorhanden, schien niemanden wahrzunehmen und starrte nur immer geradeaus, nicht einmal auf das Grab, sondern daran vorbei, irgendwohin. Lydia, von der ich nur den Hut sah, stand dicht neben ihr und hielt sie, wie ich annahm, am Arm. Langsam und gedämpft spielte die Musikkapelle ihren Marsch und löschte das unrhythmische Auf- und Abbranden des Verkehrs aus, während der Sarg hinabgelassen wurde und es aufhörte zu schneien. Als die Leute sich anstellten, um ein Schäufelchen Erde in das Grab zu werfen, stand ein älteres Paar vor mir. Ich hörte, wie die Frau die Nase hochzog und flüsterte: »Wie tragisch …« Der Mann antwortete, ebenfalls flüsternd: »Was ist da tragisch? Jeder weiß doch, dass das Zeug einen umbringen kann …«

Nach der Zeremonie löste sich die Menge rasch auf, die meisten Leute strebten dem südwärtigen Ausgang zu, manche gingen noch an das eigene Familiengrab oder an irgendein anderes. Es schneite nun stark. Bisher hatte ich keine Gelegenheit gehabt zu kondolieren; jetzt holte ich es nach. In den Gesichtern, einem wie dem anderen, stand nichts als Müdigkeit. Alma reagierte nicht, als ich ihr die Hand hinhielt. Ich entfernte mich. Dann verabschiedete ich mich von M., der, Lydia untergehakt, ein Stück abseits stand. Ich sah sie an und nickte – um ihr zu verstehen zu geben, dass ich mein Wort gehalten hatte. M. bemerkte mein Nicken und wandte sich Lydia zu. Dann sagte er, als ob er dabei mit den Schultern zuckte: »Komm noch mit…«

Es war das erste Mal, dass er mich duzte.

Nach einem Blick zu Lydia antwortete ich: »Wenn … wenn du willst, sehr gern…«

Wenige Minuten später waren wir auf dem Weg in ein Gasthaus in der Nähe von Schwarz' Elternhaus, und es schien mir, als wäre bereits ein anderer Tag angebrochen. Schon an der mit strahlend weißem, gestärktem Tischtuch bespannten Tafel, M. gegenüber an der Seite Lydias sitzend, wo sich wie immer bald eine gewisse Fröhlichkeit in die Verschonten schlich, begriff ich, dass kein Desinteresse oder gar Resignation in seiner Stimme gelegen war, sondern die Ruhe der Voraussicht. Er verstand, was ich längst vorausgesehen hatte und was bald eintraf: Alma zog sich vollkommen zurück; sie zeigte sich nie und sorgte sich auch sonst in keiner Weise um den Betrieb; und noch im Januar übersiedelte sie, ohne mitzuteilen, was sie dort vorhatte, nach München.

Sie kam nicht einmal zur Hochzeit im Juni, und obwohl ihr Fehlen und gewiss auch noch der Todesfall wie Schatten über der Feier lagen, war es ein glückliches Fest, das bis in die Morgenstunden dauerte und von dem die Zeitungen berichteten. Ja, Schatten; aber um wie vieles schwerer wäre ihre tatsächliche – bestimmt nicht anders als schattenhafte – Anwesenheit gewesen, fragte ich mich nicht bloß an jenem Tag. Es hätte nicht geschehen können, was mit den Monaten geschah: Die Gedanken an sie verloren sich oder wurden zumindest leichter … sie waren nicht mehr, wie anfangs noch nahezu unerträglich, in den Büros spürbar …

Der Tag, den M. schon vor langem als Termin für seinen Rückzug aus dem Geschäft festgelegt hatte, kam – und verging; der ergraute, an den Schläfen schon weißhaarige Fünfundsechzigjährige führte die Geschäfte weiter wie in den Jahrzehnten zuvor. Jedoch begleitete ihn nun ein unübersehbares Zögern, ständig schien er auf etwas zu warten, und ich wusste auch, worauf: Er wartete auf etwas wie den letzten Beweis dafür, dass mir zu trauen, dass auf mich Verlass sei. Denn sie, Lydia, konnte er nicht als Betriebsführerin einsetzen; selbst wenn er noch andere Gründe dafür haben mochte, allein die Tatsache, dass er sie damals abgeschrieben hatte, hinderte ihn daran. War denn der menschliche Blick jemals frei von Erinnerung? Ich überlegte, aber mir fiel nichts ein, wie ich ihm diesen Beleg liefern könne, dass ich ihm ein würdiger Nachfolger wäre. Ich tat, in der Überzeugung, dies sei das Beste, einfach meine Arbeit wie bisher. Ihm indes unterliefen nun manchmal Fehler … wir alle sahen es … Ich erwog selbstverständlich auch die Möglichkeit, er könne verkaufen, aber ich glaubte nicht an diese Option: Jetzt, wo auch die zweite Tochter ihn enttäuscht hatte (denn das hatte sie: Hätte sie den Schlag nicht verwinden können?), konnte er nur noch einen Weg sehen, wie das Unternehmen, sein Erbe, sein Leben fortbestehen und in der Familie bleiben könne.

Ich wartete also ebenfalls, jedoch ohne jedes Zögern. Die Zeichnung verwirklichte sich mehr und mehr. Oft saßen Lydia und ich abends beim Wein auf dem Balkon oder in der Wohnung vor der Balkontür und sahen auf den Fluss hinaus, in dem sich nach Einbruch der Dunkelheit die Lichter der Laternen in leichtem Flackern spiegelten, und unterhielten uns über den vergangenen Tag, und zunehmend wurde M.s Zustand Thema zwischen Lydia und mir. Ich war dabei zurückhaltend – nicht aus Vorsatz, sondern aus Geduld. Was hatte Eile? Lydia dagegen wurde immer ungeduldiger, aus Sorge auch um den Vater, vor allem aber um den Betrieb. Sie befürchtete, er könne Schaden nehmen durch M.s neuartige Anfälligkeit für Fehler, Unachtsamkeiten, die selbst Kunden, Geschäftsfreunden nicht verborgen blieben. Der Betrieb nehme sogar schon Schaden, sagte sie. Ihre Ungeduld zeigte sie nur mir, dem Vater gegenüber blieb sie reserviert und kühl – wie sie es seit der Hochzeit war. Mehrmals fragte ich sie, weshalb sie ihm so begegne, aber sie gab mir immer nur eine ausweichende Antwort. Vielleicht, dachte ich manchmal, kam jetzt wieder hervor, dass er seit der Sache mit der geplatzten Hochzeit Lydias Alma bevorzugt hatte. Und vielleicht zahlte sie es ihm jetzt mit der gleichen Münze zurück: Auch sie brauchte ihn nun nicht mehr. Aber wie es wirklich war, wusste ich nicht. Jedenfalls überließ sie es mir zu handeln – drängte mich aber nicht, als sie einsah, dass ich nicht handeln würde. Das Gespräch darüber wurde allerdings immer beherrschender.

»Worauf wartet er denn?«, fragte sie manchmal aufgebracht, irgendwie empört, wenn wieder einmal augenscheinlich geworden war, dass er die Dinge nicht mehr unter Kontrolle hatte, und ich zuckte dann jeweils bloß mit den Schultern.

Wenn es, wie hier häufig, stark regnete, war der Fluss trotz der Nähe kaum zu erkennen: Dennoch war er da, sagte ich mir.

Viele Wochen, sogar einige Monate lang drehte sich alles Reden in W. um Schwarz' Tod; man sagte, er habe Kokain erwischt, das mit Strychnin gestreckt gewesen sei, und dass nicht die Droge, sondern das Rattengift es gewesen sei, was ihn umgebracht habe. Dieses Reden wäre vielleicht noch länger gegangen, wäre es nicht von etwas anderem abgelöst worden, über das mit nicht weniger Anteilnahme und Aufregung gesprochen wurde – und ein wenig auch mit Freude, Erleichterung, denn dieses andere – dieser andere Todesfall – hatte weniger Schweres an sich als jener. Ein alter und durch seine täglich gleiche Spazierrunde vielen bekannter Ehrenbürger (vor bald einem halben Jahrhundert hatte er einige Jahre lang als Bürgermeister die Geschicke der Stadt gelenkt) war bei einem Unfall gestorben.

Ich erinnerte mich an seinen Tod – er hatte in einem Missgeschick den Fön in die Badewanne fallen lassen und war auf diese weniger tragische als lächerliche Weise ums Leben gekommen –, als M. im Herbst erkrankte. An sich handelte es sich bei der Erkrankung um eine Kleinigkeit – ein Ekzem an der Nasenscheidewand –, welche im städtischen Krankenhaus ambulant behandelt wurde, bis sich die Entzündung plötzlich verschlimmerte und M. stationär aufgenommen werden musste. Die Infektion schwächte den zeitlebens keine Schwäche Kennenden. Nach zehn Tagen – täglich hatten wir ihn besucht, bisweilen sogar zweimal – war er wieder einigermaßen hergestellt. Ich saß allein bei ihm, da bat er mich, die Geschäfte zu übernehmen. Ich tat, als verstünde ich nicht, sagte, er komme doch bald wieder heraus – und auch so laufe alles gut; man könne weitermachen wie bisher. Da schwieg er für einige lange Minuten. Endlich sagte er:

»Meine Zeit ist vorbei.«

Ich erschrak wirklich ein wenig.

»Im Betrieb, meine ich«, fügte er schwach lächelnd hinzu.

Wieder dachte ich an den Unfall des Altbürgermeisters. Ja, auch das hier hatte etwas Lächerliches: wie er hier lag, der mächtige M., mit roter, einseitig angeschwollener Nase und glänzenden Augen, und vielleicht zum ersten Mal in seinem Leben eine Entscheidung nicht deshalb traf, weil er sie treffen wollte, sondern weil ihm nichts anderes übrigblieb. Er hat zu lange gewartet, dachte ich zuerst, bis mir ein anderer Gedanke in den Sinn kam: dass er sich nämlich gewehrt hatte, gewehrt gegen mich, den er von Anfang an durchschaut hatte, wie mir in diesem Moment schlagartig bewusst wurde, und dass er nun einsah, dass er sich nicht länger wehren konnte – und jetzt, um sich keine Blöße zu geben, um nicht als Ausgespielter oder Besiegter zu gelten: um nicht ohne Würde zu bleiben, so tun musste, als sei sein Sich-Wehren tatsächlich Warten gewesen.

»Werde erst einmal wieder gesund«, sagte ich, als wäre das meine einzige Sorge; damit verließ ich den Kranken.

Es war geschehen. Ich musste das Beben in meiner Stimme unterdrücken, als ich, schon auf dem Weg in jenes Altstadtlokal, in der warmen, grünen, zwischen den Gebäuden und Bäumen dahinfließenden und mich, so dass ich meine Beine kaum spürte, wie tragenden Luft Lydia anrief und sagte, ich käme erst spät nach Hause, und sie bat, nicht aufzubleiben. Während der darauffolgenden Stunden, die ich in dämmrigstem Licht an der Theke verbrachte, an der ich – wann? – so viele Abende gesessen war, und immer wieder über das rötlichgelbe Tannenholz vor mir strich, das mit der Zeit – oder jedem Darüberstreichen? – noch heller zu werden schien, fühlte ich eine ungekannte Freiheit.

Bis zum Jahresende verwirklichte sich alles. Nichts mehr fehlte an meiner Zeichnung. M., ohne dass Lydia oder ich es ihm eigens zu verstehen geben mussten, sah rasch ein, dass er überflüssig war, und er tauchte nur noch selten auf, höchstens einmal in der Woche. Bisweilen kam mir sein plötzliches Fehlen geradezu als unwirklich vor. Was er sonst machte, war mir unbekannt. Von weiteren gemeinsamen Unternehmungen in Sachen Landkauf war keine Rede mehr; vielleicht unternahm er sie wieder wie früher auf eigene Faust; ich hielt es zwar für unwahrscheinlich, aber ich wusste es nicht.

Wir waren überall gern gesehene Gäste. Dennoch begann ein richtiges gesellschaftliches Leben für uns erst, nachdem M.s Rückzug bekannt geworden war. Denn auf einmal bekamen wir alle paar Tage eine Einladung zu irgendeinem Abendessen in unserer oder einer anderen Stadt, zu irgendwelchen Ausflügen – sogar zu einer Poolparty wurden wir eingeladen. Das Erstaunliche daran war nicht, dass es geschah, vielmehr war es die vollkommen selbstverständliche Art und Weise, wie das alles geschah, was mich verwunderte; es war, als wäre es nie anders gewesen. Wir nahmen einfach einen Platz ein, der für uns vorgesehen war, wie wir es wohl auch zuvor getan hatten; der Unterschied war, dass dieser Platz mir bedeutend besser gefiel als jeder zuvor. Nicht länger waren wir (war ich: vor mir selbst und, in anderer Weise, vor allen anderen) die, welche wir sein würden, sondern die, welche wir waren. – Freilich, hätte M. mich darauf angesprochen, hätte ich mir gewiss trotz aller Arbeit, die mich von früh bis spät in Beschlag nahm, irgendwie Zeit nehmen können für die Landgeschäfte; manchmal, abends im Büro über Papieren sitzend, dachte ich darüber nach, denn nur zu genau wusste ich, welch ein Vermögen sie abwerfen konnten. Aber es gab etwas, das mir noch wichtiger war als nur das Geld: Anerkennung, und in ihr sonnte ich mich: Im Rathaus ging ich aus und ein ...

Nicht alle Einladungen konnten wir annehmen, aber viele nahmen wir an, und hatten wir einmal eine ruhige Stunde zu Hause und sprachen nicht über das Geschäft, bildeten diese Einladungen das Zentrum unserer Unterhaltungen. Erstaunlich oft lagen unsere Einschätzungen oder Urteile nah beieinander oder deckten sich sogar. Das taten wir, wenn wir alleine waren. Nichts weiter geschah zwischen uns. Lydia liebte mich abgöttisch, aber alles Körperliche, was über Händehalten und Küssen hinausging, schien ihr kein Bedürfnis. Bei mir verhielt es sich nicht viel anders. Wir hatten von Anfang an getrennte Schlafzimmer, und als meine nächtlichen Besuche bei ihr seltener wurden und schließlich ganz ausblieben, schien sich ihre Zuneigung noch zu vergrößern. Gewiss, manchmal fragte ich mich, ob sie nicht zumindest von Zeit zu Zeit etwas wie Argwohn heimsuchte. Aber, fragte ich mich dann, weshalb? Sie musste es als Rücksichtnahme deuten. Und dass wir zumindest vorerst keine Kinder wollten, darüber hatten wir uns gleich zu Beginn verständigt ... Ich hatte ihr viel vorgespielt, aber das war jetzt vorbei. Ich lebte gern mit ihr zusammen, führte mit ihr zusammen das Leben, das ich leben wollte. Wir hatten wunderbare Jahre. Wunderbare Jahre – sie vergingen.

Die Dinge streben ein Gleichgewicht an, und doch muss immer etwas unausgewogen sein, damit das Streben nicht aufhört, so erschien es mir jedenfalls, als ich, mittlerweile sieben-, fast achtunddreißigjährig, von etwas erfasst wurde, das bis dahin keine Bedeutung für mich gehabt hatte: die körperliche Lust. Mein Leben lang hatte das keine Rolle gespielt, jetzt brach es auf unbändige Art und Weise aus mir hervor. Jede auch nur einigermaßen gutaussehende Frau brachte mich fast um den Verstand. Zuerst hatte ich nur eine Affäre, dann folgte eine zweite – schließlich wurden sie schier zahllos. Ich war sicher, dass man darüber redete, aber das kümmerte mich nicht. Lydia würde es, wenn sie davon hören sollte, nicht glauben und mich deshalb auch nicht zur Rede stellen; dass es anders sein könnte, beunruhigte mich manchmal – eine andere Sorge hatte ich nicht.

Nach einigen so verbrachten Monaten suchte mich ein älterer Herr auf, ein früherer Geschäftsfreund von M., der immer noch hin und wieder vorbeikam. Er war länger nicht hier gewesen und hatte, obwohl er über den Wechsel informiert war, geglaubt, M. anzutreffen. Sein Gesicht – vor allem seine rasch hin und her schießenden Augen und der hin und wieder zuckende Mund – verriet einige Verlegenheit, als er mich und nicht seinen Freund hinter dem großen Schreibtisch sitzen sah. Rasch aber legte er diese Verlegenheit ab und kam auf mich zu. Ich schob meine Unterlagen beiseite und erhob mich, um ihn zu begrüßen. Ich bat ihn, sich zu setzen. Nach einem kurzen allgemeinen Gespräch fragte ich ihn, was ihn zu uns führe. Er sah mich an, gab jedoch keine Antwort auf meine Frage. Ich räusperte mich und sagte, M. sei nur noch selten hier ... Da schüttelte er jäh den Kopf. Er wolle, sagte der Alte schließlich, mir raten, »damit« aufzuhören. Sofort wusste ich, was er meinte, aber ich brauste auf und fragte ihn, was das bedeuten solle. Als hätte ich nichts gesagt, schüttelte er erneut den Kopf und fuhr ruhig fort: Die ganze Stadt empöre sich darüber, dass ich Schülerinnen verführte. Ich starrte ihn, jede Verteidigung aufgebend, an. Und nicht nur in der Stadt rede man darüber, sagte er, auch bei den Bauern, und manche überlegten offen, mich zu boykottieren.

»Schülerinnen?«, fragte ich fassungslos.

Ich stand auf, ging in meinem Büro auf und ab und setzte mich wieder. Natürlich, es hatte auch ein paar junge Frauen gegeben ... sehr junge sogar ... aber Schülerinnen? So kopflos war ich also, dass ich nicht einmal das bemerkt, ja nicht einmal darauf geachtet hatte. Etwas beschämt murmelte ich einen Dank für den Hinweis. Der Alte verabschiedete sich und ging. Einige Tage lang war ich wie geheilt. Ich dachte an nichts als den Betrieb und verbrachte die Abende entweder im Büro oder zu Hause. In der folgenden Woche aber fing es wieder an. Ich war wie besessen von dem Gedanken an eine Frau, körperlich erhitzt, während ich Lydias fragende Blicke auf mir spürte. Sie sah, dass etwas mit mir nicht stimmte. Irgendwann hielt ich es in der Wohnung nicht mehr aus und ging nach draußen. Lange lief ich am Flussufer entlang, beruhigte mich in der kühleren, vom Wasser her aufsteigenden Luft ein wenig und überlegte, welche Möglichkeiten ich hatte. Die hiesigen Lokale, das war nun klar, musste ich meiden. Sollte ich nach Linz ausweichen? Es musste auf jeden Fall eine größere Stadt als unsere sein. Auch Salzburg war lediglich eine Stunde entfernt … Ich dachte nach … Lange dachte ich nach. Endlich traf ich eine Entscheidung.

Christina, Anfang dreißig, war die Tochter eines Geschäftspartners, die ich vor Jahren einmal flüchtig kennengelernt hatte. Ihr Mann war Vertreter für Stahlflaschen, und sie verbrachte die Woche mit dem bald zehnjährigen Kind alleine. Wie es mir gelang, sie mir zur Geliebten zu machen, hätte ich schon kurz danach nicht mehr sagen können. Ich hatte sie unter irgendeinem Vorwand angerufen … wir hatten uns verabredet … Ich traf sie zwei- oder dreimal in der Woche in einem Hotel am Stadtrand von Salzburg. Auf diese Weise gelang es mir, mein Begehren – dieses so eigenartig unkontrollierbare Etwas, das nur momenthaft ins Gleichgewicht zu bringen war – zu bändigen.

Nicht lang darauf kam der Alte, der mich gewarnt hatte, in Begleitung von M. wieder, und wir unterhielten uns draußen auf dem Platz kurz über Geschäftliches. Ich bemerkte bei der Gelegenheit, wie wohlwollend er mich ansah – da wusste ich, dass das Gerede verebbt sein musste. Erst jetzt wagte ich, die Kundenliste in unserem System durchzusehen. Ich stellte fest, dass es tatsächlich eine ganze Reihe Landwirte gab, die nach Jahrzehnten gemeinsamer Geschäfte seit einiger Zeit ausblieben. Ich überlegte, was ich tun sollte, dann setzte ich einen Brief auf mit der Frage, ob man im Zuge eines Betriebsausfluges zu ausgewählten Gütern, in ungefähr drei Monaten, wenn die großen Arbeiten vorbei sein würden, zu Besuch kommen dürfe; diesen Brief schickte ich an die wichtigsten der Abtrünnigen, und etwa die Hälfte, mehr als erwartet, lud mich ein, und manche machten sogar noch vor dem Besuch Ende September wieder Geschäfte mit uns und zogen andere mit sich.

M. kam gar nicht mehr; in dem Raum, den er sich als Büro eingerichtet hatte, lag der Staub. Zettel, die der Luftzug vom Tisch gewischt hatte, blieben auf dem Boden. Sah ich ihn in der Stadt, war er meist in Begleitung von sehr alten Bekannten, Kameraden aus der Schulzeit oder vom Militär, wie Lydia mir erklärte. Oder – woher er sie kannte, war auch ihr ein Rätsel – von Priestern; offenbar hatte er zu seiner Religiosität zurückgefunden, die er, wie er mir einmal, vor langer Zeit irgendwo in Bulgarien, anvertraut hatte, nach dem Tod seiner Frau verloren hatte.

Dieses Gespräch über seinen Glauben hatte mich damals verwundert. Ich erachtete ihn für einen religiösen Menschen, und so dachte ich, der Grund, warum er nicht wollte, dass jemand von den Grundgeschäften erfuhr, müsse damit zu tun haben. Ich nahm nämlich an, er verheimliche die Landkäufe, weil er sie auf irgendeine Art für unmoralisch hielt. Obwohl er sagte, er hätte den Glauben nach dem Schicksalsschlag verloren, meinte ich dennoch, dass es sich lediglich um ein kurzfristiges Hadern gehandelt hatte, das seine moralische Einstellung unberührt ließ.

Jetzt fielen mir die Worte wieder ein, und ich glaubte plötzlich zu verstehen, weshalb er mich ausgewählt hatte: Ich war nicht der Einzige in seinem Umkreis, der etwas von den Geschäften verstand; aber ich war der Einzige, den er von Anfang an für absolut areligiös und deshalb amoralisch gehalten hatte. Er hatte mich in der Folge wie ein Werkzeug benutzt, zwischen sich und die Sache gestellt, und auf diese Weise sein Gewissen so rein wie möglich halten können: Was kann der Schmied für die Schwere und Härte des Hammers? Solcherart waren die Vergleiche, die mir dabei in den Sinn kamen ... Im ersten Moment packte mich Zorn. Zorn auf den Alten, der mich zu seinem Handlanger, schlimmer noch, zu einer Sache herabgewürdigt hatte. Ich würde ihn wissen lassen, dass ich ihn durchschaut hatte. Doch der Zorn legte sich bereits nach einigen Tagen. Ich gewöhnte mich an den Gedanken, dass er mich benutzt hatte. Hatte ich ihn denn nicht auch benutzt? Das alles hatte dazugehört. Und das alles war nun vorbei. Schritte auf dem Weg ... Striche, Teile der Zeichnung.

Lydia wusste sowenig wie ich oder sonst einer, weshalb er sich für das Unternehmen nicht mehr zu interessieren schien, aber nicht nur dafür nicht, sondern für überhaupt nichts Gegenwärtiges mehr. Verbrachten wir einen Sonntagnachmittag bei ihm, erzählte er jeweils von früher und verband seine Erzählungen mit dem geschichtlichen Wis-

sen, das er sich aus Büchern und Fernsehsendungen an-
zueignen begann. Wie er sich früher in die Arbeit vertieft
hatte, vertiefte er sich jetzt darin. Ich mochte es, bei ihm
zu sitzen und ihm zuzuhören. Zwischen ihm und mir
war es freundschaftlich, manchmal nahezu herzlich; seit
ich es ihm verziehen hatte, dass er mich ausgenutzt hatte,
saß ich noch behaglicher in dem tiefen Ledersessel. Nur
Lydia fand nicht aus ihrer Reserviertheit, was ich manchmal bloß bedauerte, ihr manchmal aber sogar zum Vorwurf machte. Sie zuckte dann nur mit den Schultern und
sagte, es sei nun einmal so, sie könne es nicht ändern.

M.s Einladungen waren die einzigen, die wir nie aus-
schlugen. Ansonsten sagten wir sogar manche ab, die
wichtig waren. Vielleicht hätten wir uns anders verhalten, wäre uns ein Nachteil daraus entstanden, aber es
schien im Gegenteil so zu sein, als steigerte das unsere
Beliebtheit noch.

Warum nahmen wir jene eine an? Immerhin wusste
ich, dass Christina dort sein würde – sie hatte mir als erste
von dem Fest erzählt. Ich wiegte mich wohl in Sicherheit.
Wer sollte davon wissen? Und es wusste auch niemand
davon.

Das Fest im Garten von Schloss L. ging vorüber, kaum
ein- oder zweimal blickten wir einander an, und zwar
nicht, wie ich es mir zuvor ausgemalt hatte, verschwöre-
risch und spannungsvoll, sondern auf eine solch ge-
wöhnliche Art, dass es mich richtiggehend irritierte, so

banal war sie, so langweilig. Ich überlegte, was das bedeutete. War mein Begehren für sie erloschen? Reizte sie mich nicht mehr? Doch nicht einmal mein Nachdenken dauerte an. Das Fest schien nicht richtig in Gang zu kommen, manche Gäste gingen bald wieder, und auch wir blieben nur bis kurz nach Mitternacht. Auf der Rückfahrt fiel mir auf, dass Lydia still war. Kein Wort über das Fest, wie sonst. Ich war, wieder in Gedanken an das unerwartet Langweilige, selbst schweigsam. Einmal holte sie Luft, als wollte sie etwas sagen, und augenblicklich war ich wieder in der Gegenwart, weil ich plötzlich glaubte, sie hätte doch auf irgendeine Art und Weise etwas bemerkt oder erfahren, aber dann ging ihr Atem wieder regelmäßig, und sie sagte nichts. Die kurzzeitige Gewissheit, sie könnte dahintergekommen sein, hatte mich ruhig gemacht. Warum? Auch das verstand ich nicht.

Die Treffen mit Christina fanden ein Ende. Es ging von mir aus, dass sie aufhörten. Sie rief noch ein paarmal an, bis sie es endlich ließ. Meine Ahnung war richtig gewesen, sie interessierte mich nicht mehr. Ein Wunder eigentlich, dass es so lange gegangen war. Ich war unbestimmt dankbar dafür, es hatte alles einfacher gemacht. In ein paar Tagen, Wochen spätestens, würde ich bereits wieder an der Theke irgendeiner Bar stehen, Blicke auswerfen ... das war zu erwarten. Doch es geschah nicht. Die Lust, die mich mit solcher Wucht getroffen hatte, kehrte nicht zurück.

Mein Leben glitt in ruhige Bahnen zurück. Anfangs

war ich irgendwie enttäuscht darüber, als hätte ich etwas verloren, schon nach kurzem aber verstand ich diese Enttäuschung nicht mehr; ich fühlte mich erleichtert und wünschte mir nichts anderes, als dieses Gleichgewicht nicht wieder verlassen zu müssen.

Mit allem war ich zufrieden. Hätte mich jemand gefragt, ich hätte nicht zu sagen vermocht, was meine allumfassende Zufriedenheit noch hätte mehren können. Ich wollte arbeiten und dann zu Hause sein, zusammen mit meiner Frau. Hin und wieder fiel mir mitten in der Arbeit etwas ein, was ich ihr schenken könnte, und ich schrieb es mir auf: für ihren Geburtstag, Weihnachten, oder einfach so. Ich fing an, abends für sie zu kochen. Immer ausgefallener wurden die Gerichte. Wenn es ihr dann schmeckte – nichts gab es, was mich glücklicher machen konnte.

Zur Zeit der Affären hatte ich einen wiederkehrenden Traum. Ich saß auf einer Art Veranda an einer langen, mit Speisen und Getränken reich gedeckten Tafel. Es war nicht zu erkennen, wo ich mich befand, vielleicht auf dem Balkan, vielleicht in Südamerika. Ich trug leichte Kleidung. Lydia saß neben mir, das wusste ich, ohne sie sehen zu können. Uns gegenüber saß M. Es wurde gegessen, getrunken und viel gelacht. M. schlug immer wieder auf den Tisch vor Ausgelassenheit. Lauter und lauter wurde das Lachen, bis ich begriff, dass es Lydias Lachen war, das immer lauter wurde. Das ging sehr schnell. Als die Lautstärke unerträglich wurde, wandte ich mich ihr zu und

sah ihr Gesicht, das vor Lachen zu schreien schien. Ich
war plötzlich sicher, dass sie etwas wie einen Anfall hatte,
und wollte sie packen, aber da rief sie: »Ich weiß es ja, du
liebst mich nicht!« Und wieder lachte sie dieses nun endgültig unerträgliche Lachen.

Sie hatte mich nie ganz verlassen: Die Angst, sie könnte
dahinterkommen. Jetzt, wo meine Affären vorbei und
Vergangenheit waren, verstand ich nicht, weshalb die
Angst mich trotzdem nicht verließ, sondern in manchen
Nächten schlimmer war denn je. Einige Monate lang ging
das so. Dann aber blieb der Traum auf einmal aus; und nur
selten noch zeigten sich in der Folge Fetzen davon, Sche-
men, Bruchstücke, die ich kaum wiedererkannte, zogen
vorbei, lösten sich auf.

Eines Tages kam mir Lydias Verhalten verändert vor.
Ich fragte mich, was geschehen war, dachte aber zugleich,
es werde vergehen. Doch es verging nicht, auch während
der nächsten Zeit war sie verändert. Sie wirkte nicht mehr
glücklich, wenn wir abends beim Essen saßen, und wenn
ich sie fragte, ob es ihr schmecke, nickte sie nur abwesend. Die Geschenke, die ich ihr mitbrachte, beachtete sie
nicht mehr erfreut und aufgeregt, sondern höflich und
interesselos. Sie wich sogar meinem Blick aus. Was war
passiert? Zeitweise war die Angst, sie könne hinter meinen Betrug gekommen sein, beherrschend. War es auch
sie, diese Angst, die mir Lydias Worte, Blicke, Bewegungen auf einmal so vollkommen anders erscheinen ließ als
in all den Jahren zuvor? Aber ich glaubte nicht so recht

dran. Irgendwann kam mir der Gedanke, Lydia könne meine Angst bemerkt haben und ihr Verhalten bloß eine Reaktion sein – ein Reaktion auf etwas, das sie nicht verstand und umgekehrt ihr Angst machte. Feststand, dass sie sich mehr und mehr zurückzog – und ich, so sehr ich es versuchte, nichts dagegen tun konnte. Ja, ihr Rückzug schien sich sogar zu beschleunigen, je mehr ich mich bemühte. Nicht im Geringsten unfreundlich oder jäh war dieser Rückzug, vielmehr auf eine mir unbekannte Art vorsichtig und scheu. Etwas musste geschehen sein.

Eines Abends kam ich aus dem Büro nach Hause. Seit ein paar Tagen regnete es ohne Unterlass. Die Regelmäßigkeit, mit welcher der Regen auf die blechverkleideten Simse unserer Fenster trommelte, tat mir gut, mir kam es vor, als höre ich dunkle, warme Musik. Auf dem Hauptplatz, den ich rasch überquert hatte, war ein Bettler aus einem Hauseingang hervorgetreten und hatte mich angesprochen, ohne dass ich seine Worte verstand. Ich war mir nicht sicher, ob er meinen Namen genannt hatte, nur dass er seinen nannte – Guido –, konnte ich deutlich hören. Dicht bei Fuß stand ihm ein schwarzgrauer Pinscher, der mit dem Schwanz wedelte und abwechselnd mich und sein Herrchen ansah. Das eine Ohrläppchen des Mannes wies ein großes Loch auf und war stark geweitet. Aus dem Kragen wuchsen dunkelblaue Ornamente auf seiner Haut, als ob sie nach dem Gesicht greifen wollten. Ich gab ihm ein paar Münzen in die Hand, die ich in der Hosentasche trug und dachte im Weitergehen jäh erregt: Was will dieser Mensch von mir? Warum lässt er mich nicht in Ruhe?

Ich schloss die Wohnungstür hinter mir.

Es war zuletzt öfter vorgekommen, dass Lydia morgens lange nach mir aufstand und erst gegen Mittag im Büro auftauchte. Ich rechnete das ihrem mir so unerklärlichen Rückzug zu. Noch nie war sie jedoch den ganzen Tag über ausgeblieben, und ebensowenig hatte ich sie jemals abends liegend angetroffen, wie jetzt. Sie schien mein Eintreten in ihr Zimmer nicht zu bemerken. Ich wusste nicht, ob sie schlief. Sie reagierte weder, als ich sie ansprach, noch, als ich sie berührte. Lange stand ich neben ihrem Bett und blickte sie an. Hitze strömte von ihr aus, sie war unruhig und drehte sich hin und her. Ich stellte mich ans Fenster, schob die Vorhänge beiseite und versuchte, einen klaren Gedanken zu fassen. Lichter lagen wie zerfaserte Flecken hinter den schwarzen Bäumen im voranstürmenden, Schaumkronen tragenden Fluss. Ich ging aus dem Zimmer und rief den Arzt an. Eine knappe Stunde später läutete es an der Tür. Ich nahm ihm Schirm und Mantel ab und führte ihn in Lydias Zimmer; die Bodendielen quietschten unter den nassen Schuhsohlen. Er stellte seine Tasche ab, schlug die Hemdsärmel um und untersuchte die Fiebrige und stellte mir dazwischen hin und wieder eine Frage. Mein Blick lag währenddessen unablässig auf Lydias Gesicht. Es waren äußerst einfache Fragen nach Lebensgewohnheiten, Ernährung, Bewegung und dergleichen mehr; dennoch spürte ich, wenn ich eine der Fragen, so gut es ging, beantwortete, einen solchen Widerstand, als müsse ich dafür einen beschwerlichen Weg zurücklegen, und kaum hatte ich es getan, sank ich zurück in den Rhythmus des Regenfalls wie in einen anderen, weit entfernten Raum. Dann packte der Arzt seine Sachen zusammen. Ich folgte seiner Aufforderung, warf ein paar Dinge in eine Reisetasche und holte Lydias Mantel und Schuhe. Fünf Minuten später standen wir nebeneinander im Hauseingang und sahen auf den beharrlich fallenden Regen hinaus, rauchten ein Zigarillo und warteten auf den Rettungswagen.

Nachdem das Fieber gesunken war, wurde Lydia auf Anweisung des Primars auf die psychiatrische Station des Krankenhauses von W. verlegt. Die Grippe, die sie auf eine für ihr Alter und ihren körperlichen Zustand ungewöhnlich harte Weise getroffen habe, könne man nach annähernd zwei Wochen zwar als überstanden bezeichnen, es seien nun aber deutliche Symptome einer schweren depressiven Verstimmung zu erkennen, teilte er mir mit. Er habe deshalb in Rücksprache mit dem Leiter der psychiatrischen Abteilung eine Überweisung veranlasst... Ich fuhr mir durch die Haare. Mir sei das unerklärlich, sagte ich mehr zu mir selbst als zu dem Arzt.

Ich besuchte sie jeden Nachmittag und brachte ihr Essen, das ich am Morgen, noch bevor ich ins Büro ging, selbst gekocht hatte. Obwohl das Plastikgeschirr tags darauf jeweils leer war, glaubte ich nicht, dass sie es tatsächlich gegessen hatte. Selten gingen wir ein wenig spazieren, meistens saßen wir in ihrem spärlich möblierten Zimmer, ich hielt ihre Hand und sah sie über den Tisch hinweg an. Mehr und mehr war ich der Überzeugung, dass ihr Zustand nichts mit mir zu tun haben könne. Wäre es so gewesen, hätte sie mir dann in die Augen sehen können, wie sie es tat, eine halbe, eine ganze Stunde lang? Manchmal fing sie dabei einfach so zu weinen an, ohne den Blick von mir zu wenden. Zahllose Überlegungen stellte ich an, was der Grund dafür sein mochte. Was um alles in der Welt fehlte ihr? Oder war es, wie der Oberarzt es nannte: einfach eine Krankheit, die einen grundlos befallen konnte? Ein Gespräch kam nur momenthaft in Gang. Die einzige Frage, die ich hatte, wagte ich nicht zu stellen: Was ist geschehen? Was – welcher Gedanke, welcher Satz, welches Bild – hatte aus ihrem bisherigen Leben dieses andere gemacht? Allgemeines ... höchstens über Allgemeines sprachen wir. Wenn sie ab und zu fragte, wie es im Betrieb laufe, antwortete ich, es gehe.

In Wirklichkeit geriet ich in Bedrängnis. Die Arbeit hatte durch Lydias Ausfall ein Ausmaß erreicht, das für mich, obwohl ich kaum noch schlief, nicht mehr zu bewältigen war. Ein Angestellter bat Freitagnachmittag um Urlaub in der bevorstehenden Woche, ich verlor die Beherrschung und schrie ihn an: Wenn er jetzt gehe, brauche er gar nicht erst wiederzukommen. Das sprach sich herum – sogar die Arbeiter erfuhren davon – und verdüsterte die Stimmung schlagartig. Dass ich mich bei dem von mir Angeschrienen entschuldigte und ihm den Urlaub gewährte, änderte daran kaum etwas. Mir kam es vor, als ginge alles nun noch langsamer vonstatten und als gerieten wir immer mehr in Verzug. Ich rang mit mir, bevor ich Alma anrief und ihr, da sie nicht abhob, auf das Band sprach. Ich hatte die Hoffnung, sie könne mir in irgendeiner Weise behilflich sein. In groben Zügen setzte ich ihr die Situation auseinander und bat sie, sobald als möglich um einen Rückruf. Als eine Woche verstrichen war, ohne dass ich etwas von ihr gehört hätte, überlegte ich, mit M. zu reden, kam davon rasch wieder ab und schrieb in den Lokalzeitungen zuerst eine, dann noch eine zweite Stelle aus und besetzte sie kurze Zeit später mit zwei älteren, mit dem Geschäft vertrauten Kaufmännern. Fast augenblicklich entspannte sich die Lage.

In den Nächten kehrte der Traum wieder. Aber nun wirkte er ganz anders auf mich. Ich erwachte und lag lange wach. Ich war jetzt nicht mehr in Angst, nicht einmal Aufregung versetzt. Als sinke ich in etwas hinein, begriff ich ganz allmählich, weshalb die Angst ausblieb: Lydias Satz, dass ich sie nicht lieben würde, traf mich nicht mehr; er traf mich nicht mehr, weil er nicht mehr stimmte. Ich fand mich in einem seligen Zustand. Was sollte ich noch anstreben? Jedes Streben kam mir jetzt fast lächerlich vor. Ich dachte an die Zeichnung, die ich so lange vor mir gesehen hatte, und stellte fest, dass ich sie nicht mehr sehen konnte. Ihre Striche waren aufgelöst in weißes Licht oder flüssiges Gold, waren in etwas Über-

wirkliches verwandelt. Ich sah Lydia geheilt und zurück
bei mir und uns beide wieder und zum ersten Mal richtig
vereint. Solange dieser Zustand anhielt, war er ein Glück.

Es schien ihr zusehends besser zu gehen. Mir kam vor, sie
bekomme wieder Farbe, und ein- oder zweimal konnte
ich sie sogar zum Lachen bringen – zuvor etwas Unvor-
stellbares. Meine Hoffnung, sie würde bald entlassen, war
groß und blieb es auch dann, als sie, ohne dass mich zuvor
jemand davon in Kenntnis gesetzt hätte, verlegt wurde.

Man teilte es mir am Empfang mit. Die Dame mit den
zu einem Knoten gebunden, silbergrauen Haaren sagte
mir, wo ich sie finden würde. Ich ließ mir meine Überraschung nicht anmerken, bedankte mich und folgte der
Beschreibung, die mich von dem Hauptgebäude entfernte
und einige Hundert Meter über das Gelände führte. Die
Tür zu dem mittleren der drei taubengrauen Pavillons
stand offen. Ich trat ein. Ich ging am Treppenaufgang vorbei und blieb an der Tür mit der Nummer vier am Ende
des Flurs stehen und klopfte. Nach einigen Sekunden
hörte ich dahinter Lydias Stimme und öffnete sie. Ich betrat eine Wohnung, die aussah, als sei sie eigens für Lydia
eingerichtet worden. An einer Wand hing ein Stich, der
mir bekannt vorkam. Sie saß an einem Tisch vor der Terrassentür, die einen weiten Blick auf den Garten freigab,
und las in einem Buch, das sie weglegte, als sie mich sah.
Ich begrüßte sie mit einem Kuss auf die Wange.

»Hier«, sagte ich und hielt ihr das Plastikgeschirr hin.

Sie nahm es und betrachtete es einen Moment lang. Sie lächelte, aber das Lächeln war völlig abwesend und teilnahmslos. Sie stand auf und trug die Dosen in die Küche. Ich folgte ihr ein paar Schritte und sah, dass sie irgendetwas gekocht hatte ... ein Rest von etwas Weißem war in einem Edelstahltopf zu erkennen, und es roch nach Zimt. Am Empfang war ich überrascht gewesen, ein wenig auch irritiert, aber ich hatte mich nicht so ausgeschlossen gefühlt, wie ich mich hier zu fühlen begann. Ich sah mich in der Wohnung um und merkte selbst, wie fragend und vielleicht auch gekränkt meine Blicke waren. Lydia erklärte mir nichts. Ich blieb so lange, wie ich immer blieb. Nachdem ich mich von ihr verabschiedet hatte, ging ich, die leeren Dosen vom Vortag in der Hand, ins Hauptgebäude zurück und bat um ein Gespräch mit dem Primar. Die Frau am Empfang griff zum Telefon und wählte eine Nummer. Kurz bedeckte sie die Sprechmuschel mit der Hand, nickte mir zu und sagte: »Steinau, nicht wahr?«

Ich musste ein paar Minuten warten, bis er auftauchte. Ich ging ihm entgegen und wiederholte meine Bitte. Er warf einen Blick auf die Uhr, dann nickte er und berührte mich mit der einen Hand leicht am Ellbogen, während er mit der anderen auf ein unweit des Empfangs hinter einer Glastür liegendes, offen stehendes Zimmer wies. Es war das Schwesternzimmer, in welchem in dem Moment nur eine Krankenschwester an einem mit Tassen und Aktenstapeln vollgeräumten Tisch saß und sich die Nägel feilte; als sie den Primar sah, legte sie die Feile weg, stand auf und verließ das Zimmer. Der Arzt wies auf den freigeworden Stuhl und sagte:

»Bitte«, aber ich schüttelte den Kopf und fragte:

»Sie haben sie verlegt? Ich habe geglaubt, meine Frau werde bald entlassen?«

»Herr Steinau ...« Eine samtene Stimme.

»Ihr scheint es doch besser zu gehen«, beharrte ich.

»Sie wissen, es gibt die ärztliche Schweigepflicht«, sagte er.

Ich wollte ihn unterbrechen, aber er hob die Hand.

»Ihre Frau ... Rechnen Sie nicht mit einer baldigen Entlassung. Das ist alles, was ich Ihnen im Augenblick sagen kann. Ihre Beobachtung mag richtig sein, sie wirkt nach außen hin tatsächlich besser, ihr psychischer Zustand allerdings hat sich eher noch verschlechtert.«

»Verschlechtert? Aber was machen Sie denn mit ihr?«, rief ich reflexhaft und fast ohne mir dessen bewusst zu sein.

Ich starrte den Arzt an und fand keine Worte. Er sagte etwas, das ich nicht hörte. Ich blickte auf den Steinboden, in dem sich das unwirklich weiße Licht der Neonröhren spiegelte.

»Aber«, sagte ich dann, »so etwas tritt doch nicht von heute auf morgen auf.«

»Normalerweise nicht, aber auch das kann vorkommen.«

»Sie kennen den Grund, nicht wahr?«

»Ja.«

»Und Sie dürfen ihn mir nicht nennen.«

»Es tut mir leid.«

Ich setzte mich auf den Stuhl, den er mir vorhin angeboten hatte, und legte die Dosen auf den Tisch. Ich nahm die Nagelfeile in die Hand. Der Griff war breit und rosarot, die Feile wies auf beiden Seiten feine, weiße Striche auf und war an der schwarzfleckigen Spitze abgebrochen. Indem ich sie betrachtete, sah ich auf einmal Lydias runde, glatte Nägel mit den kleinen Monden vor mir. Dann sah ich ihre Hand. Und dann, wie ihre Hand nach meiner griff, wenn ich bei ihr saß und ihr sagte, dass sie mir fehle. Ich hatte immer gemeint, sie tue es abwesend oder zerstreut; jetzt begriff ich, dass es bloß so wirkte und ihre Berührung frei von jeder tiefen Regung war. Und ich begriff, weshalb es so war. Behutsam legte ich die Feile auf den Tisch zurück.

Ich stürzte mich in Arbeit. Ich tat es, um an nichts anderes denken zu müssen. Was ich nie gewesen war, wurde ich jetzt: ein gefürchteter Vorgesetzter. Sobald jemand mich nur schief ansah – oder ich fand, er sehe mich schief an –, drohte ich ihm mit der Kündigung. Einen entließ ich wirklich. Im Büro stand kaum je noch eine Tür offen, auf dem Gelände liefen die Angestellten schneller und geduckter als früher herum, und oft sah ich, wie jemand einen Blick auf das Bürogebäude warf. Hin und wieder stand ich am Fenster und erhaschte einen solchen Blick. Niemand von ihnen konnte an einen Aufstand, ja eine Beschwerde auch nur denken: Dazu war es die Zeit nicht. Die Einladungen, die nach wie vor kamen, schlug ich durchweg aus und hätte von ihnen nicht einmal Notiz genommen, wäre nicht meine unlängst eingestellte und allein für mich zuständige Sekretärin gewesen, die mich darauf hinwies. Auch in der Stadt wich man mir aus, allerdings weniger wegen meines unwirsch gewordenen Verhaltens, als wegen des rasch bekannt gewordenen rätselhaften Unglücks mit Lydia; man meidet jeden, dem das Unglück folgt.

Nichts gab es, was mich hemmte, und ich merkte, wie ich dadurch auch für mich selbst irgendwie ungreifbar wurde – unberechenbar. Stets hatte ich ein Ziel gehabt, und als es ein einziges Mal keines gab, hatte ich, dringender als nach irgendetwas sonst, danach gesucht. Jetzt war alles, was ich tat, ziellos.

Es war Anmaßung gewesen. Ich hatte mir eingebildet, etwas erzwingen zu können, und nicht rechtzeitig erkannt, dass sich die Dinge nicht zwingen ließen. Arbeitete ich, konnte ich es vergessen, aber während der Stunde am Nachmittag, die ich bei Lydia saß, befiel diese Einsicht mich in Gestalt eines grenzenlosen und lähmenden Kummers. Ich brachte ihr kein Essen mehr mit, stattdessen manchmal Blumen ... Nach ihrer Hand zu greifen, wagte ich nicht mehr; und wenn sie nach meiner griff, musste ich alle Kraft aufwenden, sie nicht zurückzuziehen: Gewiss hatte sie aus hundert Kleinigkeiten längst abgelesen, dass ich verstanden hatte, dass sie mich nicht länger für einen geliebten Menschen, vielleicht gar nicht mehr für einen Menschen ansah, dennoch zwang ich mich, ihr zumindest nicht direkt recht zu geben; ich dachte, wenn ihr noch ein Quäntchen Zweifel bleiben könnte, wäre es erträglicher für sie.

Mir indes war kein Zweifel geblieben. Ich wusste, weshalb mir zustieß, was mir zustieß. Ich war kein guter Mensch gewesen. Ich hatte sie benutzt, um mein Ziel zu erreichen. Und wäre alles geblieben, wie es gewesen war, wäre mir niemand, und schon gar nicht Lydia, auf die Schliche gekommen. Was mich verraten hatte, war nicht irgendeine aufgeflogene Affäre, nicht irgendein Gerücht gewesen, sondern die Tatsache, dass ich nach über zehn Jahren auf einmal begonnen hatte, Lydia zu lieben. Und das hatte sie erkannt, bevor ich selbst es erkannte, und hatte begriffen, dass alles davor nichts als Betrug gewesen war. Und das hatte sie in einen Abgrund gestürzt, aus dem sie nicht mehr herauskam. Anders konnte ich es mir nicht erklären.

Gerade in den ersten Wochen meinte ich oft, es nicht mehr auszuhalten und am nächsten Tag nicht wieder zu ihr gehen zu können. Aber ich ging doch immer hin. Als ich sie nach drei oder vier Wochen wegen eines schweren Unfalls im Betrieb einmal nicht besuchen konnte, ertrug ich das fast nicht – jene tägliche Stunde bei ihr war trotz allem das Einzige, wonach ich mich sehnte. Ihre Gegenwart – und der Kummer – umgab mich mit etwas, in dem ich eine Form hatte.

Einige Hundert Euro zahlte ich Jahr für Jahr in eine Zusatzversicherung ein, dennoch war offensichtlich, dass diese Versicherung zwar für einen Teil, gewiss aber nicht für die ganzen Kosten von Lydias einigermaßen aufwendiger Unterbringung aufkommen konnte. Nachdem von unserem Privatkonto nichts Entsprechendes abging und Lydia kein separates hatte, konnte niemand anderer als M. es sein, der den Rest bestritt.

Er besuchte sie vormittags und blieb ebenfalls eine Stunde. Ob er wusste oder ob er ahnte, weshalb seine Tochter in der Anstalt war – ich konnte es mir nicht vorstellen und meinte, er sei ebenso ratlos, wie ich es anfangs gewesen war. Lydia und ich sprachen nicht über ihn, von seinen Besuchen wusste ich durch Kleinigkeiten, die ich bei ihr liegen sah – alte Fotos, Bücher, Schulhefte, Blumen, die nicht von mir stammten – und über die wiederum wir mitunter doch sprachen. Nur ein einziges Mal begegneten M. und ich einander; er war gerade dabei, das Gelände zu verlassen, als ich aus dem ein Stück abseits geparkten Wagen stieg.

Er hätte mich nicht bemerkt, aber ich rief ihm zu; erst nachdem ich zweimal gerufen hatte, blieb er stehen und sah über die Straße her und entdeckte mich. Nachdem wir uns begrüßt und nach dem Befinden befragt hatten, kam kein Gespräch in Gang, stattdessen klopfte er mir mit schwerer Hand auf die Schulter und machte sich wieder auf den Weg. Ich blieb vor dem eisernen Eingangstor stehen und sah ihm nach, wie er langsam die Straße entlangging, nach einem Stück unter einer ausladenden Kastanie stehen blieb, sich die Windjacke auszog, dabei für einen Moment fast unsichtbar werdend in der unruhigen Dunkelheit des flimmernden Dämmerlichts unter dem Baum, sich die Jacke über den Arm hängte und wieder weiterging, und irgendwie war ich da erleichtert. Sowenig wie mir, konnte ihm jemand gesagt haben, was der Grund für Lydias Krankheit war. Sicherlich machte auch er sich Gedanken ... Erst da fiel mir wieder ein, was ich von seiner früh verstorbenen Frau gehört hatte, und mir kam in den Sinn, das Ganze erinnere ihn womöglich an sie ... Danach sah ich ihn wieder lange nicht.

Selbstverständlich hätte ich ihn bei der Gelegenheit auf die Spitalskosten ansprechen können, aber was mich früher beschäftigt hätte – und, ganz nebenbei, gefreut –, war jetzt eine reine Feststellung, eine beim Sortieren von Kontoauszügen eines Tages fast zufällig gemachte Entdeckung, an die ich bei der flüchtigen Begegnung nicht dachte. Auch als meine Sekretärin mir eines frühen Abends, etwa ein halbes Jahr nach jener Begegnung, bestellte, M. habe in meiner Abwesenheit mehrfach versucht, mich zu erreichen, dachte ich nicht daran, obwohl ich sicher war, dass es etwas mit Lydia zu tun haben musste. Grübelnd, was es sein könne, ging ich in mein Büro und schloss, wie es mir zur Gewohnheit geworden war, die Tür hinter mir ab. Sowie ich mein Sakko abgelegt und mich an den Schreibtisch gesetzt hatte, fiel es mir wieder ein. Die Vorstellung, M. anzurufen, bereitete mir nicht gerade Freude; die Vorstellung jedoch, mit ihm, wenn es denn schon sein musste, nicht über das Wohl seiner Tochter, sondern über Geld zu reden, machte mich richtiggehend missmutig, und ich beschloss, erst am folgenden Tag zurückzurufen. Ich betrachtete das Bild an der Wand gegenüber, von dem ich immer noch nicht wusste, ob es gemalt oder fotografiert war, und vage zog die Erinnerung an meinen ersten Aufenthalt in diesem Raum durch meinen Kopf.

Die Nacht war bereits angebrochen, als es plötzlich klopfte; Papiere in der einen, einen Stift in der anderen Hand, öffnete ich die Tür in dem Glauben, der Nachtwächter, der Licht gesehen hatte, wollte nachschauen, ob alles in Ordnung sei, und erschrak richtiggehend, als ich M. erblickte. Ohne mir in die Augen zu sehen, betrat er mit einem flüchtigen Gruß das Büro.

Es ging nicht um Geld, so viel verstand ich. Doch worum es ging, verstand ich nicht. M. redete von irgendwelchen mir ungeläufigen Dingen, unterbrach sich ständig und verhedderte sich in Floskeln. Nie hatte ich ihn in solch unverständlicher, wirrer Weise sprechen gehört. Zunehmend beklommen und kaum noch auf seine Worte achtend, sah ich ihm von meinem Schreibtisch aus zu, wie er durch den Raum irrlichterte.

Es ging um Lydia. Aber was war es, das ihn derart aufwühlte? Hatte er etwas in Erfahrung gebracht, das mir verschwiegen wurde oder mir entgangen war? Ich durchlebte meine Besuche der vergangenen Tage noch einmal, aber mir fiel nichts Außergewöhnliches auf. Oder, fragte ich mich, griff die so lange schon festgefahrene Situation ihn derart an, dass er selbst in einen krankhaften Zustand verfallen war? Er wirkte nicht gesund, stellte ich fest, schien zudem an Gewicht verloren zu haben. Die Beklemmung, die mich erfasst hatte, verwandelte sich in einen Widerwillen, und ich war kurz davor, aufzustehen und zu sagen, ich müsse nun los, hätte noch etwas zu erledigen... Da machte er eine Kopfbewegung, die alles auflöste; ich hätte sie nicht beschreiben können und hatte sie nicht einmal richtig gesehen, aber es war eine Bewegung, die mich an Lydia erinnerte, weil ich sie von ihr kannte. Obwohl ich immer noch nicht schlau daraus wurde, hörte ich nun wieder auf das, was er sagte, und bat ihn, sich zu setzen. Während er mich auf eine Art ansah, die ich eben noch furchteinflößend gefunden hätte, dachte ich, dass ich alles ertragen würde, auch das, auch ihn, meinen Schwiegervater, den Vater der Frau, die ich über alles liebte, und mit einem Mal fühlte ich dieselbe formende Kraft, mit der mich auch Lydias Gegenwart umgab.

Er setzte sich nicht.

»Was ist?«, fragte ich beinah lachend. »Setz dich doch!«

Er verzog keine Miene.

»Ich habe einen Fehler gemacht«, sagte er, und sein Blick glitt von mir ab und ging zur Tür hin.

»Fehler? Aber welchen Fehler denn?«

Ich öffnete die unterste Schreibtischlade, um nachzusehen, ob noch etwas Kognak da war – ich wollte jetzt nicht mehr, dass er ging, im Gegenteil wünschte ich mir, dass er blieb. Wie lange hatte ich geglaubt, eine Zeichnung zu sehen, ja ihr Schöpfer zu sein, und seit wie langer Zeit nun hielt ich das alles für Unsinn, Vermessenheit? Jetzt kam mir ein andere Gedanke: Vielleicht war doch alles vorgezeichnet, aber so, dass kein Mensch es sehen konnte.

»Einen fürchterlichen Fehler.«

Er tat mir leid. Als er abermals zur Tür blickte, fragte ich: »Was machst du am Sonntag? Hast du schon etwas vor? Ich könnte dich besuchen.«

»Am Sonntag? Welcher Tag ist heute?«

»Dienstag«, antwortete ich.

»Gut«, sagte er, war jetzt ganz anwesend und schien es zugleich auf einmal eilig zu haben.

Seine Eile hatte nichts Hektisches an sich, sondern war konzentriert und gefasst. Bestimmt auch deshalb kam mir, nachdem er gegangen war, die Erinnerung an seine Wirrnis wie eine Einbildung vor, und obwohl ich wusste, dass sie wirklich gewesen war, tat ich sie bald ab als etwas Lachhaftes, und sie rückte weit in den Hintergrund meines Bewusstseins.

Ende der Woche fragte Lydia mich, ob ich etwas von ihrem Vater gehört hätte. Ich war bereits aufgestanden und in den Lammfellmantel geschlüpft, und während ich ihn zuknöpfte und überlegte, weshalb sie fragte, antwortete ich, er sei vor wenigen Tagen im Büro gewesen und dass ich ihn am Sonntag besuchen würde. Sie wirkte erfreut, als sie das hörte, und ich dachte nicht weiter über die möglichen Gründe ihrer Frage nach, sondern verlor mich in ihrer Freude, die für einen ewigen Moment alles andere verdrängte und in mir die Hoffnung aufflackern ließ, es würde nicht mehr allzu lange dauern, bis sie nach Hause kommen würde.

Es war der Abend des zweiten Adventssonntags, und Schnee fiel, als ich durch das Tor fuhr. M.s Range Rover stand eingeschneit in der Einfahrt. Ich parkte meinen dahinter, stieg aus dem Wagen und stapfte durch das knirschende Weiß auf die Haustür zu. Noch bevor ich ankam, ging sie auf.

»Lydia lässt dich grüßen«, sagte ich, blies mir in die Hände und rieb sie aneinander.

M. trug einen Anzug über einem hellblauem Hemd und ein Stecktuch in derselben Farbe, und seine Schuhe glänzten, als habe er sie eben erst eingefettet.

»Komm herein«, sagte er, an mir vorbei nach draußen sehend.

Ausgiebig klopfte ich mir die Schuhe ab und folgte ihm in das Haus. Wir gingen ins Wohnzimmer, wo im Kamin Feuer gemacht war, und setzten uns in die mit rötlich-braunem Leder bezogenen Ohrensessel. Auf dem niedrigen Glastischchen zwischen den Sesseln standen ein Teller mit Keksen, eine bereits entkorkte Flasche Merlot aus dem Jahr 2004 und zwei Gläser. M. schenkte ein. Er nahm sein Glas, schwenkte es, roch lange daran und trank. Ich tat es ihm gleich. Es war still im Haus, stiller als sonst, nur vom Kamin her knackste und prasselte es. Als errate er etwas von meinen Gedanken, sagte M., er habe die Haushälterin schon vor einer Weile entlassen. Seit seine Mutter nicht mehr lebe, sagte er, führte den Satz aber nicht zu Ende. Ich fragte, ob er auch ohne die Haushälterin gut zurechtkomme. Anstatt zu antworten, fragte er, wie der Betrieb laufe. Ich war überrascht von der Frage, auf die ich in den vergangenen Jahren bei jedem Treffen wieder vergebens gewartet hatte, und sofort begann ich zu erzählen. Ein paarmal stand er währenddessen auf und trat an eines der großen Fenster, und nach einer Weile hatte ich den Eindruck, er höre nicht richtig zu; aber der Eindruck zerstreute sich wieder, weil er hin und wieder doch eine Frage, einen Einwurf vorbrachte.

»Kommt« – er nannte den Namen des Geschäftsfreundes, der mich damals, in der Zeit meiner Affären, über die Empörung in der Stadt in Kenntnis gesetzt hatte – »noch manchmal vorbei?«

»Selten«, antwortete ich, »er ist meistens in Wien, glaube ich.«

»Durch ihn bin ich draufgekommen«, sagte er und sah mich zum ersten Mal seit meiner Ankunft direkt an.

Flüchtig erinnerte ich mich an seinen Besuch vor wenigen Tagen, und wieder dachte ich, dass ich, was immer geschehe, ertragen würde, und drückte mich tiefer in den weichen Sessel.

»Worauf denn?«, fragte ich.

»Er hat mir von deinen Geschichten erzählt.«

»Ach!«

Seufzend winkte ich ab, als sei es nicht der Rede wert oder nichts davon wahr – es kam mir beinah selbst so vor, und kaum noch einmal erinnerte ich mich an jene Zeit der Liebschaften.

»Das habe ich auch gedacht, als er mir davon erzählte«, sagte er. »Ich hatte andere Dinge, um die ich mich kümmern musste. Das war nicht meine Sache, dachte ich. Und wenn es dem Unternehmen schadete – das Unternehmen interessiert mich schon lange nicht mehr.«

Ich stutzte über diese Enthüllung. Was hatte er mir im Büro mitzuteilen versucht? Hatte es etwa nichts mit Lydia zu tun, sondern bloß mit ihm selbst? Dünn war er geworden. Hatte er etwa eine Krankheit? Hatte ich in den vergangenen Tagen Mitleid für ihn gehabt, so war ich nun voller Sorge.

»Du sagtest, du hättest einen Fehler gemacht«, sagte ich, schlug die Beine übereinander und richtete mich ein wenig auf.

Obwohl noch Wein in den Gläsern war, schenkte er nach. Er nahm sein Glas und drehte es, daran riechend, in der Hand, und seine Hand war ganz ruhig. Es fiel kein Wort zwischen uns. Er schien weggeglitten, und ich fragte mich, ob er, abgesehen von seiner Tochter, überhaupt zu irgendjemandem regelmäßigen Kontakt hielt. Ich sollte ihn öfter besuchen, dachte ich und nahm mir vor, von jetzt an wieder jeden Sonntag zu kommen und ihm zuzuhören, wenn er von historischen Dingen erzählte. Ich wurde müde und schloss die Augen. Meine Gedanken schweiften zu einem Termin am nächsten Tag und kehrten wieder zurück.

»Einen fürchterlichen Fehler«, sagte er.

Ich erkannte den Tonfall wieder, in dem er es schon einmal gesagt hatte, und öffnete die Augen.

Ich sah es jetzt ganz deutlich, wir waren andere geworden; ich ein so ganz anderer, und er ein so ganz anderer.

»Was liegt dir auf der Seele?«, fragte ich.

Jäh stellte M. das Glas ab, stand auf und stellte sich ans Fenster. Draußen war es längst dunkel, und der Raum spiegelte sich in den Scheiben. Vielleicht missfiel es ihm, dass jemand sich um ihn sorgte. Ich dachte an Lydia und dass sie mich nach ihm gefragt hatte und dass ich nicht wusste, weshalb. Aber sie tat es wohl, um herauszufinden, welcherart der Umgang war, den wir miteinander hatten; denn dass er sie nicht mehr besuchte und sie mich deshalb fragte, war nicht vorstellbar.

»Lydia«, sagte ich, aber da fuhr er herum und sah mich in einer Weise an, die mich sofort verstummen ließ.

»Hör zu«, sagte er und kam in raschen, fast stampfenden Schritten auf mich zu, »hör jetzt zu.«

Knapp vor mir blieb er stehen, beugte sich zu mir herab und stützte sich mit einer Hand auf der Armlehne meines Sessels ab.

Ich nahm das Glas, das ich auf der anderen Armlehne abgestellt hatte, an mich.

»Ich wäre nicht draufgekommen«, sagte er, die Worte sehr klar betonend, »ich wäre nicht draufgekommen, hätte ich nicht von diesen Geschichten gehört. Von deinen Liebschaften. Lange hat es gedauert. Lange hat es gedauert, bis ich mich erinnerte, dass auch ich in meinen jungen Jahren eine solche Zeit durchlebt habe. Damals kannte man mich noch nicht so, ich konnte mich als ein anderer ausgeben. Ich war nicht so unbedacht wie du … Ich weiß nicht, wie ich es vergessen konnte. Verdrängt. Wie kann das passieren? Ich weiß es nicht. Denn ich habe sie ja gefragt, habe gefragt: Bist du von jenem Betrieb? Sie sagte, nein, das sei sie nicht, das sei ihre Verwandtschaft. Sie stamme aus einem anderen Ort. So sagte sie es. Später erfuhr ich zwar, dass sie gelogen hatte, aber was ich mir merkte – was ich mir merkte, war eben die Lüge.«

Sein schwer gehender Atem schlug mir ins Gesicht. Ich wusste nicht, wovon er sprach.

»Wovon redest du?«, fragte ich. »Wen hast du was gefragt?«

Er richtete sich auf, setzte sich in seinen Sessel und nahm sein Weinglas wieder in die Hand. Er saß, bis auf das Drehen des Weinglases nahezu reglos, sein Atem ging immer noch tief, aber ruhiger. Ich hörte, wie er tief Luft holte; es war laut und klang, als stürzte Wasser in einen weiten leeren Abfluss.

»Deine Mutter«, sagte er. »Ich weiß nicht einmal mehr, wo ich sie kennengelernt habe.«

Vielleicht begann es in den Spitzen meiner Finger, vielleicht in meinen Füßen, jedenfalls verließ mich jedes Körpergefühl. Ich konnte mich nicht mehr bewegen und, hätte ich es versucht, gewiss auch nicht mehr sprechen. Es war, als wirke das Gehörte in mich ein wie ein Gift, und in dem Maß, in dem ich es verstand, lähmte es meinen Körper.

Auf jede der Fragen, mit denen ich von allen Seiten bedrängt wurde, gab ich immer nur die eine Antwort: dass ich nichts dazu sagen könne, es mir unerklärlich sei und dass mir nichts Besonderes aufgefallen sei. Ich antwortete auf alles, ohne dabei etwas zu denken und ohne etwas zu empfinden. Mit der in kleinem Kreis abgehaltenen Beerdigung verstummten die Fragen.

Lydia fragte nicht. Doch nachdem sie die Nachricht von seinem Tod anfangs mit erstaunlicher Fassung aufgenommen hatte, trat bereits nach wenigen Tagen eine Erschütterung zutage, die sie in einen vermeintlich überwundenen, vollkommen teilnahmslosen Zustand zurückwarf. Im Grunde hatte ich es in der Sekunde gewusst, als M. es mir enthüllte, aber jetzt wurde die Gewissheit eine unumstößliche: Es war unmöglich, es ihr zu sagen. Was er seinen Fehler genannt hatte, verzieh ich M. Ich hatte gelernt, dass der Mensch Fehler begeht. Aber ich konnte ihm nicht verzeihen, es sich so leicht gemacht zu haben; aber weil ich ihm auch dafür keine Schuld geben konnte, hasste ich ihn dafür, dass ich es mir nicht leicht machen konnte. Denn was blieb mir? Mir blieb nichts, als täglich zu Lydia zu gehen und ihr, mich zwingend, nicht jedem Blick und jeder Berührung auszuweichen, eine Stunde lang gegenüberzusitzen, völlig ohne Hoffnung, dass irgendetwas daran sich je ändern würde und zugleich ohne Unterlass darauf wartend.

* * *

Monate vergingen, während ich rätselte, wie er ausgerechnet auf mich gekommen war. Irgendwie und irgendwo musste ich ihm aufgefallen sein, an irgendetwas oder irgendjemanden musste ich ihn erinnert haben; und vielleicht verwechselte er mich sogar mit einem, der ich nicht war? Ich sah ein, dass manche Leute das Bedürfnis hatten, ihr Leben oder irgendwelche Begebenheiten aus ihrem Leben aufzuschreiben, aber dass man das Geschriebene ohne irgendeinen Kommentar einem wildfremden Menschen zukommen ließ, mit dem man noch nie gesprochen hatte und von dem man nichts wusste, verstand ich nicht. Obwohl ich grübelte, scheute ich doch eine Begegnung mit dem Verfasser; ich mied sogar den Blick aus dem großen Fenster im alten Bürozimmer und meine Stammkneipe in der Altstadt. Ich wusste also nicht, wie er auf mich kam, aber klar war mir doch, dass er in mir jemanden gefunden hatte. Nur, gefunden wofür? Noch einmal las ich alles. Da ergriff mich ein merkwürdiges Gefühl – das Gefühl, mich an etwas schuldig gemacht zu haben. Ich schüttelte den Kopf über mich selbst. Wenn sich jemand schuldig gemacht hatte, dann wohl gewiss nicht ich, sondern diese Person, gegen die man, stimmte das alles, im Grunde genommen Anzeige wegen Giftmordes erstatten müsste. Da verstand ich es. Ich verstand, dass zum einen tatsächlich alles stimmte und zum anderen genau das es war, was er wollte: Er wollte von außen weggeholt werden von dort, von wo er sich selbst nicht entfernen konnte oder – aufgrund einer selbstauferlegten moralischen Verpflichtung – nicht durfte. Und, überlegte ich weiter, musste ich es nicht auch wirklich tun, kam mein merkwürdiges Schuldgefühl nicht aus dem Bewusstsein heraus, dass ich zum Mitwisser geworden war? Ich konnte mich zu keiner Entscheidung, nicht einmal zu einem wirklich klaren Urteil durchringen.

Nach einiger Zeit suchte ich einen alten Bekannten auf. Ich hoffte, er könne mir einen Rat geben, und erzählte ihm in sehr groben Zügen von meinem Problem. Er dachte nicht lange nach, sondern fragte mich gleich, wie lang der Text sei, und ich antwortete ihm. Dann sagte er, das reiche sicherlich aus, um ein Buch daraus zu machen. Denn die Leute, sagte er, würden gern vom tragischen Schicksal anderer lesen. Und wenn das Ganze so klinge, als habe sich das alles wirklich zugetragen, umso besser. Ich brauche, sagte er, lediglich eine Art Einleitung zu verfassen, die dem Ganzen einen Rahmen geben sollte; am besten erzählte ich darin, wie ich dazu gekommen sei, das würde reichen. Nur hier und dort solle ich etwas umschreiben und ein wenig ausschmücken, aus diesem Ort einen anderen Ort machen und die Namen verändern oder sie, wenn mir nichts einfiele, einfach abkürzen. Sollte jemand, was er für unwahrscheinlich erklärte, etwas wiedererkennen, würde zumindest die Wahrscheinlichkeit steigen, dass sich jemand finde, der der Sache nachgehe und den Kerl anzeige. Oder, fragte er, habe er etwas falsch verstanden und sei es meiner Überzeugung nach nicht das, was dieser eigentlich anstrebe? Zögerlich wiegte ich den Kopf hin und her. Ich wusste nicht, was es war, aber irgendetwas daran gefiel mir gar nicht. Lass dich da bloß in nichts hineinreiten, sagte ich mir. Zu meinem Freund sagte ich, ich wolle darüber nachdenken, und wir wechselten das Thema. Ein paarmal noch ging mir während der Unterhaltung seine Idee durch den Kopf, und immer sicherer war ich mir, dass sie mir nicht gefiel, aber als ich mich verabschiedet hatte und über schmale Güterwege nach Hause fuhr, fand ich sie mit einem Mal nicht mehr ganz so schlecht.